光文社古典新訳文庫

弁論術

アリストテレス

相澤康隆訳

kobunsha classics

光文社

Title : ΤΕΧΝΗ ΡΗΤΟΡΙΚΗ

Author : ΑΡΙΣΤΟΤΕΛΗΣ

凡例

（一）本訳の底本としたのはカッセルの校訂本（Kassel, R. 1976. *Aristotelis ars rhetorica*）である。底本と異なる読み方を採用する箇所は注に明記した。

（二）目次と注、訳文中の小見出しは底本にはなく、すべて訳者が作成したものである。

（三）改行は底本には従わず、訳者の判断で行なった。

（四）論点を整理するために、「第一に、第二に」等の語句や、「（一）（二）」等の漢数字や、「（a）（b）」等のアルファベットを適宜補った。

（五）記号の使い方は以下の通りである。

（　）底本で同記号が使われている場合、およびカタカナ表記のギリシャ語を添える場合に用いる。

「　」引用であることを示す場合、およびひとまとまりの語句を地の文から区別して強調する場合に用いる。

『　』書名に用いる。アリストテレスの著作のみ、著者名を省略する。

［　］原文にはない語句を訳者が補足する場合に用いる（ただし、原文は省略が非常に多く、すべての補足にこの記号をつけると煩雑になるため、記号をつけずに補足した箇所も多い）。

〈……〉原文に欠落がある場合に用いる。

（六）ギリシャ語のφのカタカナ表記は、p音ではなくf音で統一した（たとえば、ソポクレスではなくソフォクレス、『パイドロス』ではなく『ファイドロス』）。

（七）訳文の下部に付した数字とアルファベットは、一九世紀にドイツで刊行されたアリストテレス全集、いわゆるベッカー版に由来する参照番号である。本訳でも参照箇所を指定する場合は巻と章に加えてこの参照番号を用いる。

『弁論術』＊目次

訳者まえがき

アリストテレスの『弁論術』は、説得力のある言論の考察を通じて、単なる経験則にとどまらない、説得の技術としての弁論術を論じた本である。

本書の背景にあるのは、前五世紀から前四世紀のアテナイにおける直接民主制であり、とりわけ民会（エックレーシアー）と民衆裁判所（ヘーリアイアー）の存在である。

当時のアテナイでは、成年男子市民の総会である民会が、国政の最高議決機関としての役割を担っていた。参加者は誰でも、行政や立法や外交のあり方をめぐる重要な審議事項について、演壇に立って自分の意見を述べることができた。また、訴訟の多くは、成年男子市民のなかからくじ引きで選ばれた者たちが裁判員を務める民衆裁判所で行なわれた。そこには検察官も弁護士も存在せず、一般市民があるいは原告として、あるいは被告として、みずから法廷で弁論しなければならなかった。政治の舞台で活躍したり、裁判に勝つことができるかどうかは、弁論を通じて聴衆を説得し、支持を得ることができるかどうかにかかっていたのである。このような背景に鑑みれば、アテナイの社会で弁論術が重んじられ、多くの人々によって求められたのは、けだし当然のことと言えるだろう。

もっとも、民会や民衆裁判所といった制度や、古代ギリシャに特有のその他の事情を前提にした議論は、本書全体のうちのわずかな部分に限られる。たとえば、第一巻の大部分を占める善や美や不正等の概念に関する数々の命題や、第二巻で取り上げられる感情や性格に関するさまざまな命題は、少数の例外を除けば、現代のわれわれから見ても同意できるような普遍性をもっている。また、共通のトポスと呼ばれる論法の多くは、まさに論法という名にふさわしく、現代でも議論のなかで汎用的に使えるものである。歴史的背景を知れば理解が深まることはたしかだが、そのような知識がなくても多くのことを学べるところが本書の魅力の一つである。

初めてこの本を手に取る読者のために、蛇足ながら、簡単な道案内をしておきたい。全三巻からなる本書は、第一巻がもっとも難しい。特に、第一巻第二章は、本書全体のなかでもっとも難解な章である（注釈書のなかには、この章の説明だけに一〇〇頁以上費やしているものもある)。一読しただけでは十分に理解できないかもしれないが、気にせずに読み進めていただきたい。また、第一巻は比較的抽象度が高いので、途中で挫折しそうになった場合には、第二巻の感情論と性格論に進んでいただきたい。どちらも読みやすいだけでなく、アリストテレスの洞察力がいかんなく発揮されたすぐれた論考である。それから、修辞学に興味がある人は、第三巻から読み始めてもよいかもしれない。特に比喩の分析はクオリティが高いので、第三巻第一章から第一二章までの表現論は、文学好きの方はもちろん、言語表現に関心のあるすべての人に一読することをお勧めしたい。

アリストテレスの『弁論術』は、修辞学やスピーチ術を学ぶ伝統がある欧米諸国では、必読書として広く読まれている古典中の古典である。この新訳によって、日本でも当たり前のように本書が読まれるようになることを願っている。

弁論術

第一巻　弁論の種類、各種の弁論に役立つ命題

第一章　先行研究の批判

弁論術と問答術

弁論術は問答術[1]と対をなすものである。これらはどちらも、ある意味では誰でも知ることができ、いかなる特定の学問にも属さないような事柄を扱うからである。それゆえ、ある意味では万人がこの両者に関わりをもっている。なぜなら、誰でもある程度は、言論の吟味や擁護を試みたり、弁明や糾弾をしようとしたりするからである。[2]

世の人々のうち、ある者たちはこれらのことを行き当たりばったりに行ない、ある者たちは身についた習慣によって行なっている。しかし、この両方の仕方が通用する以上、明らかに、組織立った方法に基づいて行なうこともできるはずである。なぜなら、ある者たちが習慣によって、ある者たちがおのずから目的を達するのはなぜなのか、その原因を考察することは可能だからである。だが、そのようなことはもはや技術の仕事であるということは[3]、すべての人々が認めるところであろう。

先行研究の批判（一）本題に関係しない事柄の研究

今日《こんにち》まで、弁論の手引書の著者たち[4]は、この技術のほんの一部分にしか労力を費やしてこなかった。というのも、技術に属するのは説得方法[5]だけであり、それ以外はすべて添え物にすぎないのに、彼らは説得方法の本体に当たる説得推論[6]については何も

1　「問答」は問い手と答え手が一対一で行なう一種のディベートのことで、その問答を対象とする技術が「問答術（ディアレクティケー）」である。問答の具体的な方法は『トポス論』で論じられている。

2　言論の吟味と擁護の方法は問答術の、弁明と糾弾の方法は弁論術の研究対象に含まれる。

3　アリストテレスは『形而上学』第一巻第一章で経験家と技術家を区別し、前者は事実（そうである）を知っているだけで原因（なぜそうであるか）は知らないのに対し、後者は原因を知っていると述べている。

4　カルケドン出身のトラシュマコス、ビュザンティオン出身のテオドロスなど。弁論の手引書の著者たちとその内容については、プラトン『ファイドロス』二六六D～二六七Dを参照。

5　「説得方法」の原語は「ピスティス」。文脈に応じて、「説得」や「説得方式（＝説得推論および例証）」や「説得の材料」という訳語も用いる。

6　「説得推論」の原語は「エンテューメーマ」。一種の推論（＝演繹）のことで、その特徴は本巻第二章で説明される。この用語の詳細は解説を参照。

語らず、［弁論の］本題に関係しない事柄ばかり研究しているからである。実際、中傷することや、憐れみや怒りやその他のそのような感情［を喚起すること］は、本題とは関係がなく、単に裁判員［の情］に訴えることを狙ったものにすぎない。

したがって、もしすべての裁判が、今日のいくつかの国々と、特に、よい法をもつ国々と同じ仕方で行なわれるとすれば、彼らは語るべきことを何一つもたないことになるだろう。というのも、すべての人々が、このことを法に明文化すべきであると考えているか、もしくはアレイオス・パゴス評議会[7]がそうであるように、現に法を用いて、本題とは関係のない話をすることを禁じているからである。このように考えるのは正しい。なぜなら、怒りや妬みや憐れみを抱くように裁判員を導いて、その判断をゆがめるなどということは、してはならないことだからである。そのようなことをするのは、これから使おうとしている物差しをねじ曲げることに等しい。

加えて、訴訟の当事者たちの仕事は、問題の事実があるのかないのか、あるいはあったのかなかったのかを証明することだけであり、それ以外には何もないということは明らかである。これに対し、それが重大なことか些細なことか、あるいは正しいことか不正なことかということは、立法者がすでに法に定めている場合を除けば、とにかく裁判員が自分で判別しなければならないのであって、当事者たちに教わるなどということはあってはならない。

立法者の役割と判定者の役割

そうだとすれば、一番よいのは、正しく制定されている法ができる限りすべてのことをみずから決定し、判定者たち[8]に委ねる部分をできる限り少なくすることである。その理由は、第一に、思慮に富み、立法する能力と裁く能力がある人を一人か数人見つけることは、大勢見つけることよりもたやすいという点にある。第二に、法は長い

7　アテナイのアクロポリス北西にあるアレイオス・パゴス（軍神アレスの丘）で開かれた評議会。故意の殺人や放火など、一部の重大な犯罪は民衆裁判所ではなくここで裁かれた。伝アリストテレス『アテナイ人の国制』第五七章を参照。

8　「判定者」の原語は「クリテース」。法廷弁論の聴衆である裁判員（ディカステース）と助言弁論の聴衆である民会参加者の両方を指す場合と、両者のどちらか一方を指す場合がある。他方、演示弁論の聴衆は観客であり、厳密な意味では判定者ではないとされる（第二巻第一八章一三九一b一七～一九）。

1354b

時間をかけて検討したうえで制定されるのに対し、[民会や法廷における] 判断は準備もなく即座に下されるため、ある行為の正しさや有益さを判定者たちがしかるべく判断することは難しいからである。

しかし、一番重要な理由は、立法者の判断が個別的な問題ではなく、将来起こりうる普遍性のある問題に関わるのに対し、民会の参加者と裁判員は、現在直面している特定の問題について判断するという点にある。これらの人々は、多くの場合、好き嫌いの感情や個人的利益 [への関心] を初めからもっている。その結果、彼らが真実を十分に考察することはもはや不可能であり、自分自身にとって快いこと、もしくは苦痛なことによって、判断が妨げられることになる。それゆえ、先ほどから言っているように、判定者が決定権をもつ事柄はできるだけ少なくしなければならないのである。

とはいえ、問題になっていることが起こったか起こらなかったか、将来起こるか起こらないか、現在起こっているか起こっていないかという点については、判定者たちに判断を委ねるよりほかにない。なぜなら、これらのことを立法者があらかじめ知ることはできないからである。

先行研究の批判（二）法廷弁論に偏った研究

以上のことが事実その通りであるとすれば、序論の部や叙述の部[9]、またその他の各部分はいかなる内容にしなければならないかというようなことを定めている者たちは、明らかに、本題に関係しない事柄について手ほどきしていることになる（なぜなら、そのとき彼らが問題にしているのは、いかにして判定者にしかじかの感情を抱かせるかということだけだからである）。これに対し、技術に基づく説得方法については、彼らは何一つ説明していない。しかし、それを身につけることによってこそ、人は説得推論に精通することができるのである。

実際、民会弁論[10]の方法と法廷弁論の方法は同じであり、しかも民会弁論を研究するほうが、私的な契約をめぐる「法廷」弁論を研究するよりもいっそう立派で、いっそう市民にふさわしいことであるのに、以上に述べた理由により、彼らは前者について

b20

9　「序論」と「叙述」はそれぞれ弁論の配列における一部分。弁論の配列は第三巻第一三章～第一九章で論じられる。

10　「民会弁論」は三種類の弁論のうちの一つである「助言弁論」の言い換え。

は何も語らず、揃いも揃って法廷弁論の規則を定めようとしているのである。それは、民会弁論の場合には、本題とは関係のない話をすることがそれほど役に立たないからでもある。というのも、民会弁論においては、［聞き手である］判定者は自分に直接関係のある事柄について判断するので、［話し手である］助言者がなすべきことは、自分の主張していることが事実その通りであることを論証する以外には何もないからである。

これに対し、法廷弁論の場合にはこれだけでは不十分であり、それに加えて聞き手を自分の味方につけることが役に立つ。なぜなら、そこで判断するのはしょせん他人に関することなので、聞き手は自分の利害にどう関係するかを考えながら、面白半分に耳を傾けるばかりで、自分で判断を下すのではなく、訴訟当事者たちの言うがままになるからである。まさにそのために、先に述べたように、本題と関係のない話をすることは多くの国で法が禁じているのである。他方、民会弁論の場合には、［そのようなことがないように］判定者たち自身が十分に目を光らせている。

しかし、［弁論の］方法のうち、技術の名に値するのは説得の方法だけであり、そ
11 して説得が一種の論証であるということは明らかである（なぜなら、われわれが何か

(1354) b30 1355a

を特に強く信じるのは、それが論証されたと思うときなのだから）。しかるに、弁論術における論証とは説得推論のことであり[12]、一般的に言えば、説得方法のなかではこれがもっとも効果的なものであるが[13]、その説得推論が一種の推論であるということも明らかである（また、推論の全般を分け隔てなく考察することは、問答術の仕事のすべてか、もしくは一部である）。それゆえ、特にこの点を、つまり推論がいかなるものからいかにして作られるかという点をよく考察することができる者は、説得推論がいかなる事柄を対象とする推論であり、また論理学的推論といかなる点で異なるか[15]と

11　「論証」の原語は「アポデイクシス」。アリストテレス論理学の専門用語としての論証は「真にして第一の事柄を前提とする推論」（『トポス論』第一巻第一章一〇〇ａ二七～二八）を意味するが、本書では「証明」という広い意味で用いられ、推論（および説得推論）だけでなく、帰納（および例証）も含む。この用語の詳細は解説を参照。

12　「論証（＝証明）」は説得推論と例証の両方を含むが、この時点ではまだ例証の説明はなく、説得推論だけが弁論術における論証とされている。

13　底本の削除記号には従わず、写本通りに読む。

14　「推論」の原語は「シュロギスモス」。いわゆる演繹に相当する。この用語の詳細は解説を参照。

いうことを併せて理解するならば、明らかに、説得推論にも大いに精通した者となることだろう。なぜなら、真なるものを見抜くことと真なるものに似たものを見抜くことは同じ能力に属するからであり、[16]それにまた、本来人間は真なるものに到達する力を十分にもっており、たいていの場合、実際に真実を手に入れるからである。それゆえ、真実を狙い当てることができる者は、真実らしい考え[17]も同じく狙い当てることができるのである。

さて、われわれ以外の人々は本題に関係しない事柄について手ほどきしているということ、また、なぜ彼らの研究が法廷弁論に偏っているのかということは、以上に述べたことから明らかである。

弁論術の有用性

しかし、弁論術は有用なものである。その理由は、第一に、真なることと正しいことは、その本性からしてそれらの反対〔の偽なることと不正なこと〕よりも強い[18]のだから、もししかるべき判断が下されないとすれば、〔真なることと正しいことの〕敗北は必然的に話し手自身が原因であることになり、それは非難に値することだからである。

第二に、たとえわれわれが非常に厳密な学問的知識をもっていたとしても、一部の聴衆に対しては、その知識に基づいて語ったところで説得するのは容易ではないという理由が挙げられる。というのも、学問的知識に基づいて語ることは〔専門知識の〕教授にほかならないが、聴衆によっては〔専門知識を〕教授することは不可能であり、説得も弁論もむしろ一般的な見解を通じて行なう必要があるからである。このことは、『トポス論』のなかで大衆相手の討論について述べた通りである。[19]

15「論理学的推論」の原語は「ロギコス・シュロギスモス」。問答術の推論を指すと解釈されることもあるが、本訳では、専門用語としての「論証」（注11）を指すと解釈する。説得推論は「真なること」ではなく「真実らしいこと」を対象とする点で論理学的推論とは異なる。

16　これと同様のことがプラトン『ファイドロス』二七三Dで言われている。

17「真実らしい考え」の原語は「エンドクサ」。「真実らしい考え」や「真なるものに似たもの」という言葉は、「真であると学問的に証明されていない（もしくは証明できない）」ということを意味するにすぎず、「真実に見えるだけで実は真実ではない」という含意はない。

18　この箇所の「より強い」とは、「推論するのがより容易であり、より大きな説得力をもつ」という意味。本節の一三五五ａ三七～三八を参照。

19『トポス論』第一巻第二章一〇一ａ三〇～三四。

第三に、［問答術の］推論の場合と同じように、われわれは相反する事柄のいずれについても説得することができなければならないからである。ただし、実際にその両方を行なうことが目的なのではない（なぜなら、劣悪なことを行なうように説得してはならないからである）。むしろそれは、事の真相を見落とさないようにするためであり、そしてまた、ほかの人々が言論を正しくない仕方で用いるときに、われわれ自身がそれを反駁できるようにするためである。

ほかのいかなる技術も相反する結論を推論によって導くことはしないのに対し、問答術と弁論術だけはそれを行なう。というのも、この両者は相反する事柄を等しく対象とするからである。もっとも、対象となる事柄の性質はどちらも同じというわけではない。一般的に言って、真なることやよりよいことのほうが、その本性からして推論するのが常により容易であり、また常により大きな説得力をもっているのである。

以上に加えて、第四に、身体を使用して自分を守ることができないのは恥ずべきことであるのに、言論を使用してそれができないのは恥ずべきことではないとすれば、それはおかしな話だからである。なぜなら、言論を使用することは、身体を使用すること以上に人間らしいことだからである。

ところで、言論のそのような力は、もしそれを不正に使用すれば、甚大な被害をもたらすだろうと言う人がいるかもしれない。しかし、それは徳を除けばすべてのよいものにも、特に体力や健康や富や将軍術など、このうえなく有益なものにも共通して当てはまることである。実際、これらは正しく使用すれば最大の益をもたらすだろうが、不正に使用すれば最大の害をもたらすだろう。

弁論術の仕事

さて、以上のことから、弁論術はいかなる特定の種類［の学問］にも属さず、むしろその身分は問答術と同様であるということ、そしてこの技術は有用であるということが明らかになった。

また、弁論術の仕事は説得に成功することではなく、それぞれの主題に関してそこに存在する説得力のある事柄[20]を見出すことであり、そしてその点はほかのすべての技

b10

20 「説得力のある事柄」の原語は「ト・ピタノン」。既出の「真なるものに似たもの」や「真実らしい考え」という概念に関連する。

術の場合と変わらないということも明らかである（たとえば、医術の仕事は人を健康にすることではなく、可能な限り健康に近づけることである。というのも、患者によっては健康を取り戻すことが不可能という場合もあるが、それでもなお、医術はその患者に対して立派な処置を施すことができるのだから）。

以上に加えて、説得力のある事柄を見出すことと、説得力があるように見えるだけの事柄を見出すことが、［弁論術という］同じ技術の仕事であるということも明らかである。問答術の場合もこれと同様であり、推論を見出すことと、見せかけの推論を見出すことは、どちらもこの技術の仕事に含まれる。というのも、詭弁術の本質は［見せかけの推論を見出す］能力のうちにではなく、［欺こうとする］意図のうちに存するからである。もっとも、両者は次の点においては同様ではない。すなわち、弁論術の場合には、知識をもつ者も［欺こうとする］意図をもつ者も共に弁論家と呼ばれるのに対し、問答術の場合には、［欺こうとする］意図をもつ者はもっぱら詭弁家と呼ばれ、他方で問答家であるかどうかは、意図ではなく、能力によって決まるという点である。[21]

結び

それはともかく、いまは［説得の］方法そのものについて、われわれはいかなる仕方で、またいかなるものに基づいて所定の目的を果たすことができるのかを述べることにしよう。そこで、一からやり直すつもりで、弁論術とは何かを改めて定義し、それから残りの部分を述べることにしよう。

第二章　弁論術とは何か

弁論術の定義

それでは、弁論術とは、［弁論の］それぞれの主題に関して説得力をもちうる事柄を見出す能力[22]であるとしよう。というのも、これはほかのいかなる技術の仕事にも含

21　問答術の場合には悪しき意図の有無に応じて呼び名が区別されるのに対し、弁論術の場合にはそのような区別がないということ。

まれないからである。実際、ほかの技術はどれも、その技術が専門とする対象につい
(1355) てのみ教えたり、説得したりするにすぎない。たとえば、医術は健康と病気、幾何学
b30 は大きさに関係する諸性質、算術は数という具合であり、その他の技術や学問もこれ
と同様である。これに対し、弁論術は、ほとんどいかなる主題が与えられても、その
それぞれに関して説得力のある事柄を見出すことができると思われる。それゆえ、わ
れわれは先ほどから、弁論術はそれに固有の何か特定の種類の対象を扱うのではない
と言っているのである。[23]

技術に基づかない説得方法と技術に基づく説得方法

ところで、説得方法には技術に基づかないものと技術に基づくものがある。技術に
基づかないものとは、われわれの手で用意したものではなく、もとからあったものの
ことで、たとえば、証人、拷問による自供、契約、およびこの種のもののすべてであ
る。これに対し、技術に基づくものとは、一定の手順を通じてわれわれの手で用意す
ることができるもののことである。したがって、これらのうち、前者は利用すればよ
1356a いが、[24]後者は発見しなければならないということになる。

三種類の説得

しかし、言論を通じて生まれる説得には三つの種類がある。すなわち、一つは話し手の性格によるものであり、もう一つは聞き手［の心］がある種の状態に置かれることによるものであり、もう一つは言論それ自体によるもので、言論が証明しているか、もしくは証明しているように見えることによるものである。

第一に、「性格によって」説得がなされるのは、話し手が信用に値する人物に見えるように言論が語られる場合である。というのも、われわれは一般に何事についても、立派な人をより深く、またより速やかに信用するからであり、そればかりか、確実性に欠け、意見が分かれる問題については、全面的に信用しさえするからである。もっ

22　この定義は前章の一三五五b一〇～一四で述べられた技術観に基づいている。弁論術の本質を「説得に成功すること」ではなく「説得力をもちうる事柄を見出すこと」と考える点で、プラトン『ゴルギアス』における「説得を作り出す技術」（四五三A）という定義とは根本的に異なる。

23　本巻第一章一三五五b七～八を参照。

24　証人等の技術に基づかない説得方法の利用法は本巻第一五章で論じられる。

とも、この信用は言論を通じて生まれるべきものであって、話し手はしかじかの人物であるという先入観から生まれるべきものではない。

弁論の手引書の著者たちの一部は、その著書のなかで、話し手の立派さは説得力に何ら寄与しないと主張している。しかし、それは真実ではない。むしろ、［話し手の］性格は、もっとも効果的な説得の手段と言ってもよいくらいである。

第二に、「聞き手［の感情］によって」説得がなされるのは、言論に導かれて聞き手が感情を抱くようになる場合である。というのも、われわれは苦しんでいるときと喜んでいるときでは、あるいは［話し手を］愛しているときと憎んでいるときでは、同じようには判断を下さないからである。弁論の手引書を書いている昨今の人々が、この点を、しかもこの点だけを研究対象にしているということは、われわれが先ほどから述べている通りである。それはともかく、これらのことに関する詳細は、のちに感情について論じるときに明らかにすることにしよう。

第三に、「言論［それ自体］によって」信用が生まれるのは、われわれがそれぞれの主題に関する説得力のある事柄に基づいて、真実か、もしくは真実に見えることを証明する場合である。[25]

このように、説得は［性格と感情と論証という］三つの手段を通じてなされる以上、これらを把握するためには、第一に推論の能力を、第二に性格や徳について考察する能力を、第三に感情について、つまり感情とはそれぞれ何であり、いかなる性質のものであるか、またどこからどのようにして生まれてくるかについて考察する能力をもっていなければならないということは明らかである。[26]したがって、弁論術は［推論の研究である］問答術から、また性格に関する研究[27]から派生するいわば側枝《そくし》のようなものということになる。しかるに、この性格に関する

25　言論それ自体による説得は「論証的」（一三五八ａ一および一三六六ａ九）という特徴をもつこと、また本書では「証明する（デイクニュナイ）」という語がしばしば「論証する（アポデイクニュナイ）」の言い換えとして用いられることから、以下では言論それ自体による説得を「論証による説得」と呼ぶことにする。論証による説得とは説得推論もしくは例証を用いた説得のことであり、次の節から本章の終わりまで、この二種類の説得方式の説明が続く。

26　「推論の能力」は「論証による説得」のために、「性格や徳について考察する能力」は「話し手の性格による説得」のために、「感情について考察する能力」は「聞き手の感情による説得」のためにそれぞれ必要となる。

研究は「政治学」と呼んでしかるべきものである。[28] それゆえ、弁論術は政治学を装い、弁論家を自称する者たちもまた、一つには無教養が原因で、一つには見栄を張るなど、人間につきものの弱さが原因で、「政治学者を」装うことになる。「装う」と言ったのは、弁論術は「政治学ではなく」、われわれが最初に述べたように、[29] 問答術の一部であるか、もしくは問答術に似たものだからである。なぜなら、両者はいずれも、特定の専門分野に属する事柄について、それがいかにあるかを研究する学問ではなく、言論を手に入れるある種の能力にほかならないからである。

弁論術と問答術はいかなる能力であるか、また両者は互いにいかなる関係にあるかについては、以上でほぼ十分に述べられた。

論証による説得（一）説得推論と例証

ところで、証明しているか、証明しているように見えることによる説得については、ちょうど問答術に帰納[30]と推論と見せかけの推論があるように、ここにも同様の区別がある。すなわち、例証[31]は帰納に、説得推論は推論に、見せかけの説得推論は見せかけの推論に相当する。というのも、私は弁論術における推論を説得推論と呼び、弁論術における帰納を例証と呼ぶからである。

実際、証明することによって説得を行なう者は誰でも、例証を用いるか、もしくは説得推論を用いるのであって、それ以外の方法は何もない。したがって、総じて何事を証明するにしても、推論か帰納のいずれかによって証明するよりほかにないのであれば（しかるに、そのことは『分析論』[32]の論述からわれわれに明らかになっている）、

27　「性格（エートス）に関する研究」とは倫理学（エーティカ）のことで、前段落で挙げられた性格と徳と感情はすべて倫理学の研究対象に含まれる。

28　アリストテレスは倫理学を「ある種の政治学」と呼んでいる（『ニコマコス倫理学』第一巻第二章一〇九四b一一）。

29　本巻冒頭を指すが、そこでは「一部」や「似たもの」ではなく、「対をなすもの」という表現が使われている。

30　「帰納」の原語は「エパゴーゲー」。「個別的なものから普遍的なものに至る論じ方」のこと（『トポス論』第一巻第一二章一〇五a一三～一四）。

31　「例証」の原語は「パラデイグマ」。例証そのものではなく、例証の構成要素を指す場合は「類例」と訳す。

32　『分析論前書』第二巻第二三章六八b九～一四を参照。

必然的に、説得推論は推論と、例証は帰納と同じでなければならないことになる。 b10 (1356)

例証と説得推論の違いについては、『トポス論』の論述から明らかになっている（なぜなら、すでにそこで推論と帰納について述べたからである）[33]。すなわち、多数の同じような事例に基づいて、あることがその通りであるということを証明すること、これが問答術では帰納であり、弁論術では例証である。他方、あるいくつかの命題があるときに、普遍的に、もしくはたいていの場合に真である別の何らかの命題が、それらの命題があることによって導かれること[34]、これが問答術においては推論と呼ばれ、弁論術においては説得推論と呼ばれるのである。

また、これら二種類の弁論の方法は、明らかに、それぞれ別々の長所をもっている。というのも、『方法論』[35]のなかで述べたことが、ここでも同様に当てはまるからである。 b20 すなわち、弁論には例証の使用を特徴とするものもあれば、説得推論の使用を特徴とするものもあるが、弁論家もそれと同じように、ある者は例証をよく用い、ある者は説得推論をよく用いるのである。ところで、例証を用いた弁論は、説得力の点では他方のものに何ら劣らないが、より大きな喝采を浴びるのは説得推論を用いた弁論である。その原因は何か、また両者はそれぞれどのように用いるべきかはのちに述べることにして、[36]いまはそれらの説得方式そのものをもっと明確に定めることにしよう。

論証による説得　(二)　説得推論と例証に共通の特徴

さて、説得力のある事柄は誰かにとって説得力をもつのであり、そのうちのあるものは、それ自体のゆえに初めから説得力をもち、信用しうるのに対して、別のあるものは、いま述べたようなものを通じて証明されているように思われることによって、[結果的に]説得力をもち、信用しうるものとなる。しかるに、いかなる技術も個別

33　推論については『トポス論』第一巻第一章一〇〇a二五〜二七、帰納については同書第一二章を参照。
34　「あるいくつかの命題」が前提に、「別の何らかの命題」が結論に当たる。「それらの命題があることによって導かれる」とは、「それらの命題のゆえに導かれる」という意味である(『分析論前書』第一巻第一章二四b二〇〜二二)。また、「普遍的に、もしくはたいていの場合に真である」という部分は結論命題の性質を表している。
35　アリストテレスの失われた著作。
36　第二巻第二〇章〜第二四章。

的なことは考察しない。たとえば、医術はソクラテスやカリアス[37]にとって健康によいものは何かを考察するのではなく、かくかくのタイプの人やしかじかのタイプの人々にとって健康によいものは何かを考察する（なぜなら、その種のものは技術の領分に入るが、個別的なことには際限がなく、学問的知識の対象にはならないからである）。それゆえ、弁論術も、たとえばソクラテスやヒッピアスといった特定の個人に真実であると思われること[38]を考察するのではなく、問答術と同様に、かくかくの種類の人々に真実であると思われることを考察することになる。というのも、問答術は手当たり次第の見解に基づいて推論するのではなく（なぜなら、頭のおかしい人にさえ何かが真実に見えることはあるからである）、議論を必要とする人々に真実に見えることを前提に用いるからである。他方、弁論術の場合、推論の前提に用いるのは、熟慮する習慣がすでに身についている人々に真実に見えることとである。

ところで、弁論術の仕事は、熟慮の対象となるような事柄で、かつわれわれがそれに関する技術をもっていないような事柄に関わり、そしてその仕事は、数多くの前提を一目で見渡すことも、遠くから[39]推理することもできない聴衆の前で果たされる。しかるに、われわれが熟慮するのは、［そうであることとそうでないことの］両方が可能であるように見える事柄についてである。過去のことであれ、未来のことであれ、現在のことであれ、別のあり方が不可能な事柄については、そのように想定している限り、誰一人として熟慮しないのだから。なぜなら、熟慮しても何も得るものがないからである。[40]

また、推論を組み立て、結論を導くときには、別の推論によって導いた命題を前提に用いることもできれば、別の推論によって導いていないが、真実らしい考えではないために、別の推論によって導く必要がある命題を前提に用いることもできる。しかし、これらのうち、前者の命題を前提に用いる場合には、［結論に至るまでの］過程が

37　「ソクラテス」と「カリアス」は、ここでは任意の個人の一例として取り上げられている。次の段落の「ヒッピアス」も同じ。

38　「真実であると思われること」の原語は「エンドクソン」。前章に既出の「エンドクサ」の単数形。前段落の「説得力のある事柄」という概念に関連している。

39　前提の数が多いために、最初の前提から結論までの距離が長いということ。

40　熟慮の対象に関するより詳しい分析については、『ニコマコス倫理学』第三巻第三章を参照。

長いので、追いかけるのが困難にならざるをえない（なぜなら、われわれは判定者を単純な人と想定しているからである）。他方、後者の命題を前提に用いる場合には、その前提は同意されたものでもなければ、真実らしい考えでもないので、説得力を欠くものとならざるをえない。

したがって、例証と説得推論、つまり帰納に相当する例証と、推論に相当する説得推論は、必然的に、概して別のあり方が可能な事柄を対象とし、また少数の前提から作られることになる。[41] そのうえ、それらは基本的推論[42]の前提よりも少数の前提から作られることもよくある。なぜなら、前提のうちのいずれかが知られている場合には、聞き手がみずからその前提を補うので、話し手はそれを言う必要がないからである。たとえば、「ドリエウスは栄冠をかけた競技会の勝者である」という結論を導くためには、「ドリエウスはオリュンピア競技会の勝者だから」と言うだけで足りる。[43] これに「オリュンピア競技会は栄冠をかけた競技会である」という前提を付け加える必要はない。なぜなら、そのことは誰でも知っているからである。

論証による説得（三）説得推論の特徴

弁論術における推論［すなわち説得推論］を構成する命題のうち、必然的に成り立つことに属するものは少ない（なぜなら、判断と検討の対象の多くは、別のあり方も可能な事柄だからである。というのも、人々は人間の行為について熟慮したり、検討

41　「概して別のあり方が可能な事柄を対象とする」という結論は、直前の段落ではなく、その一つ前の「われわれが熟慮するのは、［そうであることとそうでないことの］両方が可能であるように見える事柄についてである」（一三五七 a 四～五）という見解から導かれる。また、「少数の前提から作られる」という結論は、「数多くの前提を一目で見渡すことも、遠くから推理することもできない」（一三五七 a 三～四）という点と、「［結論に至るまでの］過程が長いので、追いかけるのが困難にならざるをえない」（一三五七 a 一〇～一一）という点から導かれている。

42　「基本的推論」の原語は「ホ・プロートス・シュロギスモス」。異論もあるが、本訳では、二つの前提と一つの結論からなる推論を指すと解釈する。この場合、基本的推論の前提よりも数が少ないとは、前提が一つしかないという意味になる。

43　ドリエウスは前五世紀のロドス島の運動競技者。オリュンピア競技会はいわゆる古代オリンピックのこと。

したりするが、行為はどれも、別のあり方も可能なものの類に含まれるのであり、必然的に成り立つものは一つもないと言ってよいからである)[44]。また、たいていの場合に成り立つことや、成り立つことが可能なことは、そのような性質をもつ別の命題から推論しなければならず、必然的に成り立つことは必然的に成り立つ命題から推論しなければならない(そのことも『分析論』[45]の論述からわれわれに明らかになっている)。

それゆえ、説得推論は、必然的に成り立つ命題から作られる場合もあるが、その大部分はたいていの場合に成り立つ命題から作られるということは明らかである。しかるに、説得推論は「ありそうなこと」[46]や「しるし」[47]から作られる推論である。したがって、必然的に、これらのうちの一方はたいていの場合に成り立つことと同じであり、他方は必然的に成り立つことと同じでなければならないことになる。

つまり、ありそうなこととは、たいていの場合に成り立つことにほかならない。ただし、ある人々の定義に見られるように、無条件にそうであるというわけではない。むしろ、ありそうなこととは、別のあり方も可能な事柄に関してたいていの場合に成り立つことなのであり、そしてそれは、ありそうなことであると言われる当の事柄に対して、普遍的なことが個別的なことに対してもつような関係をもっているのである。[48]
他方、しるしについて言えば、そのうちのあるものは、それが表す事柄に対して、

44　アリストテレスの学問分類において、必然的に成り立つ事柄を対象とする学問の代表は数学と自然学であり、別のあり方も可能な事柄を対象とする学問の代表は倫理学と（狭義の）政治学である。弁論術は後者のタイプの学問に含まれる。

45　『分析論前書』第一巻第八章二九b二九〜三五および第二七章四三b三三〜三六などを参照。

46　「ありそうなこと」の原語は「エイコス」。『分析論前書』第二巻第二七章七〇a五〜六に「誰かを妬んでいる人はその誰かを憎んでいる」という例と、「誰かに恋している人はその誰かを愛している」という例が挙げられている。

47　「しるし（徴）」の原語は「セーメイオン」。しるしは『分析論前書』第二巻第二七章七〇a七〜九で次のように定義されている。「それが存在する場合に別のある物事が存在するか、もしくはそれが生じた場合に別のある物事がその前後に生じたならば、それはその物事が生じたことの、あるいは存在することのしるしである」。

48　たとえば、「誰かを妬んでいる人はその誰かを憎んでいる」が「普遍的なこと」に当たり、「カリアスはソクラテスを妬んでいるからソクラテスを憎んでいる」が「個別的なこと」に当たる。

ある個別的なものが普遍的なものに対してもつような関係をもっており、別のあるものは、ある普遍的なものが個別的なものに対してもつような関係をもっている。これらのうち、必然的な[49]［関係を表す］しるしは「証拠」と呼ばれるが、必然的でない［関係を表す］しるしは、［証拠との］違いに即した特別な名称をもっていない。ところで、私が「必然的な［関係を表す］しるし」と言うのは、そこから［妥当な］推論が作られるもののことである。まさにそれが理由で、しるしのなかでもそのような性質のものだけが証拠と呼ばれるのである。なぜなら、人は自分の述べたことが反駁されえないと思うときに、証明が完了し、「終結を迎えた」という意味で、「証拠を出した」と思うのだから。実際、昔の言葉では、「証」は「終結」と同じことを意味したのである。[50]

ところで、［先に述べたように］しるしのうちのあるものは、それが表すものに対して、個別的なものが普遍的なものに対してもつような関係をもっている。これは、たとえば「ソクラテスは知者であり、かつ正しい人だったということは、知者というものは正しい人であるということのしるしである」と述べる場合である。これはたしかにしるしである。しかし、そこで述べられていることが真実であるとしても、反駁されることがありうる。なぜなら、これは［妥当な］推論ではないからである。[51] これに対し、「熱があるということは、病気であるということのしるしである」と述べる場合や、「乳が出るということは、子供を産んだということのしるしである」と述べる場合、このしるしは必然的な［関係を表す］ものである。しるしのなかではこの種のものだけが証拠とされる。なぜなら、そこで述べられていることが真実であれば、この種のものだけは反駁しえないからである。

49　この「必然的」は、「必然的に成り立つ（必然的に真である）」の「必然的」とは異なり、命題が表す事柄の性質ではなく、前提と結論の関係、すなわち前提から結論が導かれるかどうかについて述べたものである。

50　「証（テクマル）」は「証拠（テクメーリオン）」の言い換えで、「終結（ペラス）」は前文の「終結を迎えた（ペペラスメノン）」に関連する名詞。「テクマル」に「終結」という意味があるという事実は、「終結を迎えた」と「証拠を出した」に結びつきがあるという主張の根拠になるということ。

51　「ソクラテスは知者である」と「ソクラテスは正しい人である」という前提がどちらも真であるとしても、そこから導かれるのは「ある知者は正しい人である」という結論にすぎず、「知者というものは正しい人である」という結論は導かれない。

他方、しるしのうちの別のあるものは、それが表すものに対して、普遍的なものが個別的なものに対してもつような関係をもっている。これは、たとえば「呼吸が激しいということは、熱があるということのしるしである」と述べる場合である。しかし、これもまた、そこで述べられていることが真実であるとしても、反駁されることがありうる。なぜなら、熱がないのに呼吸は激しいということがありうるからである。

さて、ありそうなこととは何であり、しるしとは、そして証拠とは何であるのか、またこれらはいかなる点で互いに異なるのかは、いま述べた通りである。しかし、これらについては『分析論』のなかでよりはっきりと述べており、またこれらのあるものが［妥当な］推論となり、あるものが［妥当な］推論とはならない理由についても、そこで明確に定めている。[52]

論証による説得（四）例証の特徴

例証については、それが帰納であるということも、いかなるものに関する帰納であるかということも、先に述べられた。[53] しかし、［例証で用いる］類例は、結論に対して、部分が全体に対してもつ関係にあるのでも、全体が部分に対してもつ関係にあるのでも、全体が全体に対してもつ関係にあるのでもなく、部分が部分に対してもつ関係にあり、同類のものが同類のものに対してもつ関係にある。つまり、二つのものが両方とも同一の類に属するが、一方が他方よりもよく知られている場合に、一方が他方の類例となるのである。

たとえば、「ディオニュシオス[54]は親衛隊を要求しているから、僭主《せんしゅ》の座を狙っている。なぜなら、かつてペイシストラトス[55]も、僭主の座を狙うときに親衛隊を要求し、それを手に入れてから僭主になったのであり、メガラにおけるテアゲネス[56]もそうだったからだ」と述べる場合がそれに当たる。このほかにも、人々が知っている僭主たちはすべて、ディオニュシオスの、つまり僭主になるために親衛隊を要求しているのか

b30

52 『分析論前書』第二巻第二七章を参照。
53 本章一三五六b二～一五。
54 シケリア島シュラクサイの僭主ディオニュシオス一世のこと（在位前四〇五年～前三六七年）。
55 アテナイの僭主（在位前五六〇年頃～前五二七年頃）。
56 メガラの僭主（在位前六四〇年頃～前六二〇年頃）。

どうかがまだわからないディオニュシオスの類例となる。そして、これらの類例はすべて、「僭主の座を狙う者は親衛隊を要求する」という同一の普遍的な命題のうちに、［その個別事例として］含まれているのである。

さて、論証的なものに見える説得がいかなるものに基づいてなされるかは、以上に述べた通りである。

共通のトポスと種別的命題

ところで、ある説得推論と別の説得推論の間には非常に重要な違いがある。それは、問答術における推論の方法にも関係があるのだが、ほとんどすべての人々にとってもっとも気づきにくい違いである。つまり、ある説得推論は弁論術の技術に基づいているのに対し、別の説得推論はそれとは別の技術ないし能力に基づいているのである。後者のうちのあるものは、［一種の技術として］すでに存在しているが、あるものはまだ確立されていない。だからこそ、聞き手は当の違いを見落としてしまうのである。〈……〉そのような［別の技術に基づく］説得推論は、しかるべき程度を超えてこれに手を出すならば、人は弁論術と問答術の領分を超えて、［別の技術の］領分を侵すことになる。私が述べていることの意味は［不明瞭かもしれないが］、もっと多くの言葉を費やすことによって明瞭になるだろう。

つまり、私が言いたいのは、問答術や弁論術の［技術に基づく］推論は、われわれが「トポス」[57]と呼ぶものに関係しているということである（これは、正義と自然と政治、そして種が異なるその他多くの分野に共通して関わりをもつトポスのことであり、たとえば「なおさらそうである／なおさらそうでない」というトポスがそれに当たる。[58]というのも、人はこのトポスに基づいて正義に関する推論や説得推論を作ることができるだけでなく、自然についても、またその他のいかなる分野についても、それらは種が異なるにもかかわらず、同じように推論や説得推論を作ることができるからである）。 a10

これに対し、各種各類の分野に関する命題に基づく説得推論は、［各分野に］特有

57　この「トポス」は「共通のトポス」と呼ばれるもので、「論法」と訳すことができるが、トポスにはそれとはまったく異なる意味もあるので、本訳では原語のまま用いる。この用語の詳細は解説を参照。

58　第二巻第二三章で挙げられている四番目のトポスを参照。

の説得推論である。たとえば、自然の分野には、性格に関する説得推論も推論も作られることのない命題があり、性格の分野には、自然に関する説得推論も推論も作られることのない別の種類の命題がある。そして、このことはすべての分野に同様に当てはまる。

前者の［共通のトポスに基づく］説得推論は、いかなる種類の分野についても専門的な知識を与えはしない。なぜなら、それは何であれ特定の分野に属する事柄を対象とするわけではないからである。これに対し、後者の［各分野に特有の命題に基づく］説得推論は、それを作るときに命題を適切に選択すればするほど、気づかないうちに、問答術や弁論術とは別の学問的知識を生み出すことになる。なぜなら、［命題を選択するなかで］思いがけずその分野の原理に行き当たるならば、そこにあるのはもはや問答術でも弁論術でもなく、人がその原理を手にしている［別の新たな］学問的知識であることになるからである。

説得推論の大半は、このような個別的で［各分野に］特有の種別的命題[59]から作られ、共通のトポスから作られるものはそれに比べて数が少ない。そこで、『トポス論』で行なったように[60]、ここでもまた、説得推論の種別的命題とトポスを、つまりそこから

(1358)

説得推論を手に入れるべき二つのものを区別しなければならない。私が種別的命題と言っているのは各種の分野に特有の命題のことであり、トポスと言っているのはすべての分野に同じように適用できる共通のトポスのことである。先に種別的命題について述べるつもりだが、しかしそれに先立って、まずは弁論術の種類を把握することにしよう。それは、弁論術の種類がいくつあるかを確定したうえで、種類ごとに別々に、「弁論に必須の」基本的な命題と「その他の」諸命題を手に入れるためである。

59 「種別的命題」の原語は「エイデー」（「エイドス」の複数形）。「種《しゅ》」が本来の意味だが、ここでは各分野に特有の命題を指すため、このように訳す。

60 『トポス論』においても種別的命題や（共通の）トポスは取り上げられているが、両者の区別を論じた特定の箇所は見当たらない。

第三章　三種類の弁論

弁論の種類

弁論術の種類はその数が三つある。なぜなら、弁論の聞き手の種類にもそれだけの数があるからである。聞き手を挙げたのは、なるほど弁論は三つの要素から、すなわち「話し手」と「弁論の主題」と「話しかける相手」から成り立つが、［弁論の］目的と関係があるのはこのなかの最後のもの、つまり聞き手だからである。

ところで、弁論の聞き手は観客であるか、それとも判定者であるかのいずれかでなければならず、判定者は過去のことの判定者であるか、未来のことの判定者であるかのいずれかでなければならない。未来のことについて判定する者とはたとえば民会参加者であり、過去のことについて判定する者とはたとえば裁判員である。したがって、弁論術が扱う言論には、必然的に、三つの種類があることになるだろう。すなわち、助言弁論[61]、法廷弁論、演示弁論の三つである[62]。

1358b

助言弁論では、「推奨」と「制止」のいずれかが行なわれる。なぜなら、私的に助言する者も、公共の場で民衆に向かって演説する者も、常にこれらのいずれか一方のことをするからである。法廷弁論では、「糾弾」と「弁明」のいずれかが行なわれる。なぜなら、訴訟の当事者たちは、これらのいずれか一方のことをしなければならないからである。これに対し、演示弁論では、「賞賛」と「非難」のいずれかが行なわれる。

これら三種類の弁論には、それぞれ関係が深い時制がある。まず、助言弁論の話し手に関係するのは「未来」である（なぜなら、勧めるにせよ、思いとどまらせるにせよ、話し手は将来のことについて助言するのだから）。他方、法廷弁論の話し手に関係するのは「過去」である（なぜなら、法廷では常に、すでになされたことについて

b10

61　「助言弁論」の原語は「シュンブーレウティコス・ロゴス」。一般的には「審議弁論」と訳されるが、次の段落の「シュンブーレー」および「シュンブーレウエイン」（それぞれシュンブーレウティコスの名詞形と動詞形）は、いずれも「助言（助言する）」を意味する。これら三つの語の意味上のつながりを踏まえて、本訳では「助言弁論」という訳語を用いる。

62　助言弁論は「未来のことについて判定する者（民会参加者など）」、法廷弁論は「過去のことについて判定する者（裁判員など）」、演示弁論は「観客」をそれぞれ聞き手とする。

一方が糾弾し、他方が弁明するのだから）。これに対し、演示弁論の話し手にとって、もっとも重要な時制は「現在」である。なぜなら、彼らはみな、対象が現在いかにあるかという点に基づいて、賞賛したり、非難したりするからである。もっとも、演示弁論の話し手は、すでに起こったことを思い出させたり、この先起こることを予測したりしながら、［過去と未来という時制も］併せて利用することもよくある。

各種の弁論に特有の論点

ところで、これらの弁論にはそれぞれ異なる論点[63]があり、弁論の種類が三つあるため、論点も三つある。まず、助言弁論の話し手の論点は「益と害」である（なぜなら、何かを勧める人は、したほうがよいという理由でそれをするように助言するのであり、何かを思いとどまらせようとする人は、害悪をもたらすという理由でそれを思いとどまらせようとするのだから）。これ以外の論点、すなわち正しいか不正かという点や、美しいか醜いかという点は、この論点に関連する限りで補足的に取り入れるにすぎない。他方、法廷弁論の話し手の論点は「正と不正」である。彼らもまた、これ以外の論点はこの論点に関連する限りで補足的に取り入れるにすぎない。これに対し、賞賛や非難を行なう者たちの論点は「美と醜[64]」である。そして、これらの者たちも、これ以外の論点はこの論点に関係する限りで取り上げるのである。

いま挙げたものが各種の弁論の論点であるという主張の証拠となるのは、話し手は論点以外のことについては反論しない場合もあるという事実である。たとえば、法廷で弁明する人は、事件が起こったということや、害を加えたということについては反論しないこともある。しかし、自分が不正を犯したということだけは絶対に認めないだろう。なぜなら、それを認めるのなら、そもそも裁判を開く必要はないだろうからである。

同様に、助言する人も、ほかの点では譲歩することも少なくないが、無益なことを

63　原語は「テロス」。この語には「目的」のほかに「目標」や「狙い」という意味もあり、ここでは話し手がそれに狙いを定めて論じるところのものを意味するため、「論点」と訳す。

64　「美（カロン）」と「醜（アイスクロン）」は、審美的な意味だけでなく、道徳的な意味でも使われる。後者の用法の場合、「美しい」は「立派な」、「醜い」は「恥ずべき」と言い換えることができる。演示弁論では、ある人がいかに立派なことをしたか、あるいはいかに恥ずべきことをしたかということが論点となる。

行なうよう助言しているとか、有益なことを行なうのを思いとどまらせようとしているということだけは絶対に認めないだろう。これに対し、「たとえば」「隣国の人々を隷属させることは、相手に罪がないとしても不正ではない」という主張については、まったく頭を悩ませないことも珍しくないのである。

同様に、賞賛する人も非難する人も、問題の人物が有益なことを行なったか、それとも害になることを行なったかという点は検討しない。むしろ、誰かを賞賛する場合には、自分の利益を顧みず、美しいことだからという理由でそれを行なったという点を前面に出すことが多い。たとえば、アキレウス[65]を賞賛するときには、「生きながらえることもできたのに、死ぬとわかっていながら親友パトロクロス[66]の力になるために出陣した[67]」と述べて賞賛する。つまり、アキレウスにとってそのような死は美しいものであるのに対し、生きながらえることは有益なことでしかなかったのである。

以上に述べたことから、話し手はまず初めにこれらの論点に関する命題を手に入れておかなければならないということは明らかである。というのも、そのような論点に関する証拠やありそうなことやしるしが、弁論術に特徴的な命題となるのだから。なぜなら、推論はすべて命題から作られるが、説得推論はいま述べたような命題から構成される推論だからである。

三種類の弁論に共通の論点

　しかし、不可能なことは将来行なわれるということもこれまでに行なわれたということもありえず、それがありうるのは可能なことだけである。また、これまでに起こらなかったことが行なわれたということも、将来起こらないことが将来行なわれるということもありえない。それゆえ、助言弁論、法廷弁論、演示弁論のいずれの話し手も、「可能なことと不可能なこと」に関する命題と、「起こったか起こらなかったか」に関する命題と、「将来起こるか起こらないか」に関する命題を手に入れておかなければならない。

　賞賛するにせよ非難するにせよ、勧めるにせよ思いとどまらせるにせよ、糾弾する

65　ギリシャ神話に登場する英雄。ホメロス『イリアス』の主人公。
66　ギリシャ神話に登場する英雄。アキレウスの親友。
67　パトロクロスはすでに死んでいたが、亡骸を回収し、敵《かたき》を討つことを「力になる」と表現している。

にせよ弁明するにせよ、話し手はみな、いま述べたことを証明しようと試みる。しかし、それだけでなく、善や悪、[68]美や醜、正や不正の程度についても、それ自体で大きいと言ったり小さいと言ったりするにせよ、あるものと別のものを比較してそのように言うにせよ、ともかく程度が大きいということや小さいということを証明しようとする。それゆえ、言うまでもなく、話し手は「大きいことと小さいこと」についても、また「より大きいこととより小さいこと」についても、普遍的な命題と個別的な命題の両方を手に入れておかなければならないだろう。たとえば、いかなるものがより大きな善、あるいはより小さな善であるかということや、いかなるものがより大きな不正行為、あるいはより小さな不正行為であるかということや、いかなるものがより大きな正しい行為、あるいはより小さな正しい行為であるかということがそれに当たる。その他の論点についてもこれと同様である。

結び

さて、いかなるものに関して命題を必ず手に入れなければならないかについては、以上に述べた通りである。そこで、次の仕事は、助言弁論の論点、演示弁論の論点、第三に法廷弁論の論点というように、先に述べた論点のそれぞれを一つずつ個別に分析することである[69]。

第四章　助言弁論（一）総論

助言の対象となる物事

まず初めに、助言する者はいかなる種類の善悪について助言するのかという点を把握しなければならない。なぜなら、助言する者は「善悪に関わる」すべてのことについてではなく、起こることも起こらないことも可能な物事についてのみ助言するから

---

68 「善や悪」は助言弁論の論点である「益や害」の言い換えであり、道徳的な意味での善悪に限定されない。

69 この仕事に取りかかるのは本巻第六章からである。次の第四章では助言弁論の主題が取り上げられ、第五章では助言弁論の論点である善と関係が深い「幸福」という概念が分析される。

である。これに対し、現在あることや将来あることが必然的である物事、あるいはあることや起こることが不可能な物事、これらは助言の対象とはならない。

また、［起こることも起こらないことも］可能な物事であれば、そのすべてが助言の対象となるというわけでもない。というのも、起こることも起こらないことも可能な物事のなかには、自然本性や偶然によって生まれるよいものもあるが、これらについて助言しても何の役にも立たないからである。

しかし、熟慮の対象となるものは[70]、明らかにそのすべてが助言の対象となる。それに該当するのは、その本性からしてわれわれによって左右されうるもの、つまり起こるかどうかがわれわれの力にかかっている物事である。というのも、われわれにとって実行が可能か不可能か、それがわかった時点でわれわれは検討をやめるからである。

弁論術と学問的知識

ところで、人々がよく審議する項目を一つ一つ正確に数え上げ、それらを種類ごとに分け、そのうえさらに、できる限り真実に合致するようにそれらを定義することは、ここで求めるべきことではない。なぜなら、それは弁論術の仕事ではなく、専門性が高く、より厳密に真実を探究する技術の仕事だからである。そのうえ、弁論術はもうすでに、本来の研究対象よりもはるかに多くの仕事を受けもっている。というのも、先に述べたことは[71]事実その通りなのであって、弁論術は一方で分析に関する知識と性格に関する知識から成り立ち、他方で問答術に似ている部分もあれば、詭弁的な言論に似ている部分もあるからである。

問答術も弁論術も、人がこれを能力ではなく学問的知識に仕立てようとすればするほど、その技術の本来の領分を超えて、単なる言論の技術ではなく、言論が対象とする事柄それ自体を扱う学問に作り変えることになる。そうなれば、気づかないうちに、その技術の本質が失われることになるだろう。とはいえ、分析すれば［当面の考察に］役立つ一方で、それを行なってもなお政治学が考察すべきことが残るような事柄は、いまここで述べておくことにしよう。

b10

70　「［そうであることとそうでないことの］両方が可能であるように見える事柄」のこと。本巻第二章一三五七a四～六を参照。

71　本巻第二章一三五六a二五～三一を参照。

助言弁論の主題となる五つの項目

すべての人々がそれについて熟慮し、また民会で助言する者たちがそれについて演説する項目のなかで、特に重要なものはその数が概ね五つある。それらは、「財源」および「戦争と平和」、さらに「国土の防衛」、それから「輸入と輸出」および「立法」である。[72]

（一）そこで、第一に、財源について助言しようとする者は、国の収入にはいかなるものがどれだけあるかを知っておく必要があるだろう。それは、［収入源に］見落としがあれば追加し、収入額の少ないものがあれば増やすようにするためである。これに加えて、国の支出のこともすべて知っておく必要があるだろう。それは、余分な支出費目があれば削除し、支出額の多いものがあれば減額するようにするためである。なぜなら、人々がいまより富裕になるのは、すでに手にしているものに付け加えることだけでなく、支出を削減することにもよるからである。

もっとも、自国の事情を熟知しているだけでは、これらの事柄の全体に対して見通しをもつことは不可能である。以上の点について助言するためには、ほかの国々で見つけ出された方法にも通暁《つうぎょう》していなければならない。

（二）次に、戦争と平和について助言しようとする者は、自国の戦力に関して、いまどれだけの規模があり、今後どれだけの規模にすることができるかということや、いまいかなる種類のものがあり、今後いかなる種類のものを加えることができるかということや、さらに、これまでいかなる戦争をいかにして戦ってきたかということを知っておかなければならない。

なお、これらのことは、自国の戦力だけでなく、近隣の国々の戦力に関しても知っておく必要がある。また、交戦する可能性が高い国についても同様である。それは、自国より強い国とは平和を保ち、弱い国とは自国次第でいつでも戦争を始めることができるようにするためである。また、［敵国の］戦力は［自国の戦力と］同質のものなのか、それとも同質ではないのかということも知っておかなければならない。なぜなら、この点においても、自国が有利になることもあれば、不利になることもあるから

72　助言弁論の話し手は、弁論の論点である善悪（益と害）に関する命題を手に入れておくだけでなく、弁論の主題となるこれらの項目についての「事実に関する知識」も手に入れておく必要がある。なお、事実に関する知識の必要性は法廷弁論と演示弁論にも当てはまる。第二巻第二二章一三九六ａ三〜三三を参照。

である。そして、これらに関連して、自国の戦争だけでなく、他国の戦争についても、その結果をよく見ておく必要がある。なぜなら、同様の原因からは同様の結果が生まれるのが自然なことだからである。

（三）次に、国土の防衛について助言しようとする者は、いかにして国土が守られるかという点にもちろん注意を払わなければならないが、それに加えて、守備隊の規模と種類、そして監視所の場所も知っておく必要がある（もっとも、国の地形を熟知していなければ、これを知ることはできない）。それは、守備隊の兵が少なければ数を増やし、余分であれば削減するためであり、また防衛に有利な場所の監視を強化するためである。

（四）次に、食糧について助言しようとする者は、どれだけの食糧があれば自国の需要を満たすことができるかということや、いかなる種類のものを輸入することができるかということや、何を輸出し、何を輸入しなければならないかということを、相手の国と条約や協定を結ぶために知っておく必要がある。というのも、自国より強い国の人々と、［食糧の］輸出や輸入に関して自国の役に立つ国の人々、この二種類の人々に対しては、自国の市民たちが罪を犯すことのないように常に注意しておかなければならないからである。[73]

（五）国の安全を保つためには以上のすべてを考察することができなければならないが、特に重要なことは立法について理解することである。なぜなら、国が存続できるかどうかは法次第だからである。したがって、国制にはどれだけの種類があるかということや、それぞれの国にはいかなる種類の国制が有益であるかということや、それぞれの国制に固有の要因にせよ、それと反対の要因にせよ、国制はいかなる要因によって崩壊するのが自然であるかということを知っておく必要がある。

ところで、固有の要因によって崩壊するとは、最善の国制を除けば、すべての国制は緩められても締められても崩壊するという意味である。たとえば、民主制は緩められると弱体化し、最後には寡頭制に至るが、きつく締めすぎても弱体化する。[74] これは鷲鼻や獅子鼻の場合と同じである。どちらも緩められれば［特徴のない］普通の鼻になるが、それだけでなく、［締められて］過度の鷲鼻や過度の獅子鼻にされたときにも、

73　以上の四つの項目（財源、戦争と平和、国土の防衛、輸入と輸出）は、クセノフォン『ソクラテスの思い出』第三巻第六章のなかでも同じ順番で取り上げられている。

(1360) もはや鼻とさえ思えないかたちになるのである。

しかし、立法のためには、いかなる国制が［自国にとって］有益であるかを過去の事例の考察を通じて理解するだけでなく、ほかの国々の国制を知ることも、つまりいかなる種類の国制がいかなる人々に適しているかを知ることも役に立つ。したがって、世界見聞録が立法に役立つということは明らかである（なぜなら、そこから諸民族の法を学び知ることができるからである）。他方、戦争について助言するためには、人々の行為を書き記した調査記録[75]が役に立つということは明らかである。もっとも、これらはすべて政治学の仕事であり、弁論術の仕事ではない。

結び

さて、助言しようとする者がそれに関する知識をもっておかなければならない項目のうち、特に重要なものは以上の通りである。1360b しかし、これらの項目についてであれ、その他の項目についてであれ、話し手はいかなる根拠に基づいて何かを勧めたり、思いとどまらせたりすべきなのか、われわれは次にそれを述べることにしよう。

第五章　助言弁論（二）幸福

導入

概して言えば、私人の一人一人を見ても、共同体の全体を見ても、人にはそれを目指して物事を選択したり避けたりする何らかの目標がある。この目標とは、一言で言えば「幸福」と「幸福の部分」である。したがって、［弁論の際に］典型例として使えるように、幸福とは一般的に言って何であるか、また幸福の部分には何があるかを把握することにしよう。というのも、［助言弁論における］推奨と制止はすべて、幸福や、

74　「緩める」と「締める」は、当該の国制の特徴を弱めることと強めることを意味する。民主制の特徴は民衆の権限が大きい点にあるが、この特徴を弱めると最終的に寡頭制に至る。他方、この特徴を強めると、法ではなく民衆が国を支配することになり、民主制は弱体化する。なお、同様のたとえが『政治学』第五巻第九章一三〇九b二〇～三一に見られる。

75　「調査記録」の原語は「ヒストリアー」。ヒストリー（history）の語源。

幸福に寄与するものや、幸福に反するものに関してなされるからである。[76] なぜなら、幸福［そのもの］や幸福の一部分をもたらす行為、もしくはより小さな幸福に代えてより大きな幸福を生み出す行為は行なわなければならないが、幸福を破壊したり妨げたりする行為、もしくは幸福と反対のものを生み出す行為は行なってはならないからである。

幸福の定義

それでは、幸福とは、徳を伴った順風満帆の人生、もしくは生活が自立自存的であること、[77] もしくは安全でこのうえなく快適な暮らし、もしくは豊富な財産と恵まれた身体をもち、それらを維持し活用する能力があることであるとしよう。なぜなら、幸福がこれらのうちのどれか一つのものであるか、もしくはいくつかのものであるということは、ほとんどすべての人が認めているからである。

幸福の部分

幸福がこのようなものであるとすれば、そこから必然的に、幸福の部分は以下のものであることになる。すなわち、血筋がよいこと、友が多いこと、よい友をもつこと、富、よい子供に恵まれること、子沢山であること、よい老年、さらに、健康、美しさ、力強さ、大きさ、競技能力の高さというような身体の優秀さ、それから、名声、名誉、幸運、徳である。このような内的な善と外的な善が備わっていれば、人はもっとも自立自存的な者となるだろう。なぜなら、これら以外の善はないからである。ところで、魂[78]の善と身体の善は内的な善であり、血筋のよさや友や財産や名誉は外的な善である。[79]しかし、そのうえさらに、［幸福な人は］権力と運ももっているのがふ

76　助言弁論の話し手は聴衆に対して何をなすべきか、あるいは何をなすべきでないかを助言するが、なすべきこととなすべきでないことは目標（すなわち幸福）との関連によって決まる。そのため、幸福とは何であり、幸福の部分には何があるかという問題がこの章で考察されることになる。

77　「自立自存的であること」の原語は「アウタルケイア」。この語は「自足」と訳されることが多いが、「自分の境遇や状態に満足する」という心のありようを意味すると誤解されることを避けるために、本訳ではこのように訳す。

78　「魂」の原語は「プシューケー」。文脈に応じて「心」という訳語も用いる。

b20

さわしいとわれわれは考える。なぜなら、それらがあれば、われわれの暮らしはもっとも安全なものとなるだろうからである。

それでは、[幸福そのものと]同じように、これら幸福の部分についても、それぞれが何であるかを把握することにしよう。

血筋がよいこと

血筋がよいとは、民族や国の場合には、土着民であるか、もしくは長い歴史があるということであり、また、[民族や国の]最初の指導者たちとその子孫たちの多くが、人々が羨む特質のゆえに名高いということである。

他方、個人の場合には、父方の血筋がよいにせよ、母方の血筋がよいにせよ、どちらにしても双方の嫡出子であるということである。そして、国の場合と同様に、徳のゆえに、あるいは富のゆえに、あるいは人々が重んじるほかの何らかの特質のゆえに、[当の家系の]最古の人々が世に知られているとともに、男であれ女であれ、若者であれ老人であれ、その家系から名高い人物が数多く出ているということである。

よい子供に恵まれることと子沢山であること

よい子供に恵まれることと子沢山であることには、不明瞭なところは何もない。まず、共同体の場合で言えば、若者の数が多く、そしてその若者たちがよい人間であるということを意味する。この場合の「よい」とは、一方では身体が優秀であることである。たとえば、大きいこと、美しいこと、力強いこと、競技能力が高いことがそれに当たる。他方、魂の優秀さは、［男の］若者においては節度と勇敢さである。

次に、個人の場合で言えば、よい子供に恵まれることと子沢山であることは、女子も男子もともに数が多く、そしてその子供たちがいま述べたような性質をもっているということを意味する。ところで、女子の場合、身体の優秀さは美しいことと大きいことであるが、魂の優秀さは、一つは節度であり、もう一つは自由人らしさと両立する限りでの勤労である。

個人の場合でも共同体の場合でも同じことであるが、われわれはこのような性質の

79　魂の善、身体の善、外的な善という三区分は『政治学』第七巻第一章一三二三a二五〜二六にも見られる。

1361a

それぞれが男にも女にも備わるように努めなければならない。というのも、ラケダイモンがそうであるように、女に関する事情が劣悪な国においては、[80] 人口のおよそ半分は幸福ではないと言ってよいからである。

富

富の部分をなすのは、多くの貨幣と土地があること、数と大きさと立派さにおいて他を凌ぐ不動産を所有していること、さらに、数と立派さにおいて他を凌ぐ家具や奴隷や家畜を所有していることである。ただし、これらのすべては、自分の所有物であり、安全であり、自由人にふさわしく、かつ役に立つものでなければならない。

実りが多い財産は役に立つものの部類に入り、楽しみを得る手段となる財産は自由人にふさわしいものの部類に入る。実りが多い財産とは、収益を生み出すもののことであり、楽しみを得る手段となる財産とは、使用すること以外には価値のあるものが何も得られないもののことである。また、安全であることの指標は、自分が使いたいと思えばいつでも使えるような場所に、いつでも使えるようなかたちで所有していることであり、自分の所有物であるか否かの指標は、自分次第で譲渡することができる

(1361)

かどうかである。ここで言う「譲渡」とは、贈与と売却のことである。
総じて言えば、富裕であることの本質は、所有することよりもむしろ使用すること のうちにある。つまり、いま述べたような所有物を活動させること、すなわち使用することこそが富裕であるということなのである。

名声　名声があるとは、万人からすぐれた人物と思われていることであるか、もしくは、万人か、多くの人々か、よい人々か、思慮のある人々が求めるような［よい］ものの何かをもっていることである。

名誉　名誉は、善行者として名声を博していることのしるしである。名誉を得るのが正当

80　ラケダイモン（スパルタ）の女性に対する自由放任のことを言っている。『政治学』第二巻第九章一二六九b一二〜一二三を参照。

であり、かつ誰にもまして名誉を得るのは、もちろん実際に善行をなした人々である。とはいえ、善行をなす能力がある人も名誉を得ることがある。

善行は、身の安全や生存の原因となる事柄に関係するか、あるいは富に関係するか、あるいはその他のよいもののなかで、総じて入手が容易でないもの、もしくは場所や時によっては容易でないものに関係する。場所と時を挙げたのは、些細な善行と思われる場合でも、それを行なった場所や時機のゆえに名誉を手にする人が少なくないからである。

ところで、名誉の部分に当たるのは、供犠《くぎ》、韻文や散文による碑文、特典、領地、特等席、公葬、肖像、公費での饗応である。また、異民族の風習で言えば、平伏すること、道を譲ること、各民族の間で評判のよい贈物などがそれに当たる。贈物を挙げたのは、それが財産の贈与であるとともに、［贈られた者にとって］名誉の証となるからである。それゆえ、財貨を愛する者だけでなく、名誉を愛する者も贈物を求める。なぜなら、贈物はこの両者がほしがるものを含んでいるからである。つまり、贈物は前者が求めるところの財産であるというだけでなく、そこには後者が求めるところの名誉も含まれているのである。

身体の優秀さ

身体の優秀さは［第一に］健康であることである。しかし、この場合の健康とは、病気がなく、身体を自由に使える状態を意味する。というのも、ヘロディコスが健康と言われるのと同じ意味で健康な人々も少なくないが[81]、このような人々は人間らしい活動のすべてかもしくは大部分を控えている以上、健康であるという理由から彼らを幸福とみなす人は誰もいないだろうからである。

次に、美しいことも身体の優秀さの一つであるが、美しさの意味は年齢に応じて異なる。まず、若者の場合には、身体が美しいとは、徒競走や筋力を使う競技に伴う労苦に役立つ身体をもっていて、娯楽目的で観戦する人々の目にその姿が好ましく映るということを意味する。それゆえ、筋力と［足の］速さの両面で素質に恵まれた五種競技[82]の選手こそがもっとも美しい。これに対し、壮年期[83]の人々の場合には、戦争の労

81　ヘロディコスは前五世紀のメガラ出身の医者、体育教師。不治の病にかかったが、体育と医術を混ぜ合わせた養生法によって長生きした。プラトン『国家』第三巻四〇六A～Bを参照。

82　徒競走、幅跳び、円盤投げ、槍投げ、レスリングの五種。

苦に役立つ身体をもっていて、［それを見る人が］好ましいと思うだけでなく、畏怖の念まで抱くということを意味する。他方、老人の場合には、［生活に］必要不可欠な労苦に耐えることができる身体をもっていることに加えて、老体を苛むものを何一つもたないがゆえに苦痛がないということを意味する。

次に、力強いことも身体の優秀さの一つであるが、力強いとはほかのものを思い通りに動かす能力があるということである。しかるに、ほかのものを動かすとは、必然的に、引くか、押すか、持ち上げるか、締めつけるか、押しつぶすかのいずれかによって動かすということである。したがって、力強い者は、これらのすべての点か、あるいはそのいくつかの点で力強いということになる。

次に、大きさにおいて身体がすぐれているとは、背丈や厚みや幅広さの点で多くの人々を上回っているが、大きすぎて動きが鈍くなるほどには上回っていないということである。

次に、競技能力に関わる身体の優秀さは、大きさと力強さから成り立つ。なぜなら、速さは力強さの一種だからである。脚を一定の仕方で振り上げ、素早く遠くまで動かす能力をもつ者は、徒競走に向いている。他方、締めつけたり押さえ込んだりする能力をもつ者はレスリングに、打撃を加えて押しのける能力をもつ者は拳闘に、この両方の点で能力がある者はパンクラティオン[84]に向いている。そして、以上のすべての点で能力がある者は五種競技に向いている。

よい老年

よい老年とは、苦痛を伴うことなく、ゆるやかに老いが進むということを意味する。なぜなら、急速に老いが進んだり、老いの進行は遅くても、そこに苦痛が伴うならば、よい老年とは言えないからである。よい老年は、身体の優秀さと運から生まれる。というのも、病気知らずでも強健でもないとすれば、苦悩や苦痛を免れることはできず、運がなければ、長生きすることはできないからである。もっとも、強健さや健康とは関係のない別の力によって長生

b30

83　アリストテレスは身体面から見た壮年期を三〇歳から三五歳までとしている。本書第二巻第一四章一三九〇b九〜一一を参照。

84　打撃のほかに関節技や締め技の使用も可能な格闘技。

きすることもある。というのも、身体の優秀さが欠けているにもかかわらず、長生きする人が多くいるからである。しかし、これらの問題を詳細に論じても、当面の課題に寄与するところは何もない。

友が多いこととよい友をもつこと

友が多いこととよい友をもつこととは、友とは何かが定義されていれば、特に不明なところはない。すなわち、友とは、「相手にとってよいと思うことを相手のために行なうことができるような人」である。とすれば、そのような人が多くいれば、友が多いということになり、そのような人が立派な人間でもあるなら、よい友をもっているということになる。

幸運

幸運[85]とは、運が原因で生まれるよいもののすべて、あるいはそのうちの大部分、あるいはそのうちの特に重要なものを手に入れるか、もしくは所有しているということである。ところで、運が原因で生まれるよいもののなかには、技術によって生まれるものもあるが、多くのものは技術とは関係がない。たとえば、自然が原因で生まれるものがそうである（ただし、運が原因で生まれたものが、自然に反しているということはありうる）。なぜなら、なるほど健康は［医術という］技術が原因で生まれるが、美しい身体や大きい身体は［技術ではなく］自然が原因で生まれるからである。

総じて言えば、人に妬まれるようなよいものは運が原因で生まれる。また、理屈に合わないよいものも運が原因で生まれる。たとえば、「ほかの兄弟は醜いのに、彼だけは美しい」とか、「ほかの人たちは宝を見つけられなかったのに、彼だけは見つけた」とか、「隣の人には矢が当たったのに、彼には当たらなかった」とか、「いつも行っているのに、彼はそのときそこへ行かず、初めてそこへ行った人たちが命を落とした」という例がそれに当たる。なぜなら、この種のことはどれも幸運によるものと思われるからである。

85 「幸運」の原語は「エウテュキアー」。『エウデモス倫理学』第八巻第二章に詳細な考察がある。

徳

徳については、賞賛に関するトポス[86]がもっとも深く関連しているので、賞賛について論じるときに[87]定義しなければならない。

第六章　助言弁論（三）よいもの

導入

人が何かを勧める場合、未来のことや現在のことでいかなる点に目を向けるべきかはいまや明らかになっている。また、思いとどまらせる場合についても明らかである。なぜなら、思いとどまらせるときに目を向けるべきものは、勧めるときに目を向けるべきものの反対だからである。

しかし、助言する者の目の前にある目標は「益」である（人々の熟慮の対象は、目的［そのもの］ではなく、目的のための手段である[88]。そして、それは行なえば益になるもののことにほかならない[89]）。しかるに、有益なものはよいものである。それゆえ、われわれはよいものと有益なもの全般について、それに関連する基本的な命題を把握しておかなければならないだろう。

よいものの定義

（一）それでは、それ自体がそれ自体のために選択されるものや、われわれがそれのためにほかの何かを選択するものや、すべての存在が求めるもの、もしくは感覚か知性をもつすべての存在が求めるもの、もしくは知性を手に入れたとすれば求めるもの

86　この「トポス」は第二章の最後に言及された「共通のトポス（＝論法）」とは別で、（賞賛のための弁論である演示弁論に）特有の命題という意味で使われている。
87　本巻第九章。
88　これと同様のことが『ニコマコス倫理学』第三巻第三章一一一二b一一～一二でも言われている。
89　話し手は幸福に目を向けて助言しなければならないが、熟慮の対象となるのは（幸福という）目的のための手段のほうである。目的のための手段とは、行なえば益になるもののことであるから、助言弁論においては益になるもの、すなわちよいものが論点となる。

はよいものであるとしよう。

(二) また、知性が各人に「一般的に」指示するであろうものや、知性が個々の状況に応じて各人に指示するものは、各人にとってよいものであるとしよう。

(三) また、それが手元にあることによって人がよい状態に置かれ、自立自存することができるものはよいものであり、自立自存「それ自体」もよいものであるとしよう。

(四) また、以上に述べたようなよいものを生み出すか維持するものや、そのようなよいものが付随するものはよいものであり、そのようなよいものと反対のものを阻止したり滅ぼしたりするものもよいものであるとしよう。

ところで、何かに何かが「付随する」仕方には二通りある。すなわち、「同時に付随する」か、もしくは「あとから付随する」かである。たとえば、学ぶことには知ることがあとから付随するが、健康であることには生きていることが同時に付随する。また、何かが何かを「生み出す」仕方には三通りある。すなわち、一つは「健康であることが健康を生み出す」というような仕方であり、もう一つは「食物が健康を生み出す」というような仕方であり、もう一つは「体育が健康を生み出す」というような仕方である。体育が健康を生み出すとは、たいていの場合に健康を生み出すという意味である。

一般的な善

これらのことを前提とするならば、必然的に、（一）よいものを手に入れることや、悪いものを手放すことはよいことでなければならない。なぜなら、後者には悪いものをもっていないということが同時に付随し、前者にはよいものをもっているということがあとから付随するからである。さらに、より小さな善に代えてより大きな善を手に入れることや、より大きな悪に代えてより小さな悪を手に入れることもよいことでなければならない。なぜなら、より大きなほうがより小さなほうを上回っているその分だけ、一方の場合はよいものを手に入れ、他方の場合は悪いものを手放すことになるからである。

（二）また、徳も必然的によいものでなければならない。なぜなら、徳をもつ人はその徳によってよい状態にあり、よいものを生み出したり、よいことを行なったりする

1362b

90　『ニコマコス倫理学』第六巻第一二章一一四四a三～四にほぼ同じ言い回しが見られる。

ことができるからである。もっとも、徳のそれぞれについては、それが何であり、いかなる性質のものであるかを別のところで述べなければならない。[91]

（三）また、快楽も必然的によいものでなければならない。なぜなら、すべての動物は自然本性によって快楽を求めるからである。そして、快楽がよいものであるなら、快いものも美しいものも必然的によいものであることになる。なぜなら、一方の快いものは快楽を生み出すからであり、他方の美しいものは、そのあるものは快いものであり、あるものはそれ自体がそれ自体のゆえに選択されるものだからである。

個別的な善

よいものを一つずつ個別に述べるとすれば、必然的に、以下のものがよいものでなければならない。

（一）幸福。なぜなら、幸福はそれ自体のゆえに選択されるものであり、自立自存的なものであり、われわれがそれのためにその他のものを選択するものだからである。

（二）正義、勇敢さ、節度、誇り高さ、太っ腹、およびその他のその種の性向。なぜなら、これらは魂の徳だからである。

b10

(1362)

（三）健康、美しさ、およびその他のその種のもの。なぜなら、これらは身体の優秀さであり、多くのよいものを生み出すからである。たとえば、健康は快楽と生を生み出す。それゆえ、健康は最善のものと考えられている。なぜなら、それは多くの人々がもっとも重んじる二つのもの、すなわち快楽と生の原因だからである。

（四）富。なぜなら、それは所有に関する優秀さであり、多くのよいものを生み出すからである。

（五）友と友愛。なぜなら、友はそれ自身のゆえに選択されるものであり、かつ多くのよいものを生み出すからである。

（六）名誉と名声。なぜなら、それらは快いものであり、多くのよいものを生み出すものだからである。そして、名誉や名声があるということは、たいていの場合、それのゆえに人々から尊敬される［よい］ものが備わっているということを意味するからである。

（七）弁舌の能力と行為の能力。なぜなら、このような能力はどれもみなよいものを

91　本巻第九章。

生み出すからである。
(八)さらに、よい素質、記憶力、理解の早さ、鋭敏さ、およびその他のその種のものすべて。なぜなら、これらの能力はよいものを生み出すからである。すべての学問と技術にもこれと同様のことが言える。
(九)また、生きることがそうである。なぜなら、ほかに何もよいものを伴わないとしても、生きることはそれ自体のゆえに選択されるからである。
(一〇)また、正しいことがそうである。なぜなら、それは共同体に益をもたらすものだからである。

その他の善

大体のところ、これらが一般に認められているよいものである。これに対し、「よいものかどうかについて」意見が分かれるものの場合には、以下の各点から推論することができる。
(一)あるものと反対のものが悪いものであるならば、そのあるものはよいものである。

（二）また、あるものと反対のものが敵に益をもたらすならば、そのあるものはよいものである。たとえば、臆病であることが敵に最大の益をもたらすならば、勇敢さが市民たちにとってもっとも有益なものであるということは明らかである。

（三）また、総じて言えば、敵が望むものか、もしくは敵が喜ぶものと反対のものは、有益なものであるように見える。それゆえ、「プリアモス[92]がさぞ喜ぶだろう」という言葉は当を得ている[93]。もっとも、これは常にそうであるというわけではなく、たいていの場合にそうであるということである。なぜなら、同一の物事が対立する双方に益をもたらすことがあるとしても、おかしなところは何もないのだから。それゆえ、［これとは逆に］同一の物事が［対立する］双方に害をもたらす場合には、「災難が人々を結束させる」という言い方をするのである。 1363a

（四）また、過剰なところがないものはよいものであり、しかるべき程度より大きい

92　ギリシャ神話に登場するトロイアの王。

93　ホメロス『イリアス』第一歌二五五行。ギリシャ軍の総大将アガメムノンと勇将アキレウスの仲たがいは、敵国の王であるプリアモスを喜ばせるということ。

ものは悪いものである。

（五）また、それのために多大な労力がつぎ込まれてきたか、もしくは多額の出費がなされてきたものはよいものである。なぜなら、そのような事実があるというだけで、それはすでによいものに見えるのだから。そのうえ、その種のものは目的、それも多くの物事の目的と考えられている。しかるに、目的はよいものである。そこから、「プリアモスの自慢の種に」[94]と言われ、「［目的を果たさずに］長々と留まっているのは恥ずべきことだ」[95]と言われたのであり、また人々は「戸口で水瓶［を落とす］」という諺[96]を口にするのである。

（六）また、多くの人々が求めるものや、人々がそれをめぐって争うように見えるものはよいものである。なぜなら、すべての人々が求めるものはよいものであると先に述べたが[97]、「多くの人々」は「すべての人々」とほとんど変わらないように見えるからである。

（七）また、賞賛されるものはよいものである。なぜなら、よいものでなければ誰も賞賛しないのだから。

（八）また、敵が賞賛するものはよいものである。なぜなら、［そのせいで］ひどい目に遭っている人々までもが賞賛するならば、それがよいものであることはもはやすべての人々が認めているも同然だからである。というのも、それを認めるのは、どう見てもよいものであるという理由によるにちがいないからである。この点は、味方に［すら］非難される者が価値のない人間であるのと似たところがある。加えて、敵が非難［すら］しない者も価値のない人間である。それゆえ、シモニデス[98]が「しかし、イリオンはコリントス人を責めはしない」と詩に書いたとき、コリントスの人々は彼に侮辱されたと思ったのである[99]。

94　ホメロス『イリアス』第二歌一六〇行および一七六行。すでに多くの戦死者を出しているのに、ヘレネを諦めて立ち去るならば、敵国のプリアモスの自慢の種になるということ。
95　ホメロス『イリアス』第二歌二九八行。敵地に長年留まっておきながら、当初の目的を果たさずに手ぶらで帰るのは恥ずべきことであるということ。
96　泉の水を汲んで持ち帰った水瓶を戸口で落とすということ。努力が無駄に終わるという意味の諺と考えられる。
97　本章一三六二ａ二一～二三。
98　ケオス島出身の抒情詩人（前五五六年頃～前四六八年頃）。

(九)また、思慮のある男たちや女たち、もしくはよい男たちや女たちの誰かがひいきにしたものはよいものである。たとえば、アテナがオデュッセウス[100]を、テセウス[101]がヘレネ[102]を、女神たちがアレクサンドロス[103]を、ホメロスがアキレウスをひいきにしたのがそれに当たる。

(一〇)また、総じて言えば、選択されるものはよいものである。ところで、人々は先に挙げたものや、敵にとって悪いものや、味方にとってよいもので、かつ行なうことが可能であるものを選択する。しかし、可能であるということには二つの意味がある。一つは生じうるということであり、もう一つは生じるのが容易ということである。生じるのが容易であるとは、苦痛なしに生じるか、もしくは短時間で生じるということを意味する。なぜなら、生じるのが困難であるということは、苦痛が伴うということか、もしくは長い時間がかかるということによって定義されるからである。

(一一)また、あるものが望んだ通りに生じるならば、そのあるものは「望んだ人にとって」よいものである。ところで、人は「自分にとって」まったく悪くないことか、もしくは「そこから生まれる」よい結果と比べれば悪くないことを望む。後者を望むのは、それを行なっても発覚しない場合か、もしくは「発覚しても」軽い処罰しか受けない場合である。

（一二）また、ある人に特有のものや、ほかに誰ももっていないものや、普通ではないものはよいものである。なぜなら、そのようなものがあれば、一段と大きな名誉を与えられるからである。

（一三）また、ある人にふさわしいものは、［その人にとって］よいものである。そのようなものとは、家柄と能力から見てその人に似つかわしいもののことである。

（一四）また、人が自分に欠けていると思うものは、些細なものでも［当人にとって］よいものである。なぜなら、些細であろうとなかろうと、人は［それを得るために］

99　イリオンはトロイアの別名。コリントスの人々は、責める価値すらないと言われたと解釈したということ。

100　ギリシャ神話に登場する英雄。ホメロス『オデュッセイア』の主人公。

101　ギリシャ神話に登場する英雄。

102　ギリシャ神話に登場する絶世の美女。

103　「女神たち」はヘラ、アテナ、アフロディテを指す。「アレクサンドロス」はプリアモスの息子パリスの別名。

行為することを選択するからである。

（一五）また、達成するのが容易なものはよいものである。なぜなら、達成するのが容易であるということは、達成するのが可能であるということなのだから。ところで、達成するのが容易なものとは、すべての人々か、多くの人々か、自分と同程度の人々か、自分よりも劣っている人々がすでに成し遂げたもののことである。

（一六）また、それを行なえば味方を喜ばせることになるもの、あるいは敵の恨みを買うことになるものはよいものである。

（一七）また、自分が賛美している人々が行なうことを選択するものはよいものである。

（一八）また、自分がそれに対して素質や経験をもっているものはよいものである。なぜなら、そのようなものならば、より容易に成し遂げられると人は考えるからである。

（一九）また、凡庸な人ならば成し遂げることができないものはよいものである。なぜなら、そのようなものは一段と賞賛に値するものだからである。

（二〇）また、欲望の対象となるものはよいものである。なぜなら、そのようなものは快いものに見えるだけでなく、よりよいものにも見えるからである。

（二一）また、各人は自分が愛するものを特によいものと考える。たとえば、勝利を愛する人は勝利を、名誉を愛する人は名誉を、金銭を愛する人は金銭をよいものと考えるのであり、その他の人々の場合もこれと同様である。

結び

さて、よいものと益をもたらすものについては、以上に述べたことから説得の材料を手に入れなければならない。

第七章　助言弁論（四）より大きな善

導入

しかし、二つのうちのどちらも益をもたらすという点では意見が一致しているが、どちらがより多くの益をもたらすかという点では意見が分かれるということがよく起

1363b

こる。それゆえ、われわれは次に、より大きな善とより多くの益をもたらすものについて述べなければならないだろう。

「超えている」と「より大きい」と「より多い」

それでは、「あるものを超えている」とは、そのあるものと等しい分量にさらにいくらか付け加わっているという意味であり、「あるものに超えられている」とは、そのあるもののうちに含まれているという意味であるとしよう。また、「より大きい」と「より多い」は常に「より小さい」ものと比較してそのように言われるとしよう。また、「大きい」と「小さい」、「多い」と「少ない」は、大半のものに当てはまる［標準的な］大きさと比較して、それを超えていれば「大きい」と言われ、それに届かなければ「小さい」と言われるのであり、「多い」と「少ない」もこれと同様であるとしよう。

「よいもの」と「より大きな善」の関係

ところで、われわれが「よいもの」と呼ぶのは、[104] それ自体がそれ自体のために選択されたり、ほかの何かのために選択されることのないものや、すべての存在が求めるものや、知性と思慮を手に入れればすべての存在が選択するものや、よいものを生み出したり、維持したりするもの、もしくはそのようなよいものがそれに随伴するもの[105]である。そして、ある人にとってこのような性質をもっているものは、その人にとってよいものである。

それゆえ、「より多数のよいもの」は、「一つのよいもの」や「より少数のよいもの」よりも、その「一つのよいもの」や「より少数のよいもの」が「より多数のよいもの」のうちに数え入れられる限り、必然的に、より大きな善であることになる。なぜなら、「より多数のよいもの」は「一つのよいものやより少数のよいものを」超えており、また「より多数のよいものに」含まれるものは、「より多数のよいものに」超えられているからである。

b20

104　本巻第六章一三六二a二一～二八を参照。
105　「随伴する（ヘペスタイ）」は「付随する（アコルーテイン）」の言い換え。

より大きな善

(一) また[106]、ある種類のなかの最大のものが、別の種類のなかの最大のものを超えているならば、一方の種類は他方の種類を超えており、またある種類が別の種類を超えているならば、前者のなかの最大のものは、後者のなかの最大のものを超えている。たとえば、男のなかの最大の人が女のなかの最大の人よりも大きいならば、全体として男は女よりも大きく、また全体として男が女よりも大きいならば、男のなかの最大の人は女のなかの最大の人よりも大きい。なぜなら、ある種類が「別の種類を」超えていることと、ある種類のなかの最大のものが「別の種類のなかの最大のものを」超えていることには、対応関係があるからである。

(二) また、一方のよいものは他方のよいものに随伴するが、後者が前者に随伴しないならば、後者はより大きな善である（しかるに、随伴の仕方は、同時にか、あとからか、可能的にかのいずれかである)[107]。なぜなら、随伴する側のものを使用することは、もう一方の側のものを使用することに含まれているからである。

ところで、「同時に随伴する」とは、生きることは健康であることに随伴するが、後者は前者に随伴しないという場合がそれに当たる。「あとから随伴する」とは、知るということに随伴するという場合がそうである。「可能的に随伴する」とは、人からものを奪うことが神殿からものを奪うことに随伴するという場合がそれに当たる。なぜなら、神殿からものを奪う者は人からも奪う可能性があるからである。

（三）また、［二つのものが］同一のものを超えているならば、より大きく超えているもののほうがより大きい。なぜなら、より大きく超えているものは、必然的に、より小さく超えているもう一方のより大きなものを超えているからである。

（四）また、より大きな善を生み出すものは、［それ自体も］より大きな善である。なぜなら、先に述べたように、[108]これが「より大きな善を生み出す」ということの意味だ

106　この節では「より大きな善」だけでなく、「より大きい」「より美しい」「より望ましい」などの概念も取り上げられている。なお、この節の内容は『トポス論』第三巻第一章〜第三章と重複する部分がかなり多い。

107　本巻第六章一三六二a二九〜三〇では二通りの付随（＝随伴）の仕方しか述べられていなかったが、ここで「可能的に」という第三の仕方が追加されている。

108　本巻第六章一三六二a二七の「よいものを生み出すものはよいものである」という部分を指している。

からである。

(五) また、あるものを生み出すものがより大きな善であるならば、生み出されるものも同様により大きな善である。たとえば、健康をもたらすものが快楽をもたらすものよりもいっそう望ましく、いっそう大きな善であるならば、健康もまた快楽よりもいっそう大きな善である。

(六) また、それ自体のゆえに選択されるものは、それ自体のゆえに選択されるのではないものよりも大きな善である。たとえば、体力は健康をもたらすものよりも大きな善であるというのがそれに当たる。なぜなら、後者は「健康のために選択されるのであって」それ自体のために選択されるのではないのに対し、前者はそれ自体のために選択されるのであるが、先に述べたように[109]、よいものとはまさにそのようなもののことだからである。

(七) また、一方は目的であるが、他方は目的ではないならば、目的となるもののほうがより大きな善である。なぜなら、後者は別のもののために選択されるのに対し、前者はそれ自体のために選択されるのだから。たとえば、身体をよい状態に保つために運動を選択するというのがそれに当たる。

（八）また、一方が他方と比べて自分以外のものを必要とすることがより少ないならば、前者はより大きな善である。なぜなら、前者は後者よりもいっそう自立自存的であるのだから。ところで、自分以外のものを必要とすることがより少ないものとは、よりわずかなものか、もしくは［入手が］より容易なものしか必要としないもののことである。

（九）また、一方は他方がなければ存在しないか、もしくは生じることができないのに対し、後者は前者がなくても存在するか、もしくは生じることができるならば、後者はより大きな善である。なぜなら、もう一方のものを必要としないものはより自立自存的であり、したがって、より大きな善であることは明らかだからである。

（一〇）また、一方は起源であるが、他方は起源でないならば、前者のほうがより大きな善である。また、一方は原因であるが、他方は原因でないならば、同じ理由により、前者のほうがより大きな善である。なぜなら、原因や起源がなければ、何ものも存在することも生じることもできないのだから。

a10

109　本巻第六章一三六二a二一～二三を参照。

（一二）また、起源が二つある場合、より重要な起源から生じるもののほうがより重要であり、原因が二つある場合、より重要な原因から生じるもののほうがより重要である。これとは逆に、二つの起源のうちでは、より重要なものを生じさせる起源のほうがより重要であり、二つの原因のうちでは、より重要なものを生じさせる原因のほうがより重要である。

いま述べたことから明らかなように、より重要であるように見えることには二通りの場合がありうる。一つは、一方が起源で他方が起源ではないならば、前者がより重要であるように思われるという場合である。もう一つは、一方が起源ではなく「目的であり」、他方が起源であるならば、前者がより重要であるように思われるという場合である。というのも、より重要であるのは目的であって、起源ではないのだから。それゆえ、レオダマス[110]はカリストラトス[111]を糾弾するときには、「計画者は実行者よりも罪深い。なぜなら、計画が立てられなければ、実行されることはなかったはずだからだ」と主張した。しかし、カブリアス[112]を糾弾するときには、これとは逆に、「実行者は計画者よりも罪深い。なぜなら、実行者がいなかったら、その行為は行なわれなかったはずだからである。計画はそのために、つまり実行するために立てられるのだから」と主張したのである。

（一二）また、より希少なものは、豊富にあるものよりも大きな善である。たとえば、金《きん》は鉄ほど有用でないのに、鉄よりも大きな善であるということがそれに当たる。なぜなら、入手するのがより困難であるために、金の所有は鉄の所有よりも大きな善となるからである。しかし、見方を変えれば、豊富にあるものは希少なものを使用頻度において上回るので、希少なものよりも大きな善であると言える。というのも、「しばしば」は「まれに」を上回っているからである。それゆえ、「一番よいもの、それは水」[113]と言われるのである。

（一三）また、総じて言えば、「入手が」より困難なものはより容易なものよりも大きな善である。なぜなら、それはいっそうまれなものなのだから。しかし、見方を変えれば、「入手が」より容易なものはより困難なものよりも大きな善である。なぜな

110　前四世紀のアテナイの政治家、弁論家。イソクラテスの弟子。
111　前四世紀のアテナイの政治家。
112　アテナイの将軍（前四二〇年頃〜前三五六年）。
113　ピンダロス『オリュンピア祝勝歌』第一歌の冒頭の言葉。

ら、それはわれわれの望み通りになるのだから。

（一四）また、あるものの反対がより大きな悪であるならば、そのあるものはより大きな善であり、あるものの喪失がより大きな悪であるならば、そのあるものはより大きな善である。

（一五）また、完成した徳は未完成の徳よりも大きな善であり、完成した悪徳は未完成の悪徳よりも大きな悪である。なぜなら、前者は目的であるが、後者は目的ではないのだから。114

（一六）また、より美しい結果をもたらすものは、それ自体もより大きな善であり、より恥ずべき結果をもたらすものは、それ自体もより大きな悪である。

（一七）また、それ自体の悪さがより大きいものは、それがもたらす結果もより大きな悪であり、それ自体のよさがより大きいものは、それがもたらす結果もより大きな善である。なぜなら、結果の性質は原因や起源の性質に対応し、原因や起源の性質は結果の性質に対応するのだから。

（一八）また、あるものの超過がより望ましいか、もしくはより美しいならば、そのもの自体もより望ましいか、もしくはより美しい。たとえば、視覚が鋭敏であることは、嗅覚が鋭敏であることよりも望ましい。なぜなら、視覚は嗅覚よりも望ましいものだからである。また、仲間への愛が強いことは金銭への愛が強いことよりも美しいから、したがって仲間への愛もまた金銭への愛よりも美しいというのもその例である。また、これとは逆に、それ自体がよりよいものはそれの超過もよりよく、それ自体がより美しいものはそれの超過もより美しい。

（一九）また、あるものに対する欲望がより美しいか、もしくはよりよいならば、そのもの自体もより美しいか、もしくはよりよい。なぜなら、よりよい欲求はよりよいものに向けられるからである。また、これと同じ理由により、より美しいものか、もしくはよりよいものに対する欲望は、それ自体もよりよいものであり、より美しいものである。

（二〇）また、ある事柄を対象とする学問がより美しいか、もしくはよりすぐれてい

114 「前者」は「完成した徳」と「完成した悪徳」を指し、「後者」は「未完成の徳」と「未完成の悪徳」を指す。未完成の状態のものは完成した状態を目指して進むため、その意味で前者は後者の目的である。

るならば、その事柄自体もより美しく、よりすぐれている。なぜなら、「ある学問が対象とする」真実の性質はその学問の性質に対応しており、各学問は、当の学問分野に属する事柄に対して権限をもっているからである。また、同じ理由により、ある学問がよりすぐれた、より美しい事柄を対象とするならば、それに対応して、その学問自体もよりすぐれたものであり、より美しいものである。

(二一) また、思慮のある人々のすべてか、多くか、大多数か、もしくはそのなかのもっともすぐれた者たちがより大きな善であると判断するであろうものや、これまでにそう判断したことがあるものは、無条件にそうであるか、思慮に基づく判断による限りそうであるかはともかくとして、より大きな善であることが必然である。このことは、善以外のものにも同じように当てはまる。なぜなら、あるものが「何であるか」や「どれほどあるか」や「いかなるものであるか」は、知識や思慮が何と言うかに応じて、事実その通りにあるからである。

もっとも、これはわれわれがよいものについてすでに述べたことと同じである。というのも、われわれはよいものを「もし思慮を手に入れたとすれば、すべての存在がそれぞれ選択するもの」と定義したのだから。それゆえ、思慮がいっそうよいと語るものは、「よいものであるだけでなく」より大きな善でもあるということは明らかである。

（二二）また、よりよい人々に属しているものは、無条件にそうであるか、彼らがよりよい人間である限りでそうであるかはともかくとして、より大きな善である。たと b20
えば、勇敢さは体力よりも大きな善であるというのがそれに当たる。また、よりよい人が選択するであろうことも、無条件にそうであるか、その者がよりよい人間である限りでそうであるかはともかくとして、より大きな善である。たとえば、不正を被ることは不正を犯すことよりも大きな善であるというのがそれに当たる。なぜなら、これはより正しい人が選択するであろうことだからである。

（二三）また、より快いものは、それほど快くないものよりも大きな善である。なぜなら、快楽はすべての存在が追い求めるものであり、そして快い感覚はそれ自体のために欲求されるものであるが、よいものと目的はまさにこれらの条件によって定義されたのだから[115]。しかるに、より快いものとは、苦痛を伴うことがより少なく、かつ快

115　本巻第六章一三六二a二一～二三を参照。

さがより長続きする快いもののことである。

（二四）また、より美しいものは、それほど美しくないものよりも大きな善である。なぜなら、美しいものは快いものであるか、もしくはそれ自体のゆえに選択されるものだからである。

（二五）また、人が自分自身に対して、もしくは友に対して、それをもたらすことをより強く望むものはより大きな善であり、それをもたらすことを何よりも望まないものはより大きな悪である。

（二六）また、より長続きするものはより短時間しか続かないものよりも大きな善であり、より確実なものはより不確実なものよりも大きな善である。なぜなら、より長続きするものは、長い間使用できるという点でもう一方のものを超えており、より確実なものは、望み通りに使用できるという点でもう一方のものを超えているのだから。というのも、確実なものは、望めばいつでもいっそう容易に使用することができるからである。

（二七）また、同系列の語のうちの一つや、同じ語幹から作られる変化形[116]のうちの一つがあるものに対してもつ関係は、それ以外の語にも同じように当てはまる。たとえば、「勇敢さをもって」ということが「節度をもって」ということよりもいっそう美しく、かついっそう望ましいとすれば、「勇敢さ」は「節度」よりもいっそう望ましく、また「勇敢であること」は「節度があること」よりもいっそう望ましい。

（二八）また、すべての人々が選択するものは、すべての人々が選択するとは限らないものよりも大きな善であり、大多数の人々が選択するものは、より少数の人々が選択するものよりも大きな善である。なぜなら、先に述べたように[117]、すべての人々が求めるものがよいものであるのだから、すべての人々がより多く求めるものは、より大きな善であることになるからである。

（二九）また、論争相手や敵対者が、あるいは判定者たちや彼らによって選出された者たちが選択するものは、より大きな善である。なぜなら、前の二者の場合には、すべての人々が賛同しているも同然であり、あとの二者の場合には、権威のある者たち

116　同系列の語（シュストイコス）と変化形（プトーシス）については、『トポス論』第二巻第九章一一四ａ二六～ｂ五により詳しい説明がある。
117　本巻第六章一三六二ａ二一～二三を参照。

と見識のある者たちが賛同していることになるからである。

（三〇）また、ある場合には、すべての人々が与《あずか》っているものはより大きな善である。なぜなら、それに与らないのは不名誉なことだからである。しかし、ある場合には、誰も与っていないか、もしくはわずかな人々しか与っていないものがより大きな善である。なぜなら、それはより希少なものなのだから。

（三一）また、より賞賛に値するものは、より大きな善である。なぜなら、それはより美しいものだからである。

（三二）また、あるものに対する名誉がより大きいならば、そのあるもの自体も同様により大きな善である。なぜなら、名誉はある種の価値評価に当たるのだから。それから、あるものに対する罰がより大きいならば、そのあるもの自体もより大きな悪である。

（三三）また、重要であることが一般に認められているものや、もしくは重要であるように見えるものは、より大きな善である。

（三四）また、同じものでも、部分に分けるとより重要であるように見える。なぜなら、分ける前と比べて、より多くのものを超えているように見えるからである。それゆえ、かの詩人も、次の言葉がメレアグロス[118]を説得し、立ち上がらせたと言っているのである。「都が攻め落とされれば、どれだけの災難が人々に降りかかることか。民は殺され、国は焼き尽くされ、子供は他国の者たちに連れ去られる」[119]。

また、エピカルモスが行なっているように、［同じ］言葉を並列し、積み重ねることにも同様の効果がある。[120]これが効果的である理由は、一つには、部分に分ける場合と同じである（というのも、［同じ］言葉を並列することによって、当の事柄が「重要性において」他を大きく超えているということが示されるからである）。もう一つは、［同じ］言葉を積み重ねることによって、それが重要な物事の発端であり、かつ原因であるように見えるからである。

118　ギリシャ神話に登場する英雄。カリュドン王オイネウスの息子。

119　ホメロス『イリアス』第九歌五九二行～五九四行。災難が「民が殺される」「国が焼き尽くされる」「子供が連れ去られる」という三つの部分に分けられている。

120　エピカルモスは前五世紀前半に活躍したシケリア島の喜劇詩人。「積み重ね」の手法については、『動物の発生について』七二四 a 二八～三〇に「誹謗中傷からは侮辱が、侮辱からは戦いが生じる」という例が挙げられている。

（三五）また、より困難で、よりまれなものはより大きな善であるのだから、機会、年齢、場所、時、能力の各点も、あるものをより重要なものにすることができる。つまり、ある人が自分の能力や年齢や自分と同等の人々にふさわしい水準を超えて、異例の仕方や、異例の場所や、異例の時にあることを行なうならば、その行為は美しさやよさや正しさにおいて、もしくはそれらの反対の性質において重要なものとなるのである。

それゆえ、オリュンピア競技会の勝者に対して、次のような短詩が捧げられたのである。「かつてはごつごつした天秤を両肩に担いで、アルゴスからテゲアまで魚を運んだものだ[121]」。また、イフィクラテス[122]が自画自賛して、いかなる境遇から身を起こして現在の身分に至ったかを語っているのもその例である。

（三六）また、生まれつき備わっているものは、あとから獲得したものよりも大きな善である。なぜなら、前者は後者よりも手に入れるのが難しいのだから。それゆえ、かの詩人も「私は自分自身から学んだ[123]」と言っているのである。

（三七）また、ある重要なもののなかでもっとも重要な部分は、［それ以外の部分と比べて］より大きな善である。たとえば、ペリクレス[124]が追悼演説で述べた「国から若者が奪われるのは、あたかも一年から春が奪い去られるようなものだ」という言葉は、まさにそのことを意味している。[125]

（三八）また、必要性がより大きいときに役立つものは、より大きな善である。たとえば、老年期や病気の最中に役立つものがそれに当たる。

（三九）また、よいものが二つある場合、より目的に近いものがより大きな善である。

（四〇）また、特定の個人にとってよいものは、一般的によいものよりも大きな善である。

（四一）また、［特定の個人にとって］可能なものは、不可能なものよりも大きな善で

121　シモニデスの詩句。アルゴスとテゲアはともにペロポネソス半島の都市で、両地点間の道のりはおよそ五〇キロメートル。
122　アテナイの将軍（前四一五年頃～前三五三年頃）。低い身分から出世して将軍になった。
123　ホメロス『オデュッセイア』第二二歌三四七行。
124　アテナイの政治家（前四九五年頃～前四二九年）。
125　若者はその他の世代の人々と比べて、また春はその他の季節と比べて、より大きな善であるということ。

ある。なぜなら、前者はその人自身にとってよいものであるが、後者はそうではないのだから。

（四二）また、人生の目的に含まれるものは、目的のための手段よりも大きな善である。なぜなら、目的は、目的のための手段よりも重要だからである。

（四三）また、事実どうあるかに関係するものは、人からどう思われるかに関係するものよりも大きな善である。ところで、人からどう思われるかに関係するものの定義は、「人目にとまりそうになければ選択しないもの」である。それゆえ、誰かからよくしてもらうことは、誰かによくすることよりも望ましいように見えるかもしれない。というのも、前者は人目にとまらなくても選択するが、人目にとまらないのによくすることを選択する人はいないように見えるからである。

（四四）また、事実そうであることを人々が望むものは、そうであると思われることを望むものよりも大きな善である。なぜなら、前者のほうがより密接に真実に関係しているのだから。それゆえ、事実正しくあることよりも、正しいと思われることのほうが望ましいという理由から、人々は正義でさえ重要なものではないと言うのである。しかし、このことは健康には当てはまらない。[126]

1365b

（四五）また、多くの物事に役立つものは、より大きな善である。たとえば、生きることにも、よく生きることにも、快楽［を得ること］にも、美しい行為をすることにも役立つものがそれに当たる。それゆえ、富と健康は最大の善と思われている。なぜなら、富と健康はいま述べた特徴のすべてをもっているからである。

（四六）また、苦痛がより少なく、かつ快楽を伴うものはより大きな善である。なぜなら、このようなものには一つより多くのよいものが、つまり快楽と苦痛のなさという二つのよいものが備わっているからである。

（四七）また、よいものが二つある場合、同じものに付け加えたときに、その全体をより大きくするもののほうが、より大きな善である。

（四八）また、その存在が気づかれないことがないものは、気づかれないままのものよりも大きな善である。なぜなら、前者のほうが真に存在するもののように見えるからである。それゆえ、富裕であることは、富裕であると思われることよりも大きな善

b10

126　「事実健康であることよりも、健康であると思われることのほうが望ましい」とは誰も言わないということ。

であるように見えるだろう。[127]

（四九）また、人が唯一大事にしているもの、もしくはほかのものとともに大事にしているものは、より大きな善である。それゆえ、片目しかない人の目をつぶす場合と、両目がある人の片方の目をつぶす場合とでは、罰は同じではないのである。なぜなら、前者の場合、大事にしているものを奪われることになるのだから。

結び

さて、何かを勧めたり、思いとどまらせたりするときに、説得の材料をどこからもってくればよいかについては、およそ以上に述べた通りである。

第八章　助言弁論（五）国制

国制の種類

人々を説得し、適切な助言を与えることができるようにするためには、国制の種類をすべて把握し、各種の国制の慣習と法、それから各国制に益をもたらすものを分析することがもっとも重要であり、かつもっとも効果的である。なぜなら、人は誰でも有益なものによって説得されるが、国制を保全するものは有益なものだからである。

加えて、〔国制において〕権威をもつのは主権者の布告であるが、〔主権者は国制ごとに異なる。なぜなら、国制の種類と同じ数だけ主権者の種類があるからである。しかるに、国制の種類は四つ、すなわち、民主制、寡頭制、優秀者支配制、単独者支配制に分かれる。したがって、主権者ないし決定権をもつ者は、各国制における構成員の一部もしくは全体であるのが常である。[128]

各国制の定義

民主制はくじ引きで公職を割り当てる国制であり、寡頭制は所有財産の査定額に基

127　この文は先行する二つの文とどうつながるのかはっきりしないため、テキストの修正も含めてさまざまな解釈がある。

128　主権者は、民主制の場合のみ構成員の全体であり、その他の国制の場合には構成員の一部である。

づいて、優秀者支配制は教育に基づいて公職を割り当てる国制である。ここで言う教育とは、法によって定められた教育を意味する。なぜなら、優秀者支配制における支配者は、法を忠実に守って生きている者たちだからである。このような者たちは、当然ながら、もっとも優秀な人々に見える。そこから、この国制には優秀者支配制という名が付けられているのである。

他方、単独者支配制は、その名の通り一人が万人を支配する国制である。この種の国制のうち、ある種の規定に従って支配するのが王制であり、［支配の仕方に］何の制限もないのが僭主制である。[129]

各国制の目的

ところで、われわれは各国制の目的を見落としてはならない。なぜなら、人々は目的の達成に寄与するものを選択するのだから。しかるに、民主制の目的は自由であり、寡頭制の目的は富であり、優秀者支配制の目的は教育と法に関係する事柄であり、僭主制の目的は［僭主自身の］護衛である。それゆえ、人々が事実この目的に照らして選択を行なうというのであれば、各国制の目的の達成に寄与する慣習と法と益を分析しなければならないということは明らかである。

各国制の性格

しかし、説得は論証的な言論だけでなく、性格を表す言論を通じてもなされる（というのも、われわれが話し手を信用するのは、その人がある性格の人物に、つまりよい人や好意的な人やその両方の特徴をもつ人であるように見える場合だからである）。それゆえ、われわれは各国制の性格を知っておく必要があるだろう。なぜなら、各国制に特徴的な性格は、当然ながら、当の国制「の構成員」にとってもっとも説得力をもっているからである。そして、そのような各国制の性格は、先と同じもの「すなわち国制の目的」を通じて把握することができる。というのも、性格は選択を見れば明らかであるが、選択は目的との関係で決まるからである。

129　『政治学』第三巻第七章の六分類とは異なり、本書では国制が「民主制」「寡頭制」「優秀者支配制」「王制」「僭主制」の五つに分類されている。この五分類はクセノフォン『ソクラテスの思い出』第四巻第六章第一二節にも見られる。

助言弁論の総括

さて、人が何かを勧める場合、(一) 未来のことや現在のことでいかなる点に狙いをつけるべきか、(二) また、有益なものに関して説得するためには、説得の材料をどこから手に入れるべきか、(三) さらに、各国制の性格と法について十分な知識を得るためには、いかなる手段と方法をとるべきかについては、以上に述べた通りである。[130]われわれは、ここで述べるにふさわしいことだけを述べた。というのも、これらのことについては、『政治学』のなかですでに詳しく論じているからである。

第九章　演示弁論

導入

次に、われわれは徳と悪徳について、また美しいものと醜いものについて述べることにしよう。というのも、これらは賞賛する者や非難する者にとって焦点[131]となるものだからである。そのうえ、これらについて述べれば、われわれはそれと同時に、いかなるものに基づいて話し手はしかじかの性格の人物と受け取られるのかについても、すなわち先に第二の説得方法とされたもの[132]についても明らかにする結果になる。なぜなら、徳の面で信用に値するという印象は、われわれ自身を対象とする場合にも、ほかの誰かを対象とする場合にも、同じものに基づいて作り出すことができるからである。

ところで、われわれはしばしば、人間や神だけでなく、本気かどうかはともかくとして、無生物やありふれた動物も賞賛する。[133]それゆえ、われわれはそのようなものに

130 （一）は第五章、（二）は第六章と第七章、（三）は第八章でそれぞれ述べられた。

131 「焦点（スコポス）」は「論点」の言い換え。本巻第三章で演示弁論の論点は「美と醜」であるとされたが、徳と悪徳は美しいものと醜いものの代表であるため、これらも演示弁論の論点となる。

132 「性格による説得」のこと。本巻第二章では第一の説得方法とされていたが、ここでは「言論それ自体による説得（論証による説得）」に次ぐ第二の説得方法とされている。

133 第二巻第二四章に言論に対する賞賛（一四〇一a一一〜一二）とネズミに対する賞賛（一四〇一a一三）の例がある。

ついても、人間や神の場合と同じようにして、［賞賛に役立つ］命題を手に入れなければならない。そこで、これらのものについても、典型例として役立つものに限って述べることにしよう。

美しいものの定義

美しいものとは、「それ自体のゆえに選択されるもの、そしてそれゆえに賞賛に値するもの」であるか、もしくは、「よいもの、そしてよいものであるがゆえに快いもの」である。もしこれが美しいものであるとすれば、必然的に、徳は美しいものであることになる。なぜなら、徳はよいものであり、かつ賞賛に値するものだからである。

徳の定義

ところで、徳とは、よいものを手に入れたり保持したりする能力であり、また数多くの大きな善行を、それもあらゆる機会にあらゆる種類の善行を成し遂げる能力であるように思われる。

1366b 他方、徳の部分に当たるのは、正義、勇敢さ、節度、太っ腹、誇り高さ、気前のよさ、穏和、思慮、知恵である。しかるに、徳が善行を成し遂げる能力であるというのであれば、必然的に、もっとも他者の役に立つ徳こそが、もっとも重要な徳であることになる。それゆえ、人々は正しい人と勇敢な人を特に重んじる。なぜなら、勇敢さは戦争の際に他者の役に立ち、正義は戦争の際にも平和なときにも他者の役に立つからである。気前のよさは、これらの次に他者の役に立つ。なぜなら、気前のよい人は、惜しむことなく与えるからである。また、ほかの人々がことのほかほしがるもの、すなわち金銭をめぐって争うようなことがないからである。

個々の徳の定義

正義とは、それのおかげで、各人が自分に属するものを手にし、しかも法が命ずる通りに手にする徳である。これに対し、不正とは、それのゆえに、他者に属するものを法の命令に反して手にするところのものである。

次に、勇敢さとは、それのおかげで、危険に際して美しい行為をすることができ、しかも法が命ずる通りに、また法を順守しながら美しい行為をすることができる徳であり、臆病はその反対である。

b10

次に、節度とは、それのおかげで、肉体の快楽に関して法が命ずる通りの態度をとることができる徳であり、放縦《ほうじゅう》はその反対である。

次に、気前のよさとは、金銭の面で人によくすることができる徳であり、けちはその反対である。

次に、誇り高さとは、大きな善行をなすことができる徳であり[134]、太っ腹とは、大きな支出をすることができる徳である。他方、卑屈は誇り高さの反対であり、みみっちさは太っ腹の反対である。

次に、思慮とは思考の徳であり、それに従って、先に述べたよいものと悪いものについて、幸福を視野に入れながら適切に熟慮することができる徳である。

徳に基づく美しいもの

徳と悪徳の全般について、またそれらの部分について、ここで述べるべきことは十分に述べられた。しかし、［徳に関連する］その他の点についても、それを見てとるのは難しいことではない。すなわち、徳を生み出すものは、明らかに美しいものでなければならない（なぜなら、それは［美しいものである］徳を目指しているからである）。

また、徳から生まれるものも、明らかに美しいものでなければならない。そのようなものに該当するのは、徳のしるしと徳の産物である。

しかし、徳のしるしは美しく、徳をもってなすことと徳をもってなされることも美しいのだから、必然的に、勇敢さの産物や、勇敢さのしるしや、勇敢になされることは美しく、正しいことや、正義の産物も美しいということになる（ただし、正しくなされることはそうではない。徳のなかでも正義だけは特別であり、正しくなされることは、必ずしも美しいことではない。たとえば、正しく罰を受けることは、不正に罰を受けることよりも恥ずべきことである）。そして、この点はその他の徳の場合にも同様である。

b30

134　ここでは述べられていないが、誇り高さには「自分自身を大きなことに値する者と考える」という重要な特徴がある（第二巻第一二章一三八九a三二〜三三）。『ニコマコス倫理学』第四巻第三章一一二三b二も参照。

その他の美しいもの

（一）また、それに対する褒美が名誉である行為は美しい。

（二）また、それに対する褒美が金銭以上に名誉である行為は美しい。

（三）また、望ましい行為のうち、人が自分のために行なうのではない行為は美しい。

（四）また、無条件に[135]よい行為は美しい。

（五）また、人が自分の利益を無視して祖国のために行なった行為は美しい。

（六）また、特定の個人にとってよいのではなく、それ本来の性質としてよい行為は美しい。なぜなら、特定の個人にとってよい行為は、その人自身のためになされるからである。

（七）また、生きているときよりも、死んだあとに手にする可能性が高いものは美しい。なぜなら、生きているときに手にするものは、自分のためという要素をより多く含んでいるからである。

（八）また、他者のためになされる行動は美しい。なぜなら、自分のためという要素がより少ないからである。

（九）また、自分ではなく、他者に関係するよい行ないは美しい。

（一〇）また、よくしてくれた人に関係するよい行ないは美しい。なぜなら、それは正義にかなっているからである。

（一一）また、善行は美しい。なぜなら、それは自分のためになされるのではないからである。

（一二）また、人々が恥じることと反対のことは美しい。なぜなら、人々が恥じるのは、醜いことを口にしたり、行なったり、もくろんだりすることだからである。サッフォー[136]もそのようなことを詩に書いている。すなわち、アルカイオス[137]が「言いたいことはあるけれど、羞恥心が邪魔をする」と言ったので、サッフォーはこう答えたのである。「もしあなたがよいことや美しいことを強く望んでいたのなら、何か悪いことを言うように舌がそそのかすのでない限り、羞恥心があなたの目を覆いつくすことはなく、あなたは正しいことについて語ったことでしょう」。

135　「無条件に（ハプロース）」とは、「自分にとって」や「特定の個人にとって」という限定がつかないという意味である。

136　前七世紀後半から前六世紀前半のレスボス島ミュティレネの女性抒情詩人。

137　レスボス島ミュティレネの抒情詩人（前六二〇年頃〜前五八〇年頃）。

（一三）また、人々が怯《ひる》むことなくそれを求めて競い合うものは美しい。なぜなら、人がそのような気持ちを抱くのは、名声をもたらすよいものを求めるときだからである。

（一四）また、本性においてよりすぐれた人々の徳や仕事は、より劣った人々の徳や仕事よりも美しい。

（一五）また、自分よりもむしろ他者に喜びをもたらす徳はより美しい。それゆえ、正しいことや正義は美しいのである。

（一六）また、敵に報復し、和解しないことは美しい。なぜなら、借りを返すことは正義にかなったことであり、正義にかなったことは美しいことだからである。加えて、屈しないことは勇敢な人の特徴だからである。

（一七）また、勝利や名誉も美しいものに数え入れられる。なぜなら、これらは利益を生まなくても望ましいものであり、かつ徳が卓越していることを示すものだからである。

（一八）また、人々の記憶に残るものは美しい。そして、いっそうよく記憶に残るものは、それだけいっそう美しい。

（一九）また、死んだあとにもその人に伴うものや、並外れたものや、一人だけに属するものはいっそう美しい。なぜなら、これらはいっそうよく記憶に残るからである。[138]
（二〇）また、利益を生まない所有物は美しい。なぜなら、それは自由人によりふさわしいものだからである。
（二一）また、それぞれの国に固有のものは美しい。
（二二）また、それぞれの国で賞賛されることのしるしに当たるものは美しい。たとえば、ラケダイモンでは長髪が美しいとされるが、それは長髪が自由人であることのしるしだからである。なぜなら、髪が長ければ、日雇い労働に従事するのは容易ではないからである。
（二三）また、手仕事の技術を用いる仕事に従事しないことは美しい。なぜなら、他人のために生きているの[139]ではないということが、自由人であることの特徴だからである。[140]

138　不朽の名声など。
139　他人の生活に役立つものを作って生きているという意味。

賞賛の方法（一）類義語を使用する

ところで、誰かを賞賛したり非難したりするためには、類似の性格を実際の性格と同一のものとみなさなければならない。たとえば、慎重な人を冷淡で打算的な人とみなしたり、まぬけな人を正直な人、鈍感な人をおっとりした人とみなしたりするのである。また、賞賛する際には、それぞれの人の実際の性格と近い関係にあるもののなかから、常に最善の性格を選び出すようにしなければならない。たとえば、怒りっぽい人や逆上しやすい人をまっすぐな人とみなしたり、頑固な人を芯が強い人[141]や威厳がある人とみなしたりするのである。

また、性格に行き過ぎがある場合には、「その性格に関連する」徳をもっている人とみなさなければならない。たとえば、向こう見ずな人を勇敢な人とみなしたり、浪費癖のある人を気前のよい人とみなしたりするのである。というのも、このようにすれば、多くの人々は実際にそうであると思うからであり、また同時に、原因「の取り違え」による誤謬推論[142]が生まれやすくなるからである。たとえば、その必要がないときにも危険を冒すような人なら、そうするのが美しい場合にはなおさら危険を冒すと人々は思うだろう。また、相手が誰であれ惜しみなく与えるような人なら、友に対してはなおさらそうすると思うだろう。これが誤謬推論であるのは、誰に対してもよくすることは「徳ではなく」、徳の行き過ぎにほかならないからである。[143]

賞賛の方法（二）聴衆の価値観を考慮する

また、いかなる聴衆を前にして賞賛するのかという点も考慮しなければならない。というのも、ソクラテスが言ったように、[144] アテナイ人の前でアテナイ人を賞賛するの

---

140 『形而上学』でも同様のことが言われている。「ほかの人のためではなく、自分自身のために存在している者を自由な人とわれわれは言う」（第一巻第二章九八二b二五～二六）。

141 原語は「メガロプレペース」。本来は「太っ腹な人」を意味するが（本章一三六六b一八～一九および『ニコマコス倫理学』第四巻第二章を参照）、この文脈には合わないので、「芯が強い人」と訳す。

142 「誤謬推論」は論理的に誤った推論のこと。原因の取り違えによる誤謬推論は第二巻第二四章一四〇一b二九～三四で論じられている。

143 友に対してよくすることは気前のよさという徳が原因であるが、誰に対してもよくすることとは浪費癖（徳の行き過ぎ）が原因である。したがって、誰に対してもよくするということから、友に対してはなおさらよくするという結論は導けない。

は難しいことではないからである。そして、聴衆がスキュティア人であれ、ラコニア人[145]であれ、哲学者たちであれ、それぞれの聴衆の間で重んじられている特質が、［自分が賞賛しようとしている対象に］備わっているということを述べなければならない。そして、そのように重んじられている特質は、総じて美しいものとして扱わなければならない。なぜなら、現に両者には密接な関係があるように見えるからである。

賞賛の方法（三）似つかわしさに着目する

また、当人に似つかわしいものは、すべて美しいものとして扱わなければならない。たとえば、祖先の功績や当人の過去の業績に見合う行ないがそれに当たる。というのも、［そのような行ないによって］名誉を積み重ねることは、幸福に寄与することであるとともに、美しいことでもあるからである。

また、当人に似つかわしくないものでも、それが似つかわしいものよりもいっそうよく、いっそう美しいものである場合には、それも美しいものとして扱わなければならない。たとえば、幸運のさなかにあっても度を過ごさず、不運のさなかにあっても誇り高さを失わないことや、大物になるにつれて、いっそうよい人間になり、いっそ

う温和な人間になることがそれに当たる。イフィクラテスの「いかなる境遇から身を
起こして、いかなる身分に至ったか」という言い回しは、まさにこのようなことを意
味している。それから、オリュンピア競技会の勝者に捧げられた「かつてはごつごつ
した天秤を両肩に担いで」という言葉も、シモニデスの「父も夫も兄弟たちも王だっ b20
たというのに「思い上がることがなかった」」という言葉もそうである。

賞賛の方法（四）選択に基づくことを強調する

また、われわれは何を行なったかに基づいて人を賞賛するが、選択に基づいて「美しい」行為をすることがすぐれた人の特徴であるのだから、人を賞賛するときには、その行為が選択に基づいているということを証明するように努めなければならない。それを証明するためには、その者が幾度となくそうしてきたという印象を与えることが役に立つ。それゆえ、たまたまそうしたとか、運よくそうなったという場合でも、

144　プラトン『メネクセノス』二三五Dを参照。
145　ラケダイモン人（＝スパルタ人）のこと。

選択して行なったものとみなさなければならない。というのも、多くの似たような事例を引き合いに出せば、それは［行為者の］徳と選択のしるしであるように見えるからである。

ところで、[146] 賞賛は徳が大きいことを明らかにしようとする言論である。それゆえ、誰かを賞賛するときには、その人の行為にはそのような性質があるということを示さなければならない。その際、説得の役に立つのは、家柄のよさや教育のような環境的要因である。なぜなら、よい人からよい人が生まれることはありそうなことであり、しかじかの仕方で育てられた人がしかじかの性質の人になるということもありそうなことだからである。これに対し、すでになされた数々の行為は、それを行なった人の性向のしるしとなる。なぜなら、その人が［たまたま］あることを行なわなかったとしても、そのようなことを行なう人であると信じていれば、われわれはその人を賞賛するだろうからである。

賞賛の方法（五）提案を賞賛に変換する

ところで、賞賛と助言には共通する面がある。なぜなら、助言の際に提案するであろうことは、表現を変えれば賛辞になるからである。

そこで、まず［助言について言えば］、われわれはいかなることをなすべきであり、いかなる人間であるべきかをわれわれが知っていて、それを提案として述べようとするときには、表現を変えて、［提案に］変換しなければならない。たとえば、「人は幸運のゆえに手に入ったものではなく、自分の力で手に入れたものを誇らなければならない」と述べるのである。このように述べれば、それは提案に等しいものとなる。これに対し、「彼が誇るのは、幸運のゆえに手に入ったものではなく、自分の力で手に入れたものである」[147]と述べれば、それは賞賛となる。

したがって、誰かを賞賛しようと思うときには、何を提案することができるかを考え、人に何かを提案しようと思うときには、何を賞賛することができるかを考えなければならない。なお、しないほうがよいという提案を賞賛に変える場合と、したほうが

146　この段落（一三六七b二六〜三六）のテキストについては多くの議論がある。本訳では、賛辞と至福に関する記述を後世の書き込みとみなして削除する底本の解釈に従う。
147　イソクラテス第九弁論『エウアゴラス』第四五節にこれに似た言葉がある。

がよいという提案を賞賛に変える場合とでは、当然ながら、両者の表現の形式は反対のものになる。[148]

賞賛の方法（六）拡大の手段を利用する

また、賞賛するときには、拡大の手段も数多く利用しなければならない。[149]

（一）たとえば、ある何かをその人ただ一人が、もしくはその人が最初に、もしくはその人を含めたほんの数人が、もしくは主としてその人が行なったのならば、話し手はそのことを述べなければならない。なぜなら、これらはどれも美しいことだからである。

（二）また、ある［異例の］時点やある［異例の］機会に何かを行ない、しかもそれが行なって当然のことではなかった場合には、そのことを述べなければならない。[150]

（三）また、同じことを何度もうまく成し遂げた場合には、そのことを述べなければならない。なぜなら、それは偉大なことだからである。加えて、そのように言えば、その行為は運によるものではなく、当人の力によるものであるように見えるだろう。

（四）また、ある行為を奨励したり重んじたりする制度が、その人［の功績］のゆえに考案され、確立するに至った場合や、ヒッポロコス[151]がその例であるが、その人のためにある賛辞が最初に作られた場合には、そのことを述べなければならない。たとえば、「ハルモディオスとアリストゲイトン[152]［の功績］のゆえに、アゴラに銅像を建てる制度が考案され、確立した」と述べるのがそれに当たる。そして、これとは反対に、誰かを非難する場合にも、同じ手法を用いることができる。

なお、その人だけでは材料が足りないときには、ほかの人々と比較して述べなければならない。これは、法廷弁論に慣れていたイソクラテス[153]がよく用いた手法である。

148　前者は否定文で、後者は肯定文になるということ。
149　「拡大」は事柄の意義や価値を大きく見せる弁論の手法。この用語の詳細は解説を参照。
150　このポイントに関連することが本巻第七章一三六五a一九〜二四で述べられている。
151　不詳の人物。
152　ハルモディオスとアリストゲイトンはアテナイの貴族（両名とも前五一四年没）。僭主のヒッパルコスを暗殺し、僭主制の打倒に貢献したことを指している。
153　アテナイの弁論家、教育者（前四三六年〜前三三八年）。弁論術と一般教養を教える学園をアテナイに開いた。

ただし、比較する相手は評判のよい人々でなければならない。なぜなら、その人がすぐれた人々よりもさらにすぐれているとなれば、そのことは拡大の効果を生むばかりか、［それ自体としても］美しいことだからである。

ところで、この拡大の手法が賞賛の弁論に取り入れられるのは当然と言える。なぜなら、拡大の本質は卓越［を示すこと］にあるが、卓越していることは美しいことの一つだからである。それゆえ、評判のよい人々と比較することができない場合でも、とにかく卓越していればそれは徳があることを示しているように見えるのだから、少なくとも世間一般の人々とは比較しなければならない。

演示弁論と拡大の関係

総じて言えば、すべての種類の弁論に共通する［説得］方式のうち、拡大は演示弁論にもっとも適している。[154] なぜなら、演示弁論では万人が事実として認めている行為を取り上げるので、残る仕事はその行為に意義と美しさを付与することだけだからである。これに対し、例証は助言弁論にもっとも適している。なぜなら、われわれは過去の事例を根拠にして、これから起こることを予測し、判断を下すからである。他方、

a30

説得推論は法廷弁論にもっとも適している。なぜなら、過去の出来事には不明瞭なところがあるので、法廷では原因［の解明］と論証が特に必要とされるからである。

演示弁論の総括

さて、賞賛や非難のためのほぼすべての弁論はいかなるものから作られるのか、またいかなる点に注目して賞賛したり非難したりしなければならないのか、また賛辞や罵言《ばげん》はいかなるものから作られるのかについては、以上に述べた通りである。というのも、これらのものを知っていれば、その反対も明らかなのだから。つまり、非難［や罵言］はこれらと反対のものから作られるのである。

154　三種類の弁論に共通する説得方式は説得推論と例証の二つであるが（第二巻第二〇章冒頭を参照）、ここでは例外的に、拡大もこれらに並ぶ説得方式として扱われている。

第一〇章　法廷弁論（一）総論

導入

次の仕事は、糾弾と弁明について、どれだけの数のどのような命題から推論を組み立てなければならないか、これを述べることであろう。

われわれは次の三点を把握しなければならない。第一に、不正を犯す動機にはどのようなものがどれだけあるか、第二に、人は自分がどのような状況にあるときに不正を犯すか、第三に、人はどのような者たちがどのような状況にあるときに不正を犯すかである。そこで、まず不正を犯すとはどういうことかを定義してから、それに続けてこれらの各点を順に述べることにしよう[155]。

「不正を犯すこと」の定義

それでは、不正を犯すとは、法に反して意図的に害を加えることであるとしよう。

しかし、法には特有の法と共通の法がある。ここで言う特有の法とは、それに従って人々が市民生活を営んでいる書かれた法のことであり、共通の法とは、万人の間で認められていると思われる書かれざる法のことである。

また、あることを意図的に行なうとは、［行為に関する個々の事実を］知っていて[156]、かつ強制されずにそれを行なう場合を言う。意図的な行為は、そのどれもが選択された行為であるとは限らない。しかし、選択された行為は、どれも知りながらなされる行為である。なぜなら、自分が選択したことを知らない人はいないからである。

不正行為の選択と悪徳の関係

ところで、人が法に反して害を加えることを選択したり、劣悪な行為をすることを選択したりする原因は、悪徳と自制心の欠如にほかならない。なぜなら、そのような

155　一点目は第一〇章と第一一章、二点目は第一二章前半、三点目は第一二章後半で論じられる。

156　「意図的であること」と「知っていること」の関係については、『ニコマコス倫理学』第三巻第一章一一一〇b二八～一一一一a二一に詳しい説明がある。

b10

欠陥を一つかそれ以上もつ人は、欠陥があるまさにその点に関することで不正を犯す人でもあるからである。

たとえば、けちな人は金銭、放縦な人は肉体の快楽、軟弱な人は安楽さ、臆病な人は危険に関することで不正を犯す。また、名誉に執着する人は名誉を求めるがゆえに、短気な人は怒りのゆえに、勝利に執着する人は勝利を求めるがゆえに、執念深い人は報復を求めるがゆえに、思慮の足りない人は正しいことと不正なことについて思い違いをするがゆえに、厚かましい人は世間の評判を軽視するがゆえに不正を犯す。同様に、その他の人々も、各人がもつ欠陥に応じた事柄に関することで不正を犯すのである。

しかし、これらのうち、あるものは徳についてすでに述べたことから明らかになっており、あるものは感情についてのちに述べることから明らかになる。[157] これに対し、人はいかなる動機から、自分がいかなる状況にあるときに、いかなる人々に対して不正を犯すのかという点[158]はこれから述べなければならない。

行為の原因（一）分類

そこで、人はいかなるものを得ようとして不正行為を企てるのか、またいかなるものを避けようとして不正行為を企てるのか、われわれは初めにこれらを分類することにしよう。というのも、糾弾する者は、隣人に不正を犯す人々の誰もが狙うもののう
b30 ち、どれだけの、またいかなるものが訴訟相手に当てはまるかを考えなければならず、他方で弁明する者は、それらのうちのいかなるものが、またどれだけのものが自分に当てはまらないかを考えなければならないということは明らかだからである。

さて、誰であれ人が行なう行為はすべて、自分の力によらないものであるか、自分の力によるものであるかのいずれかである。自分の力によらない行為には、偶然によるものと必然によるものがあり、後者の必然によるものには、強制によるものと自然本性によるものがある。したがって、自分の力によらない行為はすべて、偶然によって、もしくは自然本性によって、もしくは強制によってなされるということになる。

157　徳については本巻第九章、感情については第二巻第二章～第一一章を参照。

158　本章の冒頭で述べられた三つの点に対応する。本章では一点目だけが論じられる。

これに対し、自分の力によるもの、すなわち自分自身が原因である行為には、習慣によるものと欲求によるものがある。そして、欲求によるものには、理性的な欲求によるものと非理性的な欲求によるものがある。前者の理性的欲求とは意欲のことであるが、これはよいものに対する欲求である（なぜなら、あるものをよいものと思わなければ、誰もそれに対して意欲をもたないのだから）。他方、後者の非理性的欲求とは、怒りと欲望のことである。[159]

したがって、人が行なう行為はすべて、必然的に、七つの原因［のいずれか］によって行なわれるということになる。すなわち、偶然、自然本性、強制、習慣、考量、[160]憤慨、[161]欲望の七つである。

行為と相関関係がある事柄

ところで、［行為者の］年齢や性向やその他のものに応じて、行為をさらに分類するのは余計なことである。なぜなら、怒りっぽいことや欲望に流されやすいことが若者にはよくあることだとしても、そのような行為[162]の原因は若さではなく、むしろ怒りや欲望だからである。また、富や貧乏も行為の原因ではない。なるほど、貧乏人が欠乏のゆえに金銭に欲望を抱き、富裕者が豊かな財産のゆえに必要でない快楽に欲望を抱くことはよくある。しかし、これらの人々も、富や貧乏ではなく、欲望が原因で［よからぬ］行為をするのである。[163]

これと同様に、正しい人と不正な人も、しかじかの性向の持ち主だからしかじかの行為をすると言われるその他のすべての人々も、実際にはこれら［七つの原因のいずれか］のゆえに行為する。すなわち、あるいは考量によって、あるいは感情によって[164]行為するのである。ただし、この場合、ある者はよい性格とよい感情のゆえに行為し、

159　意欲、怒り（憤慨）、欲望という「欲求の三区分」は、『エウデモス倫理学』第二巻第七章一二二三a二六～二七および『魂について』第三巻第三章四一四b二にも見られる。
160　「考量」は前段落の「理性的欲求（意欲）」の言い換え。
161　「憤慨」の原語は「テューモス」。三行前の「怒り（オルゲー）」の言い換え。
162　たとえば、怒って人を殴るという行為や、欲望を抱いて姦通するという行為。
163　たとえば、貧乏人が他人の金銭を盗むのは貧乏が原因ではなく、金銭に対する欲望が原因であるということ。
164　先述の「怒り（憤慨）」と「欲望」を指す。

ある者はその反対のもののゆえに行為するという違いはある。もっとも、かくかくの性向にはかくかくの行為が付随し、しかじかの性向にはしかじかの行為が付随するという［相関関係がある］のは事実である。というのも、節度のある人は、まさに節度があるがゆえに、それに応じて快いものに関するよい判断とよい欲望をもつことになり、他方で放縦な人は、同じ快いものに関して、それとは反対の判断と欲望をもつことになるからである。

それゆえ、先に述べたような分類には手をつけるべきではないが、いかなる種類の行為がいかなる種類の人に伴う傾向にあるかということは考察しなければならない。なぜなら、［肌が］白い、黒い、［体が］大きい、小さいというような性質ならば、いかなる種類の行為もそれらの性質に規則的に付随することはないが、若い、年老いている、正しい、不正であるというような性質は、事実、行為に違いを生むからである。また、これらのほかにも、付帯的な性質のうちで、人々の性格に違いをもたらすものには総じてこのことが当てはまる。たとえば、自分のことを富裕であると思っているか、それとも貧乏であると思っているかによって、また幸運であると思っているか、それとも不運であると思っているかによって、行為に何らかの違いが生まれるのである。

そこで、これらのことはのちに論じることにしよう。[165] しかし、いまはまず、残された問題について述べることにしたい。

行為の原因（二）定義

（一）偶然によって生じるものとは、原因が定まっておらず、かつ何かを目的として生じることとも、常に生じることとも、たいていの場合に生じることとも、規則的に生じることもないもののことである。これらの点は、偶然の定義[166]を見れば明らかである。

（二）次に、自然本性によって生じるものとは、原因がそれ自体のうちにあり、かつ規則的に生じるもののことである。なぜなら、自然本性によって生じるものは、常に、あるいはたいていの場合に同じような仕方で起こるからである。自然本性に反して生じるものについては、それも［何らかの］自然本性に従って生じるのか、それとも何

165　年齢、富、幸運という付帯的性質については、第二巻第一二章〜第一七章で論じられる。

166　『自然学』第二巻第五章を参照。

かほかの原因に従って生じるのかという問題を詳細に論じる必要はない。もっとも、偶然もそのようなものが生じる原因であると考えることはできるかもしれない。

(三) 次に、強制によって生じるものとは、行為者自身の欲望や考量に反して生じるもののことである。

(四) 次に、習慣によって生じるものとは、これまで何度も行なってきたことが原因で行なうもののことである。

(五) 次に、考量のゆえに生じるものとは、目的としてであれ、目的のための手段としてであれ、先に述べたよいもの[167]から見て有益であるように思われる行為のことである。ただし、それは有益であるがゆえに当の行為がなされる場合に限られる。というのも、放縦な人も有益なことを行なうことがあるが、それを行なうのは有益だからではなく、快楽のゆえだからである。

(六) 次に、憤慨や怒りのゆえに生じるものとは、報復のための行為のことである。ただし、報復は懲罰とは異なる。なぜなら、懲罰はそれを受ける人のためにあるのに対し、報復はそれを行なう人が満足するためにあるからである。ところで、怒りとは何かという問題は、感情について論じるときに明らかになるだろう。

b10 (1369)

（七）次に、欲望のゆえに生じるものとは、快いものに見える行為のことである。この快いものには、慣れ親しんでいるものや、習慣によって身につけたものも含まれる。なぜなら、本来は快くないものでも、慣れてしまえばそれをするのが快いというものが数多くあるからである。

よいものと快いもの

したがって、要約して言えば、自分の力によって行なうことはすべて、よい行為か、よいものに見える行為か、快い行為か、快いものに見える行為かのいずれかであることになる。しかるに、自分の力によるものはどれも意図的に行なわれ、自分の力によらないものはどれも意図せずに行なわれる。それゆえ、意図的に行なうことはすべて、よい行為か、よいものに見える行為か、快い行為か、快いものに見える行為かのいずれかであることになるだろう。というのも、悪いものや悪いものに見えるものを取り

167　本巻第六章を参照。

168　先述の（四）〜（七）を指す。

除くこと、あるいはより大きな悪をより小さな悪に置き換えることも、私はよいことの一種とみなし（なぜなら、これらはある意味では望ましいことだからである）、それと同様に、苦痛を生むものや苦痛を生むように見えるものを取り除くこと、あるいはより大きな苦痛をより小さな苦痛に置き換えることも、快いことの一種とみなすからである。

したがって、われわれは有益なものと快いものがどれだけあるか、またそれらはいかなるものであるかを把握しなければならない。有益なものについては先に助言弁論のところで述べたので、[169] いまは快いものについて述べることにしよう。ただし、快いものの定義は、そのそれぞれの対象について不明瞭なところがなく、同時に厳密すぎることもないのであれば、それで十分であると考えなければならない。

第一一章　法廷弁論（二）快いもの

快楽の定義

われわれは快楽について次のように仮定することにしよう。すなわち、快楽とは心の一種の運動であり、心の全体が、感覚されうるかたちで本来の自然な状態に戻ることである[170]。そして、苦痛はその反対である。もし快楽がこのようなものであるならば、いま述べた状態を生み出すものは快く、それを破壊するものや、それと反対の状態を生み出すものは苦痛をもたらすということは明らかである。

169　本巻第六章と第七章。
170　この定義についてはプラトン『フィレボス』三一Cを参照。「自然な状態」とは調和のとれた本来の状態のことであり、「自然な状態に戻る」とは、調和の乱れた状態から調和のとれた本来の状態に戻ることを意味する。

快いもの

(一)それゆえ、必然的に、自然な状態に移行することは概して快く、そのなかでも、自然に従って生じたものが、それ自身の自然な状態を取り戻すことは特に快い。

(二)また、習慣も快い。なぜなら、習慣として身についたものは、もとから身についているものともはやほとんど変わらないからである。実際、習慣は自然本性と似たところがある。というのも、「しばしば」と「常に」は近い関係にあるが、自然本性は常にかくかくであるものの一つであり、習慣はしばしばかくかくであるものの一つだからである。

(三)また、強制されないものも快い。なぜなら、強制は自然本性に反したものだからである。それゆえ、せざるを得ないことは苦しいのであり、次の言葉は的を射ているのである。「せざるを得ない仕事は本来どれもつらいものだ[171]」。

それから、神経を集中させることや、努力することや、意識を張り詰めることは苦しい。なぜなら、習慣になっていない限り、これらはせざるを得ないことであり、また強制されたことだからである。もっとも、習慣になっていれば、これらはどれも快いものとなる。これに対し、いま述べたものと反対のものは快い。それゆえ、くつろぐこと、努力しないこと、頓着しないこと、遊ぶこと、休息すること、眠ることは、すべて快いことに含まれる。なぜなら、これらはどれも、せざるを得ないことには関係しないからである。

(四)また、われわれのうちにそれに対する欲望があるものは、どれもみな快い。なぜなら、欲望は快いものに対する欲求だからである。

しかし、欲望には非理性的なものもあれば、理性的なものもある。非理性的欲望とは、判断の結果として抱くのではない欲望のことを言う。このようなものに該当するのは、身体を通じて生まれる欲望がそうであるように、自然な欲望と言われるものである。たとえば、食べ物に対する欲望や、各種の食べ物に応じた特定の種類の欲望がそうであり、味覚や性愛など、総じて触覚に関わる欲望がそうであり、それから嗅覚や聴覚や視覚に関わる欲望もそうである。

これに対し、理性的欲望とは、説得されたうえで抱く欲望のことを言う。というの

171　パロス島の詩人エウエノスの言葉。『エウデモス倫理学』第二巻第七章一二二三a三一および『形而上学』第五巻第五章一〇一五a二九でも引用されている。

も、われわれはしばしば、人から話を聞き、説得されることによって、何かを見たり手に入れたりすることに欲望を抱くからである。

記憶や期待から生まれる快楽

ところで、快く感じるとは、心の何らかの状態を感覚することにほかならない。しかるに、表象[172]は一種の弱い感覚であり、何かを思い出す人や期待する人には、思い出しているものや期待しているものの表象が常に付随する。[173]もしこの通りだとすれば、人が何かを思い出したり、期待したりするときには、感覚［の一種としての表象］も伴う以上、それと同時に快楽も付随するということは明らかである。

したがって、必然的に、快いものはすべて、現在のものとして感覚することのうちにあるか、過去のものとして思い出すことのうちにあるか、将来のものとして期待することのうちにあるかのいずれかでなければならない。なぜなら、感覚するのは現在あるものであり、思い出すのは過去にあったものであり、期待するのは将来あるかもしれないものだからである。

もっとも、思い出すことが快いのは、それが存在していたときに快かったものだけではない。その時点では快くないもののなかにも、あとになって美しい結果やよい結果が生まれるなら快いというものもある。それゆえ、「救い出されたいまとなっては、かつての苦難を思い出すのは快い」[174]と言われたり、「あとになれば、苦しみでさえ楽しい思い出になる。数々の苦難を経験し、多くを成し遂げた者にとっては」[175]と言われたりするのである。その理由は、災難を免れているということも快いことに含まれるという点にある。

他方、期待することが快いのは、それが現にあるときに、大きな喜びを与えるように見えるか、もしくは大きな益をもたらすように、しかも苦痛を伴わずにもたらすように見えるものである。総じて言えば、現にあるときに喜びを与えるものは、期待す

172　「表象」の原語は「ファンタシアー」。ファンタジー（fantasy）の語源に当たる。ここではある種のイメージを意味するが、イメージよりも判断に近い場合は「思い」と訳す。
173　底本には従わず、kaei en と読む。
174　エウリピデスの失われた悲劇『アンドロメダ』の断片。
175　ホメロス『オデュッセイア』第一五歌四〇〇行〜四〇一行の引用だが、現存のテキストとは一部語句が異なる。

るときにも、思い出すときにも、概して喜びを与える。それゆえ、ホメロスが怒りについて「滴る蜜よりはるかに甘い」[176]と歌っているように、怒ることでさえ快いことなのである。[177]というのも、報復することが不可能に見える相手には誰も怒らないからであり、自分の力をはるかに超える相手にも、まったく怒らないか、もしくは怒るにしても、それほど強くは怒らないからである。

また、大半の欲望にはある種の快楽が付随する。なぜなら、人は［欲望の対象を］かつて手に入れたことを思い出すことによって、もしくはこれから手に入れることを期待することによって、ある種の快楽を味わうからである。たとえば、熱を出し、喉が渇いている人は、かつて水を飲んだことを思い出すときにも、これから水を飲むことを期待するときにも喜びを感じるのである。

それから、恋をしている者たちも、恋の相手のことを話したり書いたりしては喜び、相手に関係することをたえず行なっては喜んでいる。なぜなら、このようなことはすべて、恋の相手を思い出させることによって、その人を目の前で見ているかのような思いを抱かせるからである。そして、実にこれこそが、誰にとっても恋の始まりとなる。[178]つまり、相手が近くにいることに喜びを感じるだけでなく、たとえ近くにいなくても、その人を思い出すことに喜びを感じるようなら、それは恋をしているということなのである。もちろん、恋をしている以上、相手が近くにいないことは、同時に苦しいことでもある。しかし、そのとき生まれる悲しみと嘆きのうちには、苦痛と同様に、ある種の快楽も含まれている。なぜなら、相手がそこにいないことは苦痛であるが、「悲しんだり、嘆いたりしながら」その人の姿や行為や人柄を思い出し、そしてある意味でそれらを見ることは、当人にとって快いことでもあるからである。それゆえ、「彼はこう言って、一同に泣きたい気持ちをかき立てた」[179]という言葉は当を得ている

176 ホメロス『イリアス』第一八歌一〇九行。

177 報復することを期待するのが快いということ。

178 この部分のテキストにはさまざまな読み方があるが、可能な限り写本を生かした底本の校訂に従う。

179 ホメロス『イリアス』第二三歌一〇八行および『オデュッセイア』第四歌一八三行。亡き人を思い出しながら泣くことには（悲しみだけでなく）ある種の快楽も含まれているから、泣きたい気持ちになるのはもっともなことであり、それゆえこの詩句は当を得ているということ。

のである。

その他の快いもの

(一) また、報復することは快い。なぜなら、達成していないことが苦痛であるものは、達成したときに快楽を生むからである。怒っている人は、報復していないことにこのうえなく苦痛を感じているが、しかし同時に、報復を期待することによって喜びも感じているのである。[180]

(二) また、勝利することも快い。このことは、勝利に執着する人だけでなく、万人に当てはまる。なぜなら、勝利すれば、自分は人よりすぐれているという思いが生まれるからであり、人よりすぐれていることに対する欲望は、強いか弱いかの違いはあるにせよ、万人がもっているからである。

(三) また、勝利することが快い以上、必然的に、格闘や論争の要素がある遊びも快いということになる（なぜなら、そこにはしばしば勝者が存在するからである）。また、さいころ遊び、球遊び、すごろく、将棋もそうである。

同じことは、真剣さが要求される遊びにも当てはまる。この種の遊びには、慣れれ

(1370) b30 1371a

ば楽しくなるものもあれば、最初から楽しいものもある。たとえば、犬を使った狩猟をはじめ、あらゆる種類の狩猟がそれに当たる。というのも、競争があるところには、勝利もあるからである。それゆえ、法廷弁論も論争も、それに慣れていて、うまく行なう能力がある者にとっては快いのである。

(四)また、名誉や名声はもっとも快いものの一つである。なぜなら、名誉や名声を得ている人は誰でも、自分はすぐれた人物と同じような性質の人間であるという思いをもつからである。

特に、自分のことをよく言ってくれる人々が、真実を言い当てることができると自分が思っている者たちである場合はなおさら快い。このような人々に該当するのは、遠くの人よりは近くの人、見知らぬ人よりは見慣れた人や同市民、後世の人よりは同時代の人、思慮を欠いた人よりは思慮のある人、少数の人々よりは多数の人々である。なぜなら、いま挙げた人々は、その反対の人々よりも真実を言い当てる見込みが大きいからである。実際、幼い子供や動物のように、自分が相手を大いに蔑《さげす》んでいる場

180　怒りには苦痛だけでなく快楽も伴うという点については、第二巻第二章を参照。

合には、名誉や名声が得られるかどうかを気にかけることはまったくない。少なくとも、名声それ自体のゆえに気にかけるということはありえず、もし気にかけるとすれば、それは別の理由によってである。

(五)また、友も快いものに含まれる。なぜなら、愛することは快いからであり(たとえば、酒に喜びを感じない人は酒を愛する人ではない)、愛されることも快いからである。愛されることが快いのは、名誉や名声の場合と同様に、自分にはよい性質が備わっているという思いが生まれるからであり、そしてそのようなよい性質は、それに気づく人なら誰でも欲するものだからである。加えて、愛されるということは、自分が自分自身のゆえに敬愛されるということだからである。

(六)また、賛美されることは快い。なぜなら、それは尊敬されることと同じだからである。

(七)また、おべっかを使われることも、おべっか使いも快い。なぜなら、おべっか使いは自分の賛美者に見え、また友にも見えるからである。

(八)また、同じことを何度も行なうことは快い。なぜなら、すでに述べたように[181]、慣れ親しんだものは快いからである。

a20 (1371)

（九）また、気分転換をすることも快い。なぜなら、いつも同じことばかりするならば、特定の状態を過度に長引かせることになるが、気分転換をすれば、自然な状態を取り戻すことができるからである。「何事においても、変わったことをするのは気持ちがよいものだ」[182]という言葉はまさにそのことを意味している。

これと同じ理由で、人間でも物事でも、たまにしか出会わないものは快い。なぜなら、そのようなものは現状に変化をもたらすからであり、またそれと同時に、たまにしか出会わないものはまれなものでもあるからである。

（一〇）また、学び知ることや驚嘆することは概して快い。なぜなら、驚嘆には知りたいという欲望が含まれているので、驚嘆すべきものは欲望の対象となるからであり、他方で学び知ることには、「欲望を満たすことによって」自然な状態を取り戻すということが含まれているからである。[183]

181　本巻第一〇章一三六九b一六～一八。
182　エウリピデス『オレステス』二三四行。同じ詩句が『エウデモス倫理学』第七巻第一章一二三五a一六でも引用されている。

（一一）また、誰かによくすることも、誰かからよくされることも、快いことに含まれる。なぜなら、誰かからよくされることは、自分が欲するものを手に入れることだからである。他方、誰かによくすることは、［そのための］財産をもっていること、そして人よりすぐれていることを意味するが、この二つはどちらも人々が求めていることだからである。

（一二）また、よくすることが快い以上、隣人［の誤り］を正してやることは人々にとって快いことであり、隣人に欠けているものを補ってやることもそうである。

（一三）また、学び知ることや驚嘆することが快い以上、必然的に、絵画や彫刻や詩のような模倣作品はもちろん、上手に模倣しているものはすべて快いということになる。これらは、模倣されている当のものは快くないという場合でも快い。なぜなら、作品それ自体が喜びを与えるわけではないからである。むしろ、人がそれを見て喜ぶのは、「これはあれである」と推論し、それによってある種の学習が生まれるからである。[184]

（一四）また、［悲劇における］どんでん返しや[185]、危機一髪で助かる［ところを見る］ことは快い。なぜなら、このようなことはすべて驚嘆すべきことだからである。

（一五）また、自然本性に従ったものは快いものであり、そして同類のものどもは自然本性に従って互いに同類であるのだから、同類のものや類似したものはどれも概して快い。たとえば、人間は人間にとって、馬は馬にとって、若者は若者にとって快い。そこから、「同年代の者は同年代の者を喜ばせる」[186]とか、「似た者を似た者に」[187]とか、「獣は獣をよく知っている」[188]とか、「カラスはカラスのそばに」[189]という諺や、その他の

183　欲望を満たしていない状態はある種の欠乏状態であり、欲望を満たすことは本来あるべき自然な状態を取り戻すことであるという意味。

184　これと同様のことが『詩学』第四章一四四八b一五～一七でも言われている。

185　「どんでん返し（ペリペテイア）」については『詩学』第一一章に説明がある。

186　『ニコマコス倫理学』第八巻第一二章一一六一b三四と『エウデモス倫理学』第七巻第二章一二三八a三四でも同じ諺が引用されている。

187　ホメロス『オデュッセイア』第一七歌二一七～二一八行の「神は常に、似た者を似た者に引き合わせる」に由来する諺。『ニコマコス倫理学』第八巻第一章一一五五a三四でも引用されている。

188　『エウデモス倫理学』第七巻第一章一二三五a九にこれとよく似た「狼は狼をよく知っている」という言葉がある。

この種の諺を人々は口にするのである。

ところで、自分に類似したものや自分と同類のものはどれも快いが、人は誰でも、とりわけ自分自身に対してそのように感じるのだから、必然的に、すべての人々は多かれ少なかれ自己愛者190であるということになる。なぜなら、類似や同類というような関係はすべて、とりわけ自分自身に対して成り立つからである。

（一六）また、すべての人々が自己愛者である以上、必然的に、自分自身のものは誰にとっても快い。たとえば、自分の作品や自分の言葉がそれに当たる。それゆえ、たいていの場合、人はおべっか使いを愛し、恋人を愛し、名誉を愛する。それから、子供も愛する。なぜなら、子供は自分の作品に等しいからである。

（一七）また、不完全なものを完全なものに仕上げることは快い。なぜなら、そのとき初めて、それは自分の作品になるからである。

（一八）また、支配することは非常に快いことであるから、知者であると思われることも快い。なぜなら、思慮があることは支配者にふさわしいことであり、知恵があるということは、多くの驚嘆すべき事柄を知っているということだからである。

（一九）さらに、人は概して名誉を愛する者であるから、必然的に、隣人を非難することは快く、支配することも快い。

（二〇）また、自分がもっとも得意とすると思っていることに時間を費やすのは快い。それゆえ、かの詩人も次のように述べている。「各人はそれに励み、それに一日の大半を割り当てる。すなわち、自分がもっとも得意とすることに」[191]。

（二一）同様に、遊びは快いものに含まれ、あらゆる種類の気晴らしも快いものに含まれるのだから、必然的に、人間であれ言葉であれ行動であれ、滑稽なものは快いということになる。しかし、滑稽なものは別個に『詩学』で取り上げ、そこで定義を与えておいた[192]。

1372a　b30

189　「類は友を呼ぶ」という意味の諺。『ニコマコス倫理学』第八巻第一章一一五五ａ三四～三五と『エウデモス倫理学』第七巻第一章一二三五ａ八でも引用されている。

190　自己愛にはよいものもあれば悪いものもある。『ニコマコス倫理学』第九巻第八章を参照。

191　エウリピデスの失われた悲劇『アンティオペ』の断片。ほぼ同じ詩句がプラトン『ゴルギアス』四八四Ｅでも引用されている。

192　「滑稽なものとは、ある種の失態であり醜態であるが、しかし苦痛も破滅も伴わないもののことである」（『詩学』第五章一四四九ａ三四～三五）。

結び

快いものについては、これで十分に述べられたものとしよう。他方、苦痛なものは、以上に述べたことの反対を考えれば明らかになる。

第一二章　法廷弁論（三）不正を犯しやすい状況と不正を犯す相手

導入

不正の動機は以上の通りである。次に、人はいかなる状況にあるときに、いかなる者たちに対して不正を犯すかを述べることにしよう。

不正を犯しやすい状況の総論

人が不正を犯すのは、当の行為が［一般に］実行可能であり、かつ自分自身にも実行可能であると考える場合である。これには、（一）行なっても発覚を免れると考える場合もあれば、（二）発覚しても処罰を受けないと考える場合もあれば、（三）処罰を受けるにしても、処罰［による不利益］は自分自身や自分の気にかけている人が手にする利益よりも小さいと考える場合もある。[193] ところで、いかなる事柄が可能なことに見えるか、またいかなる事柄が不可能なことに見えるかについては、あとで述べることにしよう[194]（というのも、可能と不可能［という論点］は、［法廷弁論だけでなく］すべての種類の弁論に共通するからである）。

さて、処罰を受けずに不正を犯すことができると考えるのは、特に、自分が弁の立つ人であったり、行動力のある人であったり、訴訟経験が豊富な人であったり、友が多い人であったり、富裕な人であったりする場合である。人がそのようなことを考えるのは、自分自身がこれらのどれかに該当する場合が特にそうであるが、たとえ自分自身が該当しなくても、以上のどれかに該当する友や従僕や共犯者をもっていれば、やはりそのように考える。なぜなら、これらの要因によって、実行することも、発覚しないことも、処罰を受けないことも可能になるからである。

193　（一）～（三）は次の節以降で順に論じられる。
194　第二巻第一九章。

また、不正を被る人や裁判員が自分の友であるときにもそのように考える。なぜなら、友は不正を被ることに無警戒であるうえに、被っても訴える前に和解に応じるからである。他方、裁判員は［被告が］友であれば、手心を加えて、完全に無罪放免にするか、もしくは小さな処罰しか与えないからである。

不正を犯しやすい状況（一）発覚を免れる場合

（一）ところで、［不正を犯しても］発覚を免れやすいのは、罪状と正反対の性質をもつ人である。たとえば、罪状が暴行の場合には力の弱い人が、姦通の場合には貧乏で醜い人がそれに当たる。

（二）また、あまりにもおおっぴらに、人目につくところで不正を犯す人も、発覚を免れやすい（そのような行為が可能であるとはそもそも誰も考えないだろうから、警戒されないのである）。

（三）また、規模と性質から考えて、そのような行為が可能であるとは誰一人として考えないような行為をする人も、発覚を免れやすい。なぜなら、このような行為も警戒されないからである。病気の場合と同じように、不正行為もありふれたものは誰もが警戒するが、これまで誰も行なったことがない行為であれば、誰一人として警戒しないのである。

（四）また、敵が一人もいない人や、敵が大勢いる人は、不正を犯しやすい。なぜなら、敵が一人もいない人は、誰にも警戒されていないため、発覚しないと考えるからである。他方、敵が大勢いる人は、警戒している者たちに不正を企てるはずがないと思われているため、発覚を免れやすいからであり、たとえ嫌疑をかけられても、「警戒している者たちに」そんなことを企てるはずがない」と弁明することができるからである。

（五）また、［盗品を］隠す手立てや場所がある人や、それを処分する手段が豊富にある人は、不正を犯しやすい。

不正を犯しやすい状況（二）処罰を免れる場合

（一）また、［不正を犯したことが］発覚しても、裁判を回避するか、長期にわたって延期するか、裁判員を買収することができる人は、不正を犯しやすい。

（二）また、罰金を科されても、全額支払うのを回避するか、長期にわたって延期することができる人や、困窮のゆえに失うものが何もない人は、不正を犯しやすい。

不正を犯しやすい状況（三）　利益がまさる場合

（一）また、「不正による」利益が明白であるか、大きいか、すぐ近くにあるのに対し、処罰のほうは軽いか、明白ではないか、遠くにある場合には、不正を犯しやすい。

（二）また、処罰が利益に見合うほど重くない場合には、不正を犯しやすい。たとえば、僭主の地位を得ることがそれに当たると思われる。

（三）また、不正行為は実利をもたらすのに対し、処罰のほうは単なる非難にとどまるという場合には、不正を犯しやすい。反対に、不正行為はある種の賞賛につながるのに対し、処罰のほうは罰金か国外追放か何かその種のものであるという場合にも、不正を犯しやすい。たとえば、ゼノンの例のように、不正行為によって同時に父または母のための復讐が果たされるという場合がそれに当たる。[195] なぜなら、人は「実利と賞賛という」二つの理由のどちらによっても、またいま述べた二つの状況のどちらにおいても不正を犯すからである。もっとも、これは同じ人がどちらの場合にもそうするということではなく、性格が反対の人々が、いずれか一方の理由によって、またいずれか一方の状況においてそうするということである。

その他の不正を犯しやすい状況

（一）また、発覚や処罰を何度も免れたことがある人は、不正を犯しやすい。

（二）また、［不正行為に］何度も失敗したことがある人は、不正を犯しやすい。なぜなら、戦争行為と同じで、この種の行為の場合にも再度戦いを挑むような人がいるからである。

（三）また、快いものは目の前にあるが、苦痛を与えるものはあとからやってくる場合や、利益は目の前にあるが、処罰はあとで下される場合には、不正を犯しやすい。なぜなら、自制心のない人には物事がこのように見えるが、自制心の欠如は欲求のあらゆる対象に及ぶからである。

（四）また、これとは反対に、苦痛を与えるものや処罰は目の前にあり、快くかつ有益なものはあとからやってくるのだが、しかし後者のほうがより長く続くという場合

195　「ゼノン」がエレアの哲学者ゼノンを指すのかどうかも含めて、詳細は不明。

にも、不正を犯しやすい。なぜなら、自制心があり、人一倍思慮深い人は、まさにこのようなものを追求するからである。

(五)また、偶然や、必然や、自然本性や、習慣によって行為したと思われる可能性がある場合、また総じて言えば、過失は犯したが不正は犯していないと思われる可能性がある場合には、不正を犯しやすい。

(六)また、[裁判員から]寛大な処置を受けることができそうな場合には、不正を犯しやすい。

(七)また、何かが欠乏している場合には不正を犯しやすい。ところで、欠乏しているということには二通りの場合がある。一つは、貧乏人がそうであるように、生活に必要なものが欠乏している場合であり、もう一つは、富裕者がそうであるように、[生活に必要ではない]余剰のものが欠乏している場合である。

(八)また、非常に評判がよい人と非常に評判が悪い人は、不正を犯しやすい。なぜなら、前者は[不正を犯しても]疑われないからであり、後者は不正を犯そうが犯すまいがどのみち疑われることになるからである。

いかなる者たちに対して不正を犯すのか

さて、人は自分が以上のような状況にあるときに不正を企てるのであるが、不正を犯すのは以下のような者たちに対してであり、またその不正は以下のような種類[196]のものである。

（一）人が不正を犯しやすい相手は、生活に必要なものであれ、余剰のものであれ、楽しむためのものであれ、自分に欠けているものをもっている者たちである。

（二）また、遠くに住んでいる者たちや、近くに住んでいる者たちに対して不正を犯しやすい。なぜなら、後者の場合はすぐに奪い取ることができ、前者の場合はすぐには報復を受けないからである。たとえば、［ギリシャ人が］カルタゴ人から略奪するのがそれに当たる。[197]

（三）また、用心深くもなければ警戒心もなく、他人をすぐに信用する者たちに対し

196　次の節で取り上げられる不正の種類に関する考察は、第一〇章の冒頭と本章の冒頭で述べられた計画には入っていない。不正を犯す相手に関する考察の補足という位置づけかもしれない。

197　カルタゴは北アフリカの地中海沿岸に位置する都市。

て不正を犯しやすい。なぜなら、このような性格であれば、誰が相手であっても発覚を免れるのは容易だからである。

(四) また、物事に無頓着な者たちに対して不正を犯しやすい。なぜなら、訴訟を起こすのは物事を気にかける人だからである。

(五) また、気が弱い者たちに対して不正を犯しやすい。なぜなら、このような者たちは、「訴訟を起こして」利益のために戦うという姿勢に欠けているからである。

(六) また、多くの人々から不正を被ったことがあるのに、これまで訴えたことがない者たちに対して不正を犯しやすい。このような者たちは、諺に言う「ミュシア人のような格好の餌食」[198]とみなされるからである。

(七) また、一度も不正を被ったことがない者たちや、何度も被ったことがある者たちに対して不正を犯しやすい。なぜなら、前者はこれまでになかったという理由で、後者はこれ以上あるはずがないという理由で、両者とも警戒を怠るからである。

(八) また、中傷されたことがある者たちや、中傷されやすい者たちに対して不正を犯しやすい。なぜなら、このような人々は裁判員を恐れているため、そもそも「訴えることを」選択しないし、たとえ訴えたとしても、説得する力はないからである。このような人々に該当するのは、人から憎まれている者たちや、妬まれている者たちである。

（九）また、「その人の祖先か、その人自身か、その人の友が、不正を犯そうとしている人自身か、もしくはその人の祖先か、もしくはその人が気にかけている人に対して、ひどい仕打ちをしたか、もしくはしようとした」ということを「不正行為の」口実にすることができる相手に対して不正を犯しやすい。なぜなら、諺にあるように、「悪事に必要なものは口実のみ」だからである。

（一〇）また、自分の敵や味方に対して不正を犯しやすい。なぜなら、味方に不正を犯すのは容易であり、敵に不正を犯すのは快いからである。

（一一）また、友がいない者たちに対して不正を犯しやすい。

（一二）また、弁が立たない者たちや行動力に欠ける者たちに対して不正を犯しやすい。なぜなら、このような者たちは、訴えようとしないか、もしくは和解に応じるか、

198　ミュシアは小アジア北西部の地方。ミュシア人の自衛力のなさや臆病さに由来する諺と考えられている。

もしくは訴えても成果を上げないかのいずれかだからである。

（一三）また、裁判や罰金の支払いを待つことに時を費やすことが得にならない者たちに対して不正を犯しやすい。たとえば、外国人や農夫がそれに当たる。なぜなら、このような人々はわずかな金額で手を打ち、簡単に告訴を取り下げるからである。

（一四）また、何度も不正を犯したことがある者たちや、自分自身が被るのと同じ種類の不正を犯したことがある者たちに対して不正を犯しやすい。なぜなら、いつも犯しているような不正をその人自身が被る場合には、不正はなされていないに等しいように見えるからである。私が言っているのは、いつも暴力を振るっている者に暴行を加えるような場合である。

（一五）また、［こちらに］ひどい仕打ちをしたことがあるか、もしくはしようと望んだことがあるか、もしくはいま望んでいるか、もしくはいまそれをしようとしている者たちに対して不正を犯しやすい。なぜなら、このような場合には、不正を犯すことは快いことであり、また美しいことだからである。加えて、このような者たちに対して不正を犯しても、不正を犯していないに等しいように見えるからである。

（一六）また、不正を犯せば、自分の友や、自分が賛美する人や、自分の恋人や、自分の主人など、総じて言えば、自分の生活に深く関わっている人々を喜ばせることになる相手に対して不正を犯しやすい。

（一七）また、不正を犯しても、［裁判員から］寛大な処置を受けることができる関係にある相手に対して不正を犯しやすい。

（一八）また、すでに告訴している相手や、袂を分かつことになった相手に対して不正を犯しやすい。たとえば、カリッポスがディオンの事件で行なったことがそれに当たる。[199] なぜなら、このような者たちに対して不正を犯しても、不正を犯していないに等しいように見えるからである。

（一九）また、自分が不正を犯さなければ、別の人からいまにも不正を被りそうな者たちに対して不正を犯しやすい。なぜなら、このような場合には、もはや熟慮している時間はないと考えるからである。たとえば、アイネシデモス[200]はゲロン[201]が［ある国

199　カリッポス（前三九〇年頃～前三五二年）とディオン（前四〇八年頃～前三五四年）はプラトンのアカデメイアで学んだ学友であったが、のちに不和になった。ここでは、身の危険を感じたカリッポスが先んじてディオンを殺害したことを指していると思われる。

200　この名で知られる人物は数名いるが、そのなかの誰を指すのか不明。

を」隷属させたときに、自分がしようとしていたことを先に成し遂げたという理由でコッタボスの賞品を彼に贈ったと言われるが[202]、これがまさにそのような状況に当たる。

（二〇）また、不正を犯せば、将来多くの正しい行為をなすことができる相手に対して不正を犯しやすい。なぜなら、不正を犯しても容易に償えると考えるからである。たとえば、テッサリア人のイアソンが、「多くの正しい行為をなすことができるようにするためには、いくつかの不正を犯さなければならない」と言ったのがそれに当たる[203]。

いかなる種類の不正を犯すのか

（一）また、不正を犯す人は、すべての人々か多くの人々が犯しがちな不正を犯す。なぜなら、そのような不正なら大目に見てもらえると考えるからである。

（二）また、不正を犯す人は、隠すのが容易なものに関して不正を犯す。この種のものに該当するのは、食糧のようにすぐに消費されるものや、形や色や構成を簡単に変えることができるものや、いたるところに隠し場所が見つかるものである。そして、この最後のものに該当するのは、持ち運びが簡単で、狭い場所に隠すことができるものや、不正を犯す人が、それとそっくりなものや類似したものをすでに数多く所有しているものである。

（三）また、不正を犯す人は、不正を被った者が恥ずかしくて口に出せないような不正を犯す。たとえば、自分の家にいる婦人たちや、自分自身や、自分の息子たちに対する暴行がそうである。

（四）また、不正を犯す人は、それを訴えれば訴訟好きと思われることになりそうな不正を犯す。この種のものに該当するのは、些細な不正や、それをしても［普通は］大目に見てもらえる不正である。

結び

さて、人はいかなる状況にあるときに不正を犯すか、またいかなる種類の不正を、

201 シケリア島シュラクサイの僭主（在位前四八五年～前四七八年）。

202 コッタボスは宴会で行なわれるゲーム。勝者には卵やケーキや菓子が贈られる。

203 イアソンはテッサリア地方フェライの僭主（在位前三八五年頃～前三七〇年）。これと同様の文言がプルタルコス『モラリア』八一七Fでイアソンの名言として取り上げられている。

いかなる者たちに対して、いかなる理由から犯すかについては、およそ以上の通りである。

第一三章　法廷弁論（四）不正行為の分類

導入

次に、すべての不正行為とすべての正しい行為を種類に応じて分けることにしよう。正しいことと不正なことは、二種類の法との関係で定められているとともに、［行為の対象となる］人との関係でも二通りに定められているので、まずはそこから始めることにしよう。

特有の法と共通の法

二種類の法と私が言うのは、特有の法と共通の法のことである。特有の法とは、それぞれ［の共同体］が自分たち自身のために定めた法であり、これには書かれざる法と書かれた法がある。

これに対し、共通の法とは自然に基づく［書かれざる］法のことである。というのも、人々の間にいかなる交流もなく、また互いにいかなる契約も交わしていないとしても、人は誰でも、自然に基づく正義や不正がそこに存在することをそれとなく感じているからである。

ソフォクレス[204]の悲劇に登場するアンティゴネも、明らかにこの種の法のことを言おうとしている。というのも、［兄の］ポリュネイケスを埋葬することは自然において正しいことなのだから、禁じられているとはいえ正しいことであるとして、彼女は次のように述べているからである。「この掟は、今日や昨日だけでなく、常に生き続けているのです。いつこの世に現れたのか、知る者はいません」[205]。

また、エンペドクレス[206]が殺生の禁止について述べていることもそうである。すなわ

204　ギリシャの三大悲劇詩人の一人（前四九六年～前四〇六年）。

205　ソフォクレス『アンティゴネ』四五六行～四五七行。アンティゴネはテバイの王女。テバイ王クレオンは敵兵の死体の埋葬を禁じたため、敵側についたポリュネイケスの死体を埋葬することも禁じられていたが、アンティゴネはその禁を破った。

ち、殺生の禁止はある人には正しいがある人には正しくないというようなものではなく、「むしろ万物に及ぶ掟であり、広大な天空と果てしない日の光の隅々に、途切れることなく広がっている」のである。また、アルキダマス[207]が『メッセニア演説』で述べていることもそうである。[208]

共同体と個人

他方、正しいことと不正なことは、人との関係でも二つに分けられている。というのも、なすべきこととなすべきでないことは、共同体との関係か、もしくは共同体に属する一個人との関係で定められているからである。それゆえ、不正な行為も正しい行為も、それぞれ二通りの仕方で行なうことが可能である。すなわち、それらは一人の特定の人に対して行なわれることもあれば、共同体に対して行なわれることもある。たとえば、姦通したり殴ったりする者は一人の特定の人に対して不正を犯しているのであり、兵役を拒否する者は共同体に対して不正を犯しているのである。[209]

不正行為と意図の関係

さて、以上に述べたことから、すべての不正行為は、共同体に関係するものと、一人ないし数人の他者に関係するものに区別されたので、ここで改めて、不正を犯されるとはどういうことかを述べることにしよう。

不正を犯されるとは、意図的に行為する人から不正を被ることである。なぜなら、先に定義したように[210]、不正を犯すとは意図的に何かを行なうことだからである。ところで、不正を被る人が害を受けるということ、それも意に反して害を受けるというこ

206　シケリア島アクラガス出身の哲学者（前四九三年頃～前四三三年）。
207　前四世紀のアイオリス地方エライアの弁論家。ゴルギアスの弟子。
208　古注によれば、「神は万人を自由な者として世に送り出した。自然はいかなる者も奴隷にはしていない」という言葉を指す。
209　アテナイでは、個人への不正行為を対象とする訴訟は「私訴（ディケー）」、共同体への不正行為を対象とする訴訟は「公訴（グラフェー）」と呼ばれた。検察官は存在せず、公訴は市民であれば誰でも起こすことができたので、この二種類の訴訟は「民事訴訟／刑事訴訟」の区別とは異なる。
210　本巻第一〇章一三六八b六～七。

(1373) とは言うまでもない。そして、その害がいかなるものであるかは、先に述べたことから明らかになっている。なぜなら、われわれはすでに、それ自体としてよいものとそれ自体として悪いものとは何かを述べたからである。[211] また、意図的な行為は知りながら行なう行為であるということも、先に述べた通りである。[212]

したがって、すべての告発[213]は、必然的に、共同体に関係するものか、個人に関係するものかのいずれかであり、また知らずして不本意に行なった人に対してなされるか、もしくは知りながら意図的に行なった人に対してなされるかのいずれかであるということになる。ところで、後者のなかには、選択して行なった人と、感情のゆえに行なった人がいる。このうち、［感情の一つである］怒りについては、感情について論じるときに述べることにしよう。他方、［不正を犯す人は］いかなるものを選択するか、またいかなる状況にあるときに選択するかについてはすでに述べた通りである。[214]

不正行為と選択の関係

しかし、被告はしばしば、ある行為に及んだことは認める一方で、その罪名や、あ
1374a るいは罪名に該当する行為に及んだことは否認する。たとえば、「取りはしたが、盗

んではいない」とか、「先に殴りはしたが、暴行はしていない」とか、「性交はしたが、姦通はしていない」とか、「盗みはしたが、神殿荒らしはしていない（なぜなら、盗んだのは神の持ち物ではないから）」とか、「土地を侵犯したのはたしかだが、公有地を侵犯したわけではない」とか、「敵と談合したのはたしかだが、「祖国を」裏切ったわけではない」と述べるのがそうである。それゆえ、窃盗とは何か、暴行とは何か、姦通とは何かというように、これらの行為のそれぞれを定義しておく必要があるだろう。それは、不正行為があったにせよなかったにせよ、われわれがそれを証明することを望むときに、「自分の主張の」正当性を明らかにすることができるようにするためである。

ところで、このような事例のすべてにおいて争点となるのは、それを行なった人が不正で劣悪な人間であるのか、それとも不正な人間ではないのかという点である。な

211　本巻第六章。
212　本巻第一〇章一三六八b九～一〇。
213　「告発（エンクレーマ）」は「糾弾（カテーゴリアー）」の言い換え。
214　本巻第一一章～第一二章。

ぜなら、劣悪かどうかや不正かどうかは選択の有無によって決まるが、いま述べたような罪名は、たとえば暴行や窃盗がそうであるように、単に行為があったということに加えて、それが選択に基づく行為であったということも示しているからである。

実際、誰かを殴ったとしても、それだけでは必ずしも暴行したことにはならない。暴行に該当するのは、相手の名誉を汚すためとか、自分が楽しむためというように、ある特定の動機から殴った場合である。また、人に知られずに何かを取ったとしても、それだけでは必ずしも窃盗を働いたことにはならない。窃盗に該当するのは、相手に損害を与えるために、また自分のものにするために何かを取った場合である。その他の不正行為についても、これらの場合と同じことが言える。

正しいことと公正なこと

先に述べたように、正しいことと不正なことには二つの種類がある（つまり、一つは書かれているもので、もう一つは書かれていないものである）。これらのうち、法に明文化されているものについてはすでに述べたので、[215] 残るは書かれていないものであるが、これには二つの種類がある。

その一つは徳や悪徳の超過に基づく正しいことと不正なことである。これらのことを行なう者は、非難されたり、賞賛されたり、名誉や不名誉、あるいは褒美が与えられたりする。たとえば、よくしてくれた人に感謝することや、よくしてくれた人に対してこちらもよくしてやることや、友に進んで力を貸すことや、その他のこの種のことがそれに当たる。[216] もう一つは、書かれた特有の法に欠落している正しいことと不正なことである。というのも、公正であることは正しいことであると思われるが、公正さとは書かれた法に反する正しさのことだからである。[217]

この欠落は、立法者の意図した通りに起こることもあれば、意図に反して起こることもある。意図に反して起こるのは、立法者が気づかなかった場合である。これに対し、意図した通りに起こるのは、明確に定めることはできないが、普遍的なかたちで述べる必要があるときに、そうすることができないので、たいていの場合に当てはま

215　本章一三七三b一八〜一三七四a一七。
216　ここで述べられているのは、自然に基づく（書かれざる）法に対応する正しい行為である。
217　「公正さ（ト・エピエイケス）」はアリストテレスの正義論における重要な概念で、『ニコマコス倫理学』第五巻第一〇章で詳しく論じられている。

る［にすぎない］ことを述べる場合である。また、たとえば鉄器で傷を負わせた場合、いかなる大きさのいかなる鉄器でそれをした場合に有罪になるのかというように、無数の事例がありうるために明確に定めることが容易ではない場合もそうである。実際、このようなことは、一生を費やしても数え切ることはできないだろう。したがって、明確に定めることはできないが、それでもその行為に関して法を制定する必要がある場合には、一般的なかたちで述べるよりほかにない。その結果、［鉄の］指輪をはめた拳を振り上げたり、その拳で叩いたりした場合、書かれた法に照らせば有罪とみなされ、不正を犯したとみなされることになる。しかし、真実に照らせばその人は不正を犯していないのであり、公正であるとはまさにそのように判断することを言うのである。

公正なことの具体例

そこで、公正であるということがいま述べたようなことであるとすれば、いかなることをすることが公正なこと、もしくは公正でないことに含まれるのか、またいかなる人が公正である人で公正でない人であるのかはもはや明らかである。

（一）公正なことは、情状酌量の余地がある事柄に関係する。つまり、過失や不運な事故があったときに、不正行為と同等の処罰に値するとはみなさないこと、これが公正なことである。不運な事故は予想しえないものであり、またそれは悪しき性格に由来するものではない。他方の過失も、予想しうるものではあるが、悪しき性格に由来するものではない。これに対し、不正行為は予想しうるものであり、かつ悪しき性格に由来するものである。

（二）また、人間につきものの弱さを大目に見ることも公正なことである。

（三）また、法ではなく立法者に、つまり字面《じづら》ではなく立法者の意図に目を向けること、行為ではなく動機に目を向けること、事柄の一部ではなく全体に目を向けること、［被告が］いまいかなる人間であるかではなく、これまで常に、もしくはたいていの場合にいかなる人間であったかに目を向けることも公正なことである。

（四）また、被った害よりも受けた恩恵のほうを思い出すこともそうであり、与えた恩恵よりも受けた恩恵のほうを思い出すこともそうである。

（五）また、不正を被っているときに屈しないこともそうである。

（六）また、行動によってではなく、言論によって決着をつけようとすることもそう

b10

である。

（七）また、訴訟よりも調停を望むこともそうである。なぜなら、調停する者は公正さに目を向けるのに対し、裁判員は法にしか目を向けないからである。調停者の制度が発案されたのも、公正さが優先されるようにするためなのである。

公正なことに関する諸々の事柄については、以上の仕方で定められたものとしよう。

第一四章　法廷弁論（五）より大きな不正行為

二つの判断基準

不正行為は、その根本にある不正の程度が大きければ大きいほど、その分より大きな不正行為となる。それゆえ、ごく些細な不正行為が非常に大きな不正行為となることもある。たとえば、カリストラトスがメラノポスを糾弾したのがそれに当たる。すなわち、メラノポスは神殿管理官から、神に捧げられた半オボロス硬貨三枚をだまし取ったというのである。[218] もっとも、正義の場合にはこれと反対のことが当てはまる。[219]

このようなことになるのは、当の行為のうちに非常に大きな不正行為を犯す可能性が含まれているからである。なぜなら、半オボロス硬貨三枚とはいえ、神に捧げられたものを盗むような人間は、いかなる不正行為をも犯しかねないからである。より大きな不正行為はある場合にはこのようにして判断されるが、ある場合には被害［の大きさ］に基づいて判断される。[220]

その他の判断基準

（一）また、［被害に］見合う処罰が存在せず、いかなる処罰も軽すぎる不正行為は、より大きな不正行為である。

（二）また、補償するすべがない不正行為は、より大きな不正行為である。なぜなら、［被害に見合う処罰を与えることは］困難であるか、もしくは不可能だからである。

b30

218　この出来事の詳細は不明。メラノポスは前四世紀のアテナイの政治家。
219　ごく些細な正しい行為が非常に大きな正しい行為となることはないということ。
220　より大きな被害を与える不正行為がより大きな不正行為とみなされるということ。

（三）また、被害者が裁判で相手を処罰することができない不正行為は、より大きな不正行為である。なぜなら、加害者が裁かれ、懲罰を加えられることが補償になるのに、この場合にはその補償を受けることができないからである。

（四）また、その行為の被害者、すなわち不正を被った者が、自分で自分に重い懲罰を加える結果になった場合、その不正行為はより大きな不正行為である。なぜなら、不正を犯した者は、それ以上に重い懲罰を加えられるのが正しいことだからである。たとえば、ソフォクレスが[221]エウクテモンを弁護して、「彼は侮辱されたために自分の喉をかき切ったのだから、この被害者が自分自身に科した刑よりも軽い刑を量定するわけにはいかない」と述べたのがそれに当たる。[222]

（五）また、その人ただ一人が、もしくはその人が最初に、もしくはその人を含めたほんの数人が行なった不正行為は、より大きな不正行為である。[223]

（六）また、同じ不正を何度も犯す場合、その不正行為はより大きな不正行為である。

（七）また、それがきっかけで防止策や罰則が求められ、発案されるに至った不正行為は、より大きな不正行為である。たとえば、アルゴスでは、新たに法を制定するきっかけとなった人物や、新たに牢獄を建設するきっかけとなった者たちは、［いっ

(1374) 1375a

そう厳しく」処罰される。

（八）また、より非人間的な不正行為は、より大きな不正行為である。

（九）また、前もって計画された不正行為は、より大きな不正行為である。

（一〇）また、それを聞いた者が憐れみよりむしろ恐れを抱く不正行為は、より大きな不正行為である。この場合、効果的な弁論の方法は、たとえば「被告の行為は数々の正義を、すなわち神々への誓い、公約、保証、夫婦の契りをあるいは破壊し、あるいは踏みにじるものである」というように論じることである。なぜなら、このように論じれば、「一つの不正行為によって」非常に多くの不正行為を犯しているように見えるからである。

221　悲劇詩人ではなく、前五世紀のアテナイの政治家。クセノフォン『ギリシャ史』第二巻第三章第二節で言及されている。

222　事件の詳細は不明。エウクテモンという名の人物はクセノフォン『ギリシャ史』第一巻第二章第一節で言及されているが、同一人物かどうかは不明。

223　「ただ一人」「最初」「ほんの数人」という三つの観点は、賞賛の方法を述べる際にも指摘されていた。本巻第九章一三六八ａ一一を参照。

（一一）また、不正を犯す者が懲罰を受けるその場所で行なわれる不正行為はより大きな不正行為であり、偽証する者が行なうことがこれに該当する。なぜなら、法廷においてさえ不正を犯すようなら、その者が不正を犯さない場所はどこにもないだろうからである。

（一二）また、［加害者にとって］とりわけ大きな恥となる不正行為は、より大きな不正行為である。

（一三）また、よくしてもらった人に対して行なわれる不正行為は、より大きな不正行為である。なぜなら、その人にひどい仕打ちをすることに加えて、［お返しに］よくすることを怠っているという意味で、より多くの不正を犯しているからである。

（一四）また、書かれざる正義に反する不正行為は、より大きな不正行為である。なぜなら、書かれた正義は強制力をもつのに対し、書かれざる正義は強制力をもたないが、強制されずに正しくあることがよりすぐれた人間の特徴だからである。しかし、見方を変えれば、書かれた正義に反する不正行為のほうが、より大きな不正行為と言える。なぜなら、恐ろしい罰が待っている不正行為を犯す者は、罰を伴わない不正行為も犯すだろうからである。

結び

より大きな不正行為とより小さな不正行為については、以上に述べた通りである。

第一五章　法廷弁論（六）証人等の利用法

導入

以上の論述に続けて、技術に関係しないと言われる説得方法[224]を概観しなければならない。なぜなら、これらの説得方法は法廷弁論に特有のものだからである。数は全部で五つある。すなわち、法、証人、契約、拷問による自供、宣誓である。

法（一）書かれた法が自分に不利な場合

それでは、初めに法について、何かを勧めたり、思いとどまらせたりするときに、

224　本巻第二章一三五五b三五〜一三五六a一を参照。

また糾弾したり、弁明したりするときに、それをどのように利用すべきかを述べることにしよう。

（一）書かれた法が自分の立場に不利に働く場合には、より正義にかなったものとして、「書かれざる」共通の法や公正さに訴えなければならないということは明らかである。

（二）また、「『最善の判断に従って［判定する］』という言葉[225]はまさにこのことを、つまり何から何まで書かれた法に則ることはしないということを意味する」と述べなければならない。

（三）また、「公正さは永遠不変であり、共通の法もそうである（なぜなら、それは自然に基づいているからである）。これに対し、書かれた法はしばしば変更される」と述べなければならない。ソフォクレスの『アンティゴネ』で言われていることがその例である。すなわち、アンティゴネは、兄を埋葬したことはクレオンが定めた法には反するが、書かれざる法には反していないとして、「この掟は、今日や昨日だけでなく、永遠に存在するものです。……誰であれ［人間の意向を恐れて］、そのために神の掟を破るということは、決してすまいと思ったのです[226]」と弁明しているので

1375b　a30

ある。

(四)また、「正義は真なるものであり、かつ有益なものであるが、正義と思われているにすぎないものはそうではない。したがって、書かれた法も、真なるものでも有益なものでもない。なぜなら、それは法が果たすべき役割を[常に]果たすわけではないからである」と述べなければならない。

(五)また、「裁判員は銀貨の鑑定人のようなものであり、偽物の正義と本物の正義を見分けるために存在する」と述べなければならない。

(六)また、「書かれた法よりも書かれざる法に訴え、それを守り通すことは、よりすぐれた人間がすることである」と述べなければならない。

(七)また、書かれた法が評判のよい法と何らかの点で矛盾しているか、あるいは自己矛盾を含んでいる場合には、そのことを述べなければならない。たとえば、ある法ではいかなる契約であれ結ばれた以上は有効であると定められているのに、別の法で

225 アテナイの法廷で裁判員が宣誓の際に述べる言葉。

226 ソフォクレス『アンティゴネ』四五六行および四五八行。

は法に反した契約を結ぶことは禁じられているというようなことがときに見られるが、そのような場合がまさにそうである。
（八）また、書かれた法が二通りの解釈を許す場合には、ひっくり返して裏面も確認しながら、どちらの解釈が正しいことや有益なことに合致するかを見たうえで、その合致するほうの解釈を用いなければならない。
（九）また、法がそれに対応するために制定されたところの問題がもはや存在しないのに、法だけがいまだに存続している場合には、そのことを明らかにするように努め、またそうすることによって、その法と戦うように努めなければならない。

法（二）書かれた法が自分に有利な場合

（一）他方、書かれた法が自分の立場に有利に働く場合には、「『最善の判断に従って［判定する］』と宣誓するのは、法に背いて判定を下すためではなく、法が何と言うかわからない事柄について判定を下すときに、偽誓《ぎせい》の罪に問われないようにするためである」と述べなければならない。
（二）また、「人は誰でも無条件によいものを選ぶのではなく、自分にとってよいものを選ぶ」と述べなければならない。[227]

(三)また、「[制定された]法を用いないのであれば、それは法が制定されていないのと何も変わらない」と述べなければならない。

(四)また、「ほかの技術、たとえば医術の場合には、医者を知恵で負かしても何の益にもならない。なぜなら、医者の過失がもたらす被害は、権威者に従わない習慣がもたらす被害ほど大きくないからである」と述べなければならない。

(五)また、「法を知恵で負かそうとすることは、よいと認められている法が禁じていることである」と述べなければならない。

法に関係することについては、以上で十分に定められたものとしよう。

証人（一）昔の証人

次は証人であるが、これには昔の証人と最近の証人という二つの種類がある。そし

227　つまり、書かれた法は無条件によいものに目を向けて制定されているから、書かれた法に従って判定すべきであるということ。

て、後者は当事者とともに［偽証罪で訴えられる］危険を冒す証人と、その危険がない証人に分けられる。

昔の証人とは、詩人たちと、その判断が知れ渡っている著名な人物たちのことである。たとえば、かつてアテナイ人は、サラミス島の問題について論じるときにホメロスを証人として用い、[228]最近ではテネドス人が、シゲイオン人と紛争するなかで、コリントスのペリアンドロスを証人として用いた。[229]また、クレオフォン[230]はクリティアス[231]を非難するときに、ソロン[232]のエレゲイア詩を引いてこう言った。「あの一族は昔から品行が悪かったのだ。そうでなければ、ソロンが『どうか赤毛のクリティアスに、父親の言葉に耳を貸すように言ってくれ』と書くことはなかっただろう」。

さて、過去のことについてはこのような人々が証人となるが、将来のことについては神託の解釈者たちも証人となる。たとえば、テミストクレスが［神託の］「木の城壁」という言葉を取り上げて、海戦に踏み切るべきであると主張したのがそれに当たる。[233]さらに、先に述べたように、[234]諺も証人である。たとえば、年寄りを友にしてはならないと助言する人には、「決して老人によくしてはならぬ」という諺が証人となり、父親を殺したら息子たちも殺さなければならないと助言する人には、「父を殺したのに子を生かしておくのは愚か者」[235]という諺が証人となる。

証人（二）最近の証人

他方、最近の証人とは、何らかの［意見が分かれる］問題について判断を下した著

---

228 ソロンがホメロス『イリアス』第二歌五五七行～五五八行を引用し、サラミス島はアテナイに帰属すると主張したことを指す。

229 ペリアンドロス（コリントスの僭主）がシゲイオンをアテナイの領地としたことを指す。ヘロドトス『歴史』第五巻第九五章を参照。

230 前五世紀のアテナイの政治家。

231 アテナイの政治家で、三〇人政権の中心的人物（前四六〇年頃～前四〇三年）。プラトンの親戚。ソロンの詩で言及されている「赤毛のクリティアス」はこの人物の祖先に当たる。

232 アテナイの政治家、立法者（前六四〇年頃～前五六〇年頃）。

233 テミストクレスはアテナイの政治家、将軍（前五二七年頃～前四六〇年頃）。神託の「木の城壁」を軍船と解釈し、自分の主張の根拠にしたことを指している。ヘロドトス『歴史』第七巻第一四一章～第一四三章を参照。

234 このことを述べた箇所は見当たらない。

235 キュプロス島の詩人スタシノスの作とされる叙事詩『キュプリア』の断片。

名な人物たちのことである。このような人々の判断は、同じ問題をめぐって争っている者たちの役に立つ。たとえば、エウブロス[236]が法廷でカレス[237]を非難するときに、プラトン[238]がアルケビオスに言った言葉を引用して、「この国では悪人を自認することが広まっている」[239]と述べたのがその例である。

また、偽証していると思われたときに、当事者とともに「偽証罪で訴えられる」危険を冒す人々も最近の証人に含まれる。このような人々は、「あることが実際に起こったか、それとも起こらなかったか」ということや、「あることが事実その通りであるか、それともその通りではないか」ということについてのみ証人となる。これに対し、問題の事柄がいかなる性質のものであるか、たとえば「正しいか、それとも不正であるか」ということや、「有益であるか、それとも無益であるか」ということについては証人とはならない。他方、事件に関与していない「最近の」証人は、このようなことについても証人となる。しかし、もっとも信用に値するのは昔の証人たちである。なぜなら、「もはや存在しない」昔の証人を買収することはできないからである。

証人（三）証人の有無に応じた論じ方

　ところで、自分の供述を裏づける証人がいない人は、「ありそうなことに基づいて判定すべきである。『最善の判断に従って［判定する］』とはそういうことだ」と述べたり、「ありそうなことは［証人と違って］、買収して嘘を言わせることができない」と述べたり、「ありそうなことは偽証の罪を犯す心配がない」と述べたりしなければならない。

　他方、自分の供述を裏づける証人がいる人は、証人がいない人に向かって、「ありそうなことは責任を負うことができない」と述べたり、「弁論だけで真相を究明することができるのなら、そもそも証言など必要なかったということになるだろう」と述べたりしなければならない。

a20

236　アテナイの政治家（前四〇五年頃〜前三三〇年頃）。
237　アテナイの将軍（前四〇〇年頃〜前三二五年頃）。
238　哲学者のプラトンか、それともアリストファネスと同時代の喜劇詩人を指すのか不明。
239　アルケビオスは不詳の人物。この引用の文脈も不明。

証言

証言には、自分自身に関するものと係争相手に関するもの、それから事実に関するものと性格に関するものがある。したがって、明らかに、役に立つ証言が手に入らずに困るということは決してない。なぜなら、たとえ事実に関しては、自分の主張を支持する証言や相手の主張に反する証言が手に入らないとしても、性格に関しては、自分の立派さを示す証言や相手の卑劣さを示す証言が手に入るからである。

証言に関するこのほかの区別としては、証言する人は自分の友であるか、敵であるか、そのどちらでもないかという区別や、評判のよい人であるか、評判のよくない人であるか、そのどちらでもないかという区別や、その他のそのような区別がある。これらの点は、説得推論を組み立てるために用いる［種別的命題としての］トポスと同じトポスに基づいて述べなければならない。

契約（一）契約が自分に有利な場合

次は契約であるが、言論を用いてできることは、契約の意義を拡大したり、縮小したりすることや、契約を信用に値するものにしたり、信用に値しないものにしたりすることに限られる。つまり、契約が自分の側に有利であれば、それを信用に値する有効なものとし、係争相手の側に有利であれば、その反対のことをするのである。

契約を信用に値するものや信用に値しないものにする方法は、証人に対する扱いと何ら異なるところがない。なぜなら、契約が信用に値するかどうかは、署名した人や保管している人がいかなる者であるかによって決まるからである。

契約の存在を双方が認めている場合、当の契約が自分の側に有利であれば、その意義を拡大しなければならない。つまり、「契約は私的で個別的なものではあるが、それでも法である」とか、「法が契約によって有効になることはないが、法に基づく契約は法によって有効になる」とか、「総じて言えば、法それ自体が一種の契約である。したがって、契約を信用しなかったり、無効にしたりする者は、法を無効にすることになる」とか、さらに、「多くの取引、特に自発的な取引は、契約に基づいて行なわれる。したがって、契約が効力をもたなくなれば、人々の間の交易は失われることになる」と述べなければならない。このほかにも述べるにふさわしいことはあるが、それを見つけるのは何ら難しいことではない。

契約（二）契約が自分に不利な場合

これに対し、契約が自分に不利で、係争相手に有利なときには、第一に、自分に不利な法と戦う場合と同じことを主張するのが適切である。なぜなら、法が正しく制定されておらず、制定者が誤りを犯している場合には、その法には従う必要はないと考えるにもかかわらず、契約には必ず従わなければならないと考えるとすれば、それは不合理だからである。

次に、「裁判員は正義の審判者である。したがって、契約の文言ではなく、より正しいことは何かという点に目を向けるべきである」とか、「正義は欺瞞によっても強制によってもねじ曲げることはできない（なぜなら、それは自然に基づくものだからである）。しかし、契約は騙されて結ぶこともあれば、強制されて結ぶこともある」と述べなければならない。

以上に加えて、契約が書かれた法や共通の法のどれかに反していないかどうか、また書かれた法の場合には、自国の法や他国の法に反していないかどうかを調べるべきである。それから、当の契約が、そのあとに結ばれた契約や、その前に結ばれた契約に反していないかどうかも調べなければならない。なぜなら、あとに結んだ契約が有効であるとするにせよ、前のものは正しく結んだ契約だが、あとのものは騙されて結んだ契約であるとするにせよ、どちらであれ自分の役に立つほうを述べることができるからである。

さらに、当の契約が何らかの点で裁判員の益に反していないかどうかということや、その他のそのような事柄にも目を向けなければならない。なぜなら、先の場合と同様に、それらを見出すのは簡単なことだからである。

拷問による自供

拷問による自供は一種の証言であり、「拷問によって」ある種の強制力が加わるため、信憑性があると考えられている。これについても、利用可能な言論を見つけるのは難しくない。つまり、自供が自分に有利な場合には、「証言のなかで真実と言えるのはこれだけである」と述べることによって、その意義を拡大することができるのである。他方、自供が自分に不利で、係争相手に有利な場合でも、拷問という類の全体に当てはまることを述べることによって、自供を無効にすることができる。すなわち、「拷問によって自供を強要される者は、真実を言わずに持ちこたえたり、早く拷問をやめてもらうために容易に嘘をついたりするのだから、強要されていないときと少しも変わらず嘘をつくものだ」と述べるのである。ただし、このように述べるときには、裁判員たちが知っている過去の類例を引き合いに出すことができなければならない。

宣誓

宣誓については、四つの場合を区別することができる。まず、(a) 相手に宣誓を要求し、自分も相手の要求を受け入れる場合と、(b) 相手に宣誓を要求せず、自分も相手の要求を拒む場合がある。それから、これらのうちの一方はするが他方はしない場合があり、それは、(c) 相手に宣誓を要求するが、自分は相手の要求を拒む場合と、(d) 自分は相手の要求を受け入れるが、相手には宣誓を要求しない場合に分けられる。さらに、以上の四つの場合とは別に、(e) 自分もしくは相手によってすでに宣誓が行なわれている場合がある。[240]

(一) まず、相手に宣誓を要求しない場合には、その理由として、「人は容易に偽誓するものだ」とか、「宣誓した者が、こちらにも宣誓を要求するとは限らない。むしろ、[機会を与えないことによって] こちらが宣誓しなければ、裁判員たちが有罪判決を下してくれると考えるかもしれない」とか、「偽誓する可能性が高い相手に宣誓を要求するよりも」裁判員にすべて委ねるという危険を冒すほうがよい。私は裁判員を信用しているが、この者のことは信用していないからだ」と述べなければならない。

（二）次に、相手の要求を拒む場合には、その理由として、「金銭［を得ること］と引き換えに、宣誓を利用することになる」とか、「もし私が悪人だったら、宣誓の要求を受け入れただろう。なぜなら、何の得もないのに悪人であるよりは、何らかの得をするために悪人であるほうがよいからだ。しかるに、宣誓すれば訴訟を有利に運ぶことになるのに対し、宣誓しなければそうはならない。とすれば、私が宣誓の要求を拒むのは徳によるのであって、偽誓を恐れるからではないことになろう」と述べなければならない。

また、この場合には、クセノファネス[241]の言葉［を引用すること］も適切である。す

240　（a）〜（e）と下記の（一）〜（六）の対応関係は以下の通り。（一）＝（b）の前半部分（相手に宣誓を要求しない場合）。（二）＝（b）の後半部分（相手の要求を拒む場合）。（三）＝（a）の後半部分（相手の要求を受け入れる場合）。（四）＝（a）の前半部分（相手に宣誓を要求する場合）。（五）＝（d）（c）（a）（b）の順の説明。（六）＝（e）。

なわち、「神を恐れぬ者に宣誓を要求するのと、敬虔な者に宣誓を要求するのは同等ではない。そのようなことをするのは、力の強い者が力の弱い者に対して殴り合いで決着をつけることを要求するようなものである」。

（三）次に、相手の要求を受け入れる場合には、「私は相手のことは信じていないが、自分自身のことは信じているからだ」と述べなければならない。また、クセノファネスの言葉を逆にして、「神を恐れぬ者が宣誓を要求し、敬虔な者がそれを受け入れて宣誓するなら、それは公平なことであろう」と主張しなければならない。また、「裁判員には宣誓したうえで裁くことを求めておきながら、当の本人が宣誓の要求を受け入れようとしないのはおかしい」と言わなければならない。

（四）次に、相手に宣誓を要求する場合には、「神々に問題を委ねようとするのは敬虔なことである」とか、「〔宣誓すれば〕彼はほかの判定者を必要としなくなる。なぜなら、自分自身に判定を委ねることになるからだ」とか、「ほかの人々にはその問題に関して宣誓することを求めておきながら、当の本人が同じ問題に関して宣誓しようとしないのは不合理である」と述べなければならない。

（五）ところで、以上のそれぞれの場合にどのように述べなければならないかが明らかになったのだから、それらが二つずつ組み合わされた場合にどのように述べなければならないかという点ももはや明らかである。たとえば、自分は相手の要求を受け入れるつもりだが、相手には宣誓を要求するつもりがない場合や、相手には宣誓を要求するが、自分は相手の要求を受け入れるつもりがない場合や、相手の要求を受け入れ、かつ相手にも宣誓を要求するつもりの場合や、相手の要求を受け入れるつもりも、相手に宣誓を要求するつもりもない場合がそれに当たる。というのも、これらは先に挙げたそれぞれの場合［の組み合わせ］から成り立つのが必然なのだから、これらに関する言論も、先に挙げたそれぞれの場合の言論［の組み合わせ］から成り立つことになるからである。

（六）次に、すでに自分が行なった宣誓があり、それが［別の新たな宣誓に］反する場合には、「［先の宣誓は］偽誓には当たらない。なぜなら、不正を犯すことは意図的な行為であり、偽誓することは不正を犯すことにほかならないが、今回の場合のように、強いられたり騙されたりして行なうことは意図的な行為ではないからだ」と述べ

241　前六世紀のイオニア地方コロフォン出身の哲学者。

1377b　a30

なければならない。そしてここから、「偽誓であるかどうかは意図によって決まるのであって、発言によって決まるのではない」と結論しなければならない。

他方、係争相手の行なった宣誓が「別の新たな宣誓に」反する場合には、「立てた誓いを守らないなら、すべてを台無しにすることになる。だからこそ、裁判員は法を適用する前に宣誓するのである」と述べなければならない。そして、裁判員に向かって、「彼らはあなた方裁判員に誓ったことを守るように要求しておきながら、自分たち自身は誓ったことを守っていない」と述べなければならない。また、このほかにも、「宣誓の」意義を拡大するために言えそうなことがあれば、それらもすべて述べなければならない。

第二巻　感情と性格に関する命題、共通の論点と共通の説得方式

第一章　感情（一）総論

第一巻の要約

さて、推奨と制止、賞賛と非難、糾弾と弁明はいかなるものに基づいて行なうべきか、またこれらの弁論において聞き手を説得するためには、［それぞれ］いかなる見解や命題が役立つかについては、以上に述べた通りである。というのも、三種類の弁論にはそれぞれに特有と言ってよい説得推論があるのだが、説得推論は以上に述べた見解や命題を対象にし、そしてそれらをもとにして作られるからである。

話し手の性格と聞き手の感情

しかし、弁論術は［聞き手の］判定を目的としている（というのも、［民会における］助言は判定の対象であり、法廷における判決は判定にほかならないからである）。それゆえ、話し手はどうすれば言論が論証的で信用に値するものとなるかに目を向けるだけでなく、自分自身をある種の性格の人物に仕立てるとともに、判定者［の心］をある種の状態に仕立てなければならない。なぜなら、話し手がある種の性格の人物に見えること、そして聞き手に対してある種の感情を抱いていると受け取られること、またそれに加えて、聞き手自身もある種の感情を抱くことは、助言弁論はもちろん、法廷弁論においても、説得するうえで大きな違いを生むからである。

話し手がある種の性格の人物に見えることは、特に助言弁論において役に立つ。他方、聞き手がある種の感情を抱くことは、特に法廷弁論において役に立つ。なぜなら、愛している人と憎んでいる人とでは、あるいは怒っている人と穏やかな状態の人とでは、同じ一つのものが同じには見えず、まったく違ったものに見えるか、もしくは重要性が違って見えるからである。

たとえば、自分が判決を下そうとしている相手を愛している人には、その人がまったく不正を犯していないか、もしくは些細な不正しか犯していないように見えるが、憎んでいる人にはその反対に見える。また、欲望と期待を抱いている人には、［話し手が語る］将来の見通しが快いものであれば、それが実現し、よい結果をもたらすように見えるが、そのことに無関心な人や不満を抱いている人には、それと反対のことが起こるように見えるのである。

話し手が信用される三つの要因

ところで、話し手自身が信用される要因は三つある。なぜなら、われわれが話し手を信用することになる原因は、論証を別にすれば、ちょうどそれと同じ数だけあるのだから。それはすなわち、思慮と徳と好意[1]である。というのも、論じたり助言したりする事柄に関して話し手が間違ったことを言うのは、これらのすべてか、あるいはこれらのどれか一つが原因だからである。つまり、思慮が欠けているために正しく考えることができないからか、もしくは正しく考えることはできても、徳が欠けているためにその考えを述べようとしないからか、もしくは思慮と徳をもつ立派な人間ではあっても、聞き手に対する好意が欠けているために、最善のことを知りながらそれを助言しないことがありうるからかのいずれかであって、これら以外にはいかなる原因も存在しない。したがって、これらのすべてをもっているように見える人は、必然的に、聞き手にとって信用できる者であるということになる。

それでは、話し手はどのようにして、思慮と徳がある人に見えるようになるのか。

この点は、［すでに行なった］徳の分析に基づいて理解しなければならない。なぜなら、対象が別の人であるにせよ、自分自身であるにせよ、話し手が誰かをそのような人物に仕立てるときには、同じ論拠を用いることができるからである。他方、好意や友愛については、［このあとの］感情に関する議論のなかで述べなければならない。[2] [3]

感情の定義

ところで、感情とは、人に変化を起こし、判断に違いをもたらす原因となるもので、かつ苦痛や快楽が伴うもののことである。たとえば、怒りや憐れみや恐れやその他のこの種のもの、そしてこれらの反対のものがそれに当たる。

1　勇敢さ、節度、気前のよさなどのいわゆる「性格の徳」のこと。思慮も徳の一種だが、「思考の徳」であるために区別されている。二種類の徳の区別については、『ニコマコス倫理学』第一巻第一三章一一〇三a三～一〇を参照。
2　第一巻第九章。
3　本巻第四章。

感情を分析するための三つの観点

しかし、それぞれの感情は三つの点に分けて考察しなければならない。つまり、怒りを例にとれば、いかなる状況にあるときに怒るか、いかなる人に対して怒るのが常であるか、いかなることが原因で怒るかの三点である。[4] 実際、これらのうちの一つか二つしか知らず、すべてを知ってはいないならば、われわれは人の心に怒りの感情を作り出すことはできないだろう。このことは、怒り以外の感情の場合でも同じである。

そこで、先の論述のなかで［関連する］命題を書き出したように、それぞれの感情についても同じことを行ない、いま述べた三つの点から感情を分析することにしよう。

第二章　感情（二）怒り

怒りの定義

それでは、怒りとは、自分自身かもしくは自分と親しい人が、その資格のない者から軽視されたように見えるので、[5] それに対して目に見えるかたちで報復しようとする苦痛を伴った欲求であるとしよう。

定義の補足説明（一）怒りと快楽

これが怒りであるとするなら、以下の各点が必然的に導かれる。第一に、怒る人は常に個人の誰かに対して、たとえばクレオンに対して怒るのであって、人間一般に対してではない。第二に、人が怒るのは、自分自身か自分に身近な人が何かされたか、もしくはされようとしたからである。第三に、いかなる怒りにも、報復を期待するこ

4　状況、相手、原因という三つの観点は、不正を分析するための観点とほぼ同じである（第一巻第一〇章の冒頭を参照）。本巻第二章～第一一章の感情論では、基本的にはこれら三つの観点に基づいて感情が分析されるが、いずれかの観点が欠けている場合や、二つの観点が融合している場合や、原因（何ゆえに）の代わりに対象（何に対して）や物事（何が）を記述している場合もある。

5　この箇所の「ファイノメネー・オリゴーリアー」は「あからさまな軽視」と訳されることが多いが、この表現のポイントは、事実として軽視されたかどうかにかかわらず、軽視されたように「見える」だけで怒りは発生するという点にある。

とから生まれるある種の快楽が伴っている。なぜなら、自分の望んでいることが実現すると思うことは快いが、自分にとって実現不可能に見えることは誰も望まないからである。

それゆえ、「ホメロスが」怒りについて、「滴る蜜よりはるかに甘く、人の心に燃え広がる」[6]と語ったのは的を射ている。というのも、いま述べた理由に加えて、報復のことをあれこれ考えるという理由によっても、怒りにはやはりある種の快楽が付随するからである。つまり、報復のことを考えているときに生まれる表象が、夢に現れる表象と同じように、人の心に快楽を生み出すのである。

定義の補足説明（二）軽視の種類

ところで、軽視とは、何の価値もないように見えるものについて、自分が思っていることを表に出すことである（なぜなら、われわれは、悪いものやよいもの、またそれらを生み出す傾向があるものは、真剣に扱うに値すると考えるのに対し、そのような傾向をまったくもたないか、もしくはほとんどもたないものは、何の価値もないと考えるからである）。

b10

この軽視には三つの種類がある。それは、蔑みと嫌がらせと侮辱である。すなわち、第一に、何かを蔑む人はそれを軽視している（なぜなら、人々は何の価値もないと思うものを蔑むが、人々が軽視するのはまさにその何の価値もないものだからである）。第二に、嫌がらせをする人も軽視している。なぜなら、嫌がらせとは他人の望みを妨害することであり、しかも自分の何らかの利害のためではなく、相手に何かを手に入れさせないために妨害することだからである。自分の利害のためではない以上、嫌がらせをする人は相手を軽視していることになる。なぜなら、そのようなことをする人は、相手が自分に害を加えるとも、言うに足る恩恵を与えてくれるとも思っていないということは明らかだからである。というのも、もし自分に害を加えると思っているなら、恐れを抱いて、軽視しないはずであり、もし言うに足る恩恵を与えてくれると思っているなら、どうすれば友になれるかを考えるはずだからである。第三に、侮辱する人も相手を軽視している。なぜなら、侮辱とはその被害者にとって恥となることを行なったり言ったりすることであり、しかもそれによって何かほか

6　ホメロス『イリアス』第一八歌一〇九行。

に自分によいことが起こるからではなく、また自分が何かをされたからでもなく、もっぱら快楽を得ることが目的でそうすることだからである。というのも、「何かをされた人が」相手に仕返しをすることは、侮辱ではなく、報復に当たるからである。侮辱する人に快楽が生まれる原因は、相手にひどい仕打ちをすることによって、自分のほうがはるかにまさっていると思うことにある。それゆえ、若者と富裕者は人を侮辱しがちである。彼らは人を侮辱することによって、自分が相手にまさっていると思っているのである。

また、名誉を認めないことも侮辱の一種であり、名誉を認めない人は相手を軽視している。なぜなら、名誉を与えられないということは、善悪いずれの方面にせよ、何の価値もないということだからである。それゆえ、アキレウスは怒って、「奴は私の名誉を汚した。私の褒美を奪い、自分のものにしているからだ」[7]と言い、「この私を名誉のない流れ者のように扱っている」[8]と言っているが、これはつまり、不名誉な扱いのゆえに怒っていると言おうとしているのである。

定義の補足説明（三）資格のない者

ところで、人は家柄や能力や徳の点で、またそのほかにも、何であれ自分がはるかにまさる点があれば、その点で劣る者たちから敬意を払われるのは当然であると考えている。たとえば、富裕者は金銭において貧乏人にまさり、弁の立つ者は弁論において弁の立たない者にまさり、支配する者は支配される者にまさり、支配者たるにふさわしいと考えている者は、支配されるにふさわしい者にまさるというのがそれに当たる。それゆえ、「ゼウスに育てられた王たちの怒りは大きい」[9]と言われ、「しかし、この先も王は恨みを抱き続ける」[10]と言われたのである。つまり、彼らは他にまさっているからこそ憤慨するのである。

さらに、人はよくされてしかるべきと思っている相手から敬意を払われるのは当然であると考えている。そのような相手に該当するのは、自分自身が、もしくは自分が

7　ホメロス『イリアス』第一歌三五六行。
8　同前、第九歌六四八行。
9　同前、第二歌一九六行。
10　同前、第一歌八二行。

原因でほかの誰かが、もしくは自分と親しい人の誰かが、よくしてやったことがあるか、あるいはいまよくしてやっているか、あるいはそうしようと望んでいるか、あるいはそうしようと望んだことがある者たちである。

いかなる状況にあるときに怒るか

さて、以上のことから、人は自分がいかなる状況にあるときに、いかなる者たちに対して、いかなることのゆえに怒るかということはいまや明らかである。

まず、自分がいかなる状況にあるときに怒るかと言えば、それは苦しんでいるときである。苦しんでいる人は何かを求めている。それゆえ、そのような人が何かをしようとすることを、たとえば喉の渇いた人が飲もうとすることを誰かが直接的に妨げるならば、その妨げる人に対して怒りが生まれる。また、直接的にではないとしても、人が何かを求めているときに、誰かがそれに反対するような行為をしたり、手を貸さなかったり、何かほかの迷惑な行為をしたりするならば、そのようなことをする誰に対しても人は怒るのである。

たとえば、病気の人は病気に関係することで、貧困に苦しむ人は貧困に関係することで、戦争している人は戦争に関係することで、恋している人は恋に関係することで、自分が何かをしようとするのを誰かが妨げるならば、その人に対して怒るのであり、その他の場合もこれと同様である。なぜなら、これらのどの場合にも、各人が被っている状態によって、怒りに通じる道が前もって用意されているからである。

さらに、人は自分の予想と反対のことが起こる場合にも怒りを感じる。なぜなら、予想を大きく裏切る結果は、より大きな苦痛を生むからである。これはちょうど、自分の望んでいることが起こる場合には、予想に大きく反する結果が［より大きな］喜びを生むのと同じである。

それゆえ、以上のことから、いかなる機会や時や［心身の］状態や人生の時期において人は怒りやすいか、またいついかなる場合に怒りやすいか[11]は明らかであり、そしてこれらの条件が重なれば重なるほど、それだけいっそう人は怒りやすくなるということも明らかである。

a20

11　「いかなる機会や時や［心身の］状態や人生の時期において」は本節の第二段落と第三段落を指し、「いついかなる場合に」は第四段落を指すと考えられる。

いかなる人に対して怒るか

さて、人は自分がこのような状況にあるときに怒りやすいが、いかなる人に対して怒るかと言えば、それは次のような者たちである。

(一)まず、あざ笑ったり、馬鹿にしたり、からかったりする者たちに対して怒る。なぜなら、これらの者たちは侮辱しているからである。

(二)また、侮辱のしるしとなるような害を加える者たちに対して怒る。ただしそれは、仕返しに当たるわけでも、行為者の益になるわけでもないものでなければならない。なぜなら、そのとき初めて、その行為は侮辱が目的であるように見えるからである。

(三)また、自分が特に真剣に取り組んでいるもののことを悪く言ったり、蔑んだりする者たちに対して怒る。たとえば、哲学の研究に誇りをもっている人は哲学の研究に関して、容姿を誇りにしている人は容姿に関して悪く言われたり、蔑まれたりすると怒るのであり、その他の例もこれと同様である。この場合、いま述べたような自慢の種を自分は全然もっていないのではないかとか、確実にもっているとは言えないのではないかとか、もっていないと人に思われているのではないかと疑っているときには、その怒りは一段と大きくなる。なぜなら、からかわれている当の事柄に関して自分は人よりすぐれていると確信しているときには、からかわれてもまったく気にならないからである。

（四）また、友でない者よりも、友に対していっそう激しく怒る。なぜなら、友からは、よくされないのではなく、よくしてもらうのが当然であると思っているからである。

（五）また、いつも尊重したり気遣ったりしてくれていた人が、もはやそのような態度をとらなくなると怒る。なぜなら、「自分は蔑まれている。そうでなければ、以前と同じことをするはずだ」と考えるからである。

（六）また、よくしてあげたのにお返しによくしてくれない者たちや、同等のお返しをしてくれない者たちに対して怒る。それから、逆らったことをする者たちが、自分より劣っている場合に怒る。なぜなら、これらの人々はみな蔑んでいるように見えるからである。つまり、逆らう者たちは、こちらを劣った人間とみなしているように見え、お返しをしない者たちは、劣った人間からよくしてもらったつもりでいるように見えるのである。

（七）また、まったく取るに足らない［劣った］者たちが、何か軽視に当たるようなことをする場合には、いっそう激しく怒る。なぜなら、われわれの前提によれば、軽視に対する怒りは軽視する資格のない人に向けられるが、[12]劣った者にふさわしいのは、［自分よりすぐれた者を］軽視しないことだからである。

（八）他方、友に対しては、よく言ったり、よくしてくれない場合に怒ることに加えて、逆らうようなことを言ったり、したりする場合にはなおさら激しく怒る。また、必要としているものに気づいてくれない場合もそうである。たとえば、アンティフォン[13]の悲劇に登場するプレクシッポスがメレアグロスに怒ったのがこれに当たる。[14]なぜなら、気づかないということは、軽視しているということのしるしだからである。というのも、相手を気遣っているなら、その人が必要としているものを見落とすことはないからである。

（九）また、不運を喜ぶ者たちに対して、また総じて言えば、こちらが不運に見舞われているのに、陽気に振る舞う者たちに対して怒る。なぜなら、このような態度は、相手を敵視しているか、もしくは軽視しているということのしるしだからである。

（一〇）また、苦しい思いをさせることを意に介さない者たちに対して怒る。それゆえ、人は悪い知らせを伝えに来る者たちに対しても怒るのである。

（一一）また、こちらの欠点について話す人に耳を傾けたり、欠点を目にしても平然としている者たちに対して怒る。なぜなら、これらの人々は、こちらを軽視しているか、もしくは敵視しているも同然だからである。というのも、友であれば痛みを分かち合ってくれるはずであり、人は誰でも自分の欠点を目にすれば胸を痛めるものだからである。

（一二）さらに、次の五種類の人々の前で自分を軽視する者たちに対して怒る。すなわち、自分のライバルに当たる人、自分が賛美している人、自分がその人から賛美されたいと思っている人、自分が畏敬の念を抱いている人、自分に対して畏敬の念を抱いている人である。これらの人々の前で誰かが自分を軽視するならば、人はその者に

12　本章冒頭の怒りの定義を参照。

13　ディオニュシオス一世に処刑された悲劇詩人（本巻第六章一三八五a九）。同名の弁論家やソフィストとは別人。

14　アンティフォンの失われた悲劇『メレアグロス』において、プレクシッポスが狩った猪の毛皮をメレアグロスが恋人に与え、怒らせたことを言っている。

対して一段と激しい怒りを覚える。
(一三)また、両親、子供、妻、部下など、助けなければ自分の恥となる相手に関係することで軽視する者たちに対して怒る。
(一四)また、感謝しない者たちに対して怒る。なぜなら、この軽視は当然なすべきことに反しているからである。
(一五)また、自分が真剣に取り組んでいるときに、皮肉な態度をとる者たちに対して怒る。なぜなら、皮肉には蔑む気持ちが表れているからである。
(一六)また、ほかのすべての人々にはよくする者たちが、自分にはよくしてくれない場合に怒る。なぜなら、すべての人々が受けるに値することに値しないとみなすことには、蔑む気持ちが表れているからである。
(一七)また、忘れることも怒りを生む。たとえば、人の名前を失念することは、些細なことかもしれないが、それでも怒りの原因となる。なぜなら、忘却も軽視のしるしに見えるからである。というのも、忘却は無関心のゆえに起こるが、無関心はある種の軽視だからである。

b30

感情喚起の方法

さて、人はいかなる者たちに対して、自分がいかなる状況にあるときに、いかなることのゆえに怒るかは、以上に一括して述べた[15]。

以上のことから、話し手がしなければならないであろうことも明らかである。すなわち、話し手は言論によって、聞き手の心を怒っている人と同じ状態にする一方で、その怒りの原因となる行為をしたことで責められるべきは自分の敵対者たちであること、またその者たちは人の怒りを招くような人間であるということを示さなければならない。

15　「いかなることのゆえに怒るか」は軽視の種類と軽視する資格のない者を取り上げた箇所（一三七八b一〇～一三七九a八）で説明されていると考えられるが、「いかなる人に対して怒るか」の節のなかでも、怒りの相手と同時に原因が説明されていると解することができる。

1380a

第三章　感情（三）穏やかさ

「穏やかになること」の定義

怒ることの反対は穏やかになることであり、怒りは穏やかさの反対であるから[16]、次に、人はいかなる状況のときに穏やかであるか、またいかなる者たちに対して穏やかな態度をとるか、そしていかなることを通じて穏やかになるかを把握しなければならない[17]。

それでは、穏やかになるとは、気持ちが落ち着き、怒りが収まることであるとしよう。

いかなる人に穏やかな態度をとるか

（一）人が怒るのは軽視する者たちに対してであり、そして軽視は意図的に行なうものであるとすれば、軽視に当たることを何一つ行なっていない者たちや、意図せずに行なっている者たちや、そのどちらかに見える者たちに対して穏やかな態度をとるということは明らかである。

（二）また、実際にしたこととは反対のことをするつもりだった者たちに対して穏やかな態度をとる。

（三）また、自分自身を扱うのと同じように他人を扱う者たちに対して穏やかな態度をとる。なぜなら、自分自身を軽視する者はいないように見えるからである。

（四）また、自分の非を認め、後悔している者たちに対して穏やかな態度をとる。なぜなら、自分のしたことに苦痛を感じていることが償いに当たるとみなして、怒るのをやめるからである。召使に対する懲罰がこのことを示している。というのも、われわれは口答えしたり、罪を否定したりする者に対してはいっそう厳しい懲罰を与えるが、罰を受けるのは正当であると認めている者に対しては憤慨するのをやめるからで

16 「穏やかさ」の原語は「プラーオテース」。この語は穏やかな性向を指すこともあるが（『ニコマコス倫理学』第四巻第五章）、ここでは一時的な感情としての穏やかさを意味する。

17 「いかなることを通じて穏やかになるか」は「いかなる状況のときに穏やかであるか」の項目で同時に述べられている。

ある。その理由は、明白な事実を否定することは恥知らずな行ないであるが、恥知らずな行ないをすることは相手を軽視し、蔑《さげす》むことにほかならないという点にある。実際、大いに蔑んでいる相手に対しては、われわれは恥ずかしさを感じることがないのである。

（五）また、こちらに対してへりくだり、口答えしない者たちに対して穏やかな態度をとる。なぜなら、これらの人々は劣っていることを認めているように見えるが、劣っている人は相手に恐れを抱くものであり、そして恐れを抱いているなら誰も相手を軽視しないからである。へりくだる者たちに対しては怒るのをやめるという点は、犬ですらじっと座っている者にはかみつかないということから明らかである。

（六）また、真剣に取り組んでいるときに、真剣に接してくれる者たちに対して穏やかな態度をとる。なぜなら、自分は真剣な扱いを受けているのであって、蔑まれてはいないと思うからである。

（七）また、こちらが与えた以上の恩恵を与えてくれた者たちに対して穏やかな態度をとる。

（八）また、懇願し、許しを請う者たちに対して穏やかな態度をとる。なぜなら、これらの人々は人一倍へりくだるからである。

（九）また、誰に対しても侮辱したり、からかったり、軽視したりしないか、［少なくとも］よい人や自分と同じような人にはそうしない者たちに対して穏やかな態度をとる。総じて、人を穏やかにさせるものは、それと反対の［怒らせる］ものに基づいて考察しなければならない。

（一〇）また、こちらが恐れているか、もしくは畏敬の念を抱いている者たちに対して穏やかな態度をとる。というのも、そのような気持ちがある限り、怒りは生まれないからである。なぜなら、恐れると同時に怒ることはできないからである。

（一一）また、怒りのゆえに行動した者たちに対しては、まったく怒らないか、少ししか怒らない。というのも、軽視のゆえに行為したようには見えないからである。なぜなら、軽視は苦痛を伴わず、怒りは苦痛を伴う以上、怒っているときに軽視する人はいないからである。

（一二）また、こちらに畏敬の念を抱いている者たちに対して穏やかな態度をとる。

a30　1380b

いかなる状況のときに穏やかであるか

（一）また、人が穏やかであるのは、言うまでもなく、怒っているときと反対の状況に置かれている場合である。たとえば、遊んでいるとき、笑っているとき、祭りのとき、万事順調なとき、成功したとき、満ち足りているときがそれに当たる。総じて言えば、苦痛がないときや、侮辱に起因しない快楽を経験しているときや、まっとうな期待を胸に抱いているときである。

（二）さらに、時間が経過し、怒りが当初の勢いを失ったときには、人は穏やかになる。なぜなら、時は怒りを終息させるからである。

（三）また、誰か別の人に対してより大きな怒りを抱いているか、誰か別の人に先に報復した場合には、人は怒るのをやめる。それゆえ、フィロクラテス[18]が次のように答えたのは当を得ている。すなわち、民衆が［彼に対して］怒っているときに、ある人が「どうして弁明しないのですか」と尋ねると、彼は「まだ早い」と答え、「では、いつ弁明するのですか」と尋ねると、「誰か別の者が中傷されるのを見届けてからだ」と答えたのである。

実際、ある者に対して怒りを出し尽くしたときには、［怒っていたはずの］別の者に対して人は穏やかになる。エルゴフィロス[19]に起こったことがまさにその例である。すなわち、彼に対する人々の怒りはカリステネス[20]に対する怒りよりも大きかったにもかかわらず、前日にカリステネスに死刑判決を下したので、彼のほうは無罪放免にしたのである。

（四）また、［怒りの相手に］有罪判決を下した場合には、人は穏やかになる。特に、怒ったままであれば行なったであろうことよりも、［その判決によって］もっとひどい目に遭っている場合はそうである。なぜなら、その場合には、報復したに等しいと考えるからである。

（五）また、不正を犯したことを自覚し、自分が罰を受けるのは正当であると考える場合には、人は穏やかになる。なぜなら、その場合は不当に罰を受けているとはもはや思わないが、先に述べたように[21]、そのように思うことが怒りの本質だからである。

18　前四世紀のアテナイの政治家。
19　前四世紀のアテナイの将軍。
20　前四世紀のアテナイの将軍。
21　本巻第二章冒頭の怒りの定義を参照。

それゆえ、「体罰を与える」前にまず言葉で懲らしめておかなければならない。そうすれば、奴隷でさえ、体罰を受けてもそれほど憤慨しないからである。

（六）また、手を下しているのは自分であり、かつて被ったことの仕返しとして手を下しているということに相手が気づきそうにないと思う場合には、人は穏やかになる。このことは、「怒りの」定義から明らかである。[22]それゆえ、「「目を潰したのは」都市の破壊者、オデュッセウスであると言うがよい[23]」という詩句は的を射ている。これはつまり、どこの誰によって、また何の仕返しとしてそのような目に遭っているかに相手が気づかなければ、[24]報復したことにはならないという考えに基づいているのである。したがって、これ以外の場合でも、人はそれが仕返しであることに気づかない者たちに対しては怒らない。加えて、死者に対しても怒らない。なぜなら、死者は究極の不幸に見舞われており、もはや苦しむこともなければ、感覚することもないと考えるからである。しかるに、まさにそれこそ、怒っている人が求めていることなのである。それゆえ、死者に対するアキレウスの怒りを鎮めようとして、かの詩人が「死んだヘクトル[25]について次のように言ったのは当を得ている。「彼が怒りに任せて辱めているのは、物言わぬ土塊《つちくれ》なのだから[26]」。

感情喚起の方法

聞き手の怒りを鎮めたいときには、以上のトポス[27]に基づいて論じなければならないということはいまや明らかである。すなわち、話し手は聞き手自身をいま述べたような心の状態に仕立てる一方で、聞き手が怒りを向けている相手については、これを恐るべき人や、畏敬すべき人や、恩恵を与えてくれた人や、「軽視する」意図がなかった人や、自分のしたことに苦痛を感じている人に仕立てなければならない。

b30

22　怒りの定義にある「目に見えるかたちで報復」という部分を指す。
23　ホメロス『オデュッセイア』第九歌五〇四行。
24　オデュッセウスは部下を食い殺された仕返しとして、キュクロプス（一つ目の巨人）の一人ポリュフェモスの目を潰した。引用されている台詞は、それまで「誰でもない者（ウーティス）」と名乗っていたオデュッセウスが、キュクロプスの島を離れる際に発したもの。
25　ギリシャ神話に登場する英雄。トロイア王プリアモスの子で、トロイア軍の総大将。
26　ホメロス『イリアス』第二四歌五四行。
27　穏やかさという感情に特有の命題のこと。「トポス」のこの用法については解説を参照。

第四章　感情（四）友愛と憎しみ

「愛すること」および「友」の定義

人はいかなる者たちを愛し、[28]いかなる者たちを憎むのか、また何ゆえにそうするのか。われわれは友であることと愛することを定義したうえで、これらについて述べることにしよう。

それでは、愛するとは、誰かに対して自分がよいと思うことを、自分のためではなく相手のために望むことであり、そしてそれが実現するように力を尽くすことであるとしよう。また、友とは、誰かを愛し、かつその人から愛し返される者のことであるが、人々が自分たちは友であると思うのは、お互いにこのような気持ちを抱いていると思っている場合である。

1381a

いかなる人が友であるか

これらのことを前提とするならば、必然的に、次のことが導かれる。すなわち、よいことをともに喜び、苦しいことをともに苦しむ者は、しかも何かほかのことのためではなく、相手のためにそうする者は、その人の友である。なぜなら、人は誰でも望んでいることが起これば喜び、それと反対のことが起これば苦しむ以上、苦痛と快楽は人が何を望んでいるかを示すしるしとなるからである。

また、何がよいことで何が悪いことかが同じである者たちは友であり、誰が味方で誰が敵かが同じである者たちも友である。なぜなら、これらの者たちは必然的に同じことを望んでいるが、自分自身に望むのと同じことを別の誰かに望む者は、その誰かにとって友であるように見えるからである。

28 「愛する」の原語は「フィレイン」。「好む」や「気に入る」という意味合いで使われている場合もあるが、訳語は「愛する」で統一する。

いかなる人を愛するか

（一）また、人は自分自身かもしくは自分が気にかけている人によくしてくれた者たちを愛する。ただし、これはその善行が大きなものであった場合か、進んで行なわれた場合か、必要としているときに行なわれた場合で、かつ自分自身のために行なわれた場合に限られる。あるいは、［少なくとも］よくすることを望んでくれているように思われる者たちを愛する。

（二）また、人は自分の友にとって友である者、自分が愛する人を愛する者、自分が愛する人から愛されている者、自分の敵と同じ人を敵とする者、自分が憎む人を憎む者、自分が憎む人から憎まれている者を愛する。なぜなら、自分にとってよいことは、これらすべての人々の側から見てもよいことなので、これらの人々が望むことは、結果的に自分にとってもよいことだからである。そして、先に述べたように、これこそが友であるということの本質だからである。

（三）さらに、金銭の面でよくしてくれる者たちや、身の安全に関わることでよくしてくれる者たちを愛する。それゆえ、人は気前のよい者たちや勇敢な者たちに敬意を払うのである。

（四）また、人は正義にかなった者たちを愛する。正義にかなった人と考えられているのは、他人に頼らずに生活している人である。そのような人に該当するのは、仕事をして生計を立てている者たちであるが、そのなかでも、農耕で生計を立てている者が特にそうであり、また農耕以外でも、自分の肉体を使って労働する者が特にそうである。

（五）また、人は節度のある者たちを愛する。なぜなら、節度のある人は不正を犯すような人間ではないからである。

（六）また、これと同じ理由により、他人に余計な手出しをしない者たちを愛する。

（七）また、われわれが友になることを望んでいる者たちが、われわれと友になることを明らかに望んでいる場合には、そのような者たちを愛する。そのような人に該当するのは、徳の面ですぐれている者たちである。それから、すべての人々の間で、あるいは特にすぐれた人々の間で、あるいはわれわれ自身が賛美する人々の間で、あるいはわれわれを賛美する人々の間で評判のよい者たちもそうである。

（八）さらに、共に生活し、共に日々を過ごすのが快い者たちを愛する。気立てのよい人がそのような人に当たる。それから、他人の過ちを批判しない人、勝利に執着しない人、喧嘩っ早くない人もそうである。なぜなら、このようなことをする人はみな戦いを好む人であるが、われわれと戦う人はわれわれとは反対のことを望んでいるように見えるからである。

（九）また、上手に冗談を言い、上手に冗談を受け止める者たちを愛する。なぜなら、これらの人々は、冗談を笑って済ますこともできれば、当意即妙に冗談を言うこともできるので、どちらの場合にも、［楽しい時を過ごすという］目的を隣人と共有しているからである。

（一〇）また、人は自分の長所を賞賛してくれる者たちを愛する。特に、もっていないかもしれないと不安に思っている長所を賞賛してくれる者たちを愛する。

（一一）また、容姿の面でも、服装の面でも、また生活全般に関しても、清潔感のある者たちを愛する。

（一二）また、人は自分が犯した過ちを責めたり、自分が相手に行なった善行にけちをつけたりしない者たちを愛する。なぜなら、これらはどちらも批判を好む者がすることだからである。

（一三）また、恨みをいつまでも覚えていることも、不満を抱え続けることもなく、すぐに和解する者たちを愛する。なぜなら、ほかの人々にこのような態度をとると考えられる者たちは、自分に対しても同じような態度をとるにちがいないと思うからである。

（一四）また、人の悪口を言わず、隣人の欠点にもわれわれの欠点にも関心を示さず、よい面だけを見ようとする者たちを愛する。なぜなら、これらはよい人がすることだからである。

（一五）また、怒っている人の気持ちを逆撫でしたり、真剣に取り組んでいる人の邪魔をしたりすることがない者たちを愛する。なぜなら、そのようなことをするのは戦いを好む人だからである。

（一六）また、何らかのかたちで自分のことを真剣に扱ってくれる者たちを愛する。たとえば、賛美してくれる者、すぐれた人とみなしてくれる者、一緒にいることを喜んでくれる者がそれに当たる。特に、もっとも賛美してもらいたい部分や、すぐれた人と思われることや楽しい人と思われることをもっとも望んでいる部分に関してそのような気持ちを抱いてくれる者たちを愛する。

（一七）また、自分と似ていて、同じ仕事に携わっている者たちを愛する。ただし、自分の仕事の妨げになる場合や、同じところから生活費を得ている場合は別である。なぜなら、そのような場合には、「陶工は陶工を［恨む］」[29]という結果になるからである。

（一八）また、自分と同じものを欲している者たちを愛する。ただし、それは自分も同時に与えることができるものでなければならない。そうでなければ、右の場合と同じ結果になる。

（一九）また、間違いであると世間一般に考えられていることをしても、その人の前では恥ずかしいと思わないような関係にある者たちを愛する。ただし、相手を蔑んでいるために恥ずかしくないという場合は別である。[30]

（二〇）また、真に間違ったことをしたときに、その人の前では恥ずかしいと思う者たちを愛する。

（二一）また、自分のライバルに当たる者たちや、張り合われることは望むが、妬まれることは望まない者たちを愛する。あるいは、そのような者たちと友であることを望む。

（二二）また、よいものを手に入れる手助けをしたいと思っている相手を愛する。ただし、手助けをしたいと思うのは、それによってより大きな悪が自分に降りかかるということがなさそうな場合である。

（二三）また、友がそばにいてもいなくても、同じように愛する者たちを愛する。それゆえ、故人となっても友を愛し続ける者たちは、すべての人々から愛されるのである。

（二四）また、総じて言えば、友を深く愛し、決して見捨てない者たちを愛する。なぜなら、われわれはよい人々のなかでも、友としてよい人を特に愛するからである。

（二五）また、体裁を気にせずに接してくれる者たちを愛する。このような人に該当するのは、自分の欠点でさえ口にする人である。なぜなら、先に述べたように、われわれは間違いであると世間一般に考えられていることをしても、友の前では恥ずかしいと思わないからである。それゆえ、それを恥ずかしいと思う人が相手を愛していな

b30

29　ヘシオドス『仕事と日々』二五行。陶工にとって別の陶工は商売敵であるという意味。

30　蔑んでいる相手の前ではそもそも恥ずかしさを感じないので（本巻第三章一三八〇a二〇～二一）、その場合を除外している。

いとすれば、恥ずかしいと思わない人は相手を愛しているも同然である。

(二六) また、われわれは恐れを感じさせない者たちや、その人の前では安心していられる者たちを愛する。なぜなら、自分が恐れる相手を愛する人はいないからである。

友愛の種類と友愛を生むもの

ところで、友愛の種類には、同志愛、同族愛、親族愛、およびこれらに類するものがある。それから、友愛を生むのは親切な行為であり、また求められなくても親切にすること、親切にしたことをひけらかさないことである。なぜなら、そのような場合には、何かほかのことのためではなく、自分のために親切にしてくれたように見えるからである。

憎しみ

次に、敵意と憎しみであるが、これらは明らかに、先に述べたことと反対のことに基づいて考察しなければならない。敵意を生むのは何かと言えば、それは怒りと嫌がらせと中傷である。

1382a

憎しみと怒りの違い

（一）ところで、怒りは自分が何かをされたことによって生まれるのに対し、敵意は自分が何もされていなくても生まれる。なぜなら、われわれは何もされていなくても、誰かをある特定の性質の人とみなして憎むことがあるからである。

（二）また、怒りは常に、カリアスやソクラテスに対してというように、個人に対して抱かれるのに対し、憎しみは類に対して抱かれることもある。たとえば、人は誰でも泥棒全般を憎み、告発屋[31]全般を憎む。

（三）また、時は怒りを癒すことができるが、憎しみを癒すことはできない。

（四）また、怒りは相手が苦しむことを求めるのに対し、憎しみは相手に悪いことが起こることを求める。というのも、怒っている人は相手が［報復に］気づくことを望むが、憎んでいる人にとっては、相手が気づくかどうかは問題ではないからである。しかるに、苦痛を生むものはすべて気づかれるのに対し、悪のなかでも最大のものは、

31　「告発屋」の原語は「シュコファンテース」。金銭の取得や政敵への嫌がらせを目的とする告訴常習者のこと。

(1382)

気づかれることがもっとも少ない。たとえば、不正や無思慮がそうである。なぜなら、悪徳をもっていても、そのことは苦痛を生まないからである。

（五）また、怒りは苦痛を伴うが、憎しみは苦痛を伴わない。なぜなら、怒っている人は苦痛を感じているが、憎んでいる人は感じていないからである。

（六）また、怒っている人は状況が変われば相手を憐れむこともあるのに対し、憎んでいる人は何が起ころうとも相手を憐れむことはない。なぜなら、前者は怒りを向けている相手が報いとして苦しむこと［だけ］を望んでいるが、後者は相手が存在しなくなることを望んでいるからである。

感情喚起の方法

さて、以上に述べたことから明らかなように、話し手は誰かが実際に敵や友であるときにそれを論証することも、そうでないときに敵や友にすることも、また誰々の敵や友であると主張している人を論破することもできる。さらに、怒りや敵意のゆえに自分に異を唱える者たちを、どちらであれ自分が選択する方向に導くことができると 32
いうことも明らかである。

第五章　感情（五）恐れと安心

恐れの定義

人はいかなるものを、またいかなる者たちを、またいかなる状況のときに恐れるのか。[33] これらはすべて、以下に述べることから明らかになる。[34]

それでは、恐れとは、破滅や苦痛をもたらす不幸が差し迫っているという思いを抱くことから生まれる[35]一種の苦痛ないし動揺[36]であるとしよう。というのも、人はあらゆる不幸を、たとえば不正な人間や愚鈍な人間になることを恐れるわけではなく、大きな苦痛や破滅をもたらしうる不幸だけを恐れるのであり、しかもそれが遠い将来に降

32　たとえば怒りの場合、怒りを募らせることも鎮めることもできるということ。
33　「いかなるものを恐れるか」は、三つの観点のうちの「いかなることが原因で」に相当する。
34　本章冒頭のこの二行は底本では前章の末尾に置かれている。

りかるのではなく、いまにも降りかかりそうなほど迫っているように見える場合に恐れるからである。実際、人はあまりにも遠い将来に起こることは恐れない。たとえば、人は誰でも自分が死ぬことを知っているが、それはすぐに起こることではないので、死をまったく気にかけないのである。

いかなるものを恐れるか

これが恐れであるとすれば、必然的に、次のようなものが恐ろしいものということになる。

(一) すなわち、破滅をもたらしたり、多大な苦痛につながる害悪を与えたりするだけの大きな力をもっているように見えるものがそうである。

(二) それゆえ、そのようなもののしるしも恐ろしい。なぜなら、恐ろしいもののしるしがあるときには、恐ろしいものが迫っているように見えるからである。というのも、危険であるとはまさにこのこと、すなわち恐ろしいものが接近しているということだからである。

ところで、そのようなしるしに該当するのは、何か「恐ろしいこと」をする力のある人々の敵意と怒りである。なぜなら、このような人々がそれをすることを望んでおり、したがっていまにも実行しようとしているということは明らかだからである。（三）また、力をもった不正［な性向］は恐ろしい。なぜなら、不正な人は［不正行為を］選択するがゆえに不正な人だからである。（四）また、侮辱を受けた徳も、力をもった場合には恐ろしい。なぜなら、侮辱されれば徳が［報復を］選択することは明らかであるが、いまやそれを実行する力をもっているからである。（五）また、何か［恐ろしいこと］をする力のある人々が抱く恐れも恐ろしい。なぜなら、必然的に、そのような人は［先手を打つ］準備ができているからである。

1382b

35　「不幸が差し迫っているという思いを抱くこと（ファンタシアー・メッロントス・カクー）」という部分は、プラトン『プロタゴラス』三五八Dに見られる「悪の予期（プロスドキアー・カクー）」という恐れの定義に依拠していると考えられる。少し先の一三八二b三〇では、この箇所の「思いを抱くこと」が「予期」という語で言い換えられている。

36　底本には従わず、写本通りに読む。

いかなる人を恐れるか

（一）世の多くの人々は悪に傾くところがあり、利益に弱く、危険に際して臆病であるから、他人に命運を握られることは概して恐ろしいことである。したがって、何かひどい悪事を働いた人は、密告したり、見捨てたりする可能性のある共犯者を恐れる。

（二）また、不正を犯す力がある人は、不正を被る可能性がある者にとって恐ろしい。なぜなら、人はたいていの場合、不正を犯すことができるときには不正を犯すからである。

（三）また、不正を被った人や、被っていると思っている人は恐ろしい。なぜなら、常に［報復の］機会を窺っているからである。

（四）また、不正を犯した人も、仕返しを恐れているので、力をもっている場合には恐ろしい。なぜなら、先に想定したように、力のある人々が抱く恐れは恐ろしいからである。

（五）また、自分と同じものを求めて競い合っている相手は、両者がそれを同時にもつことができない場合は恐ろしい。なぜなら、そのような相手とは常に戦うことになるからである。

（六）また、自分より強い者の恐怖の的になりうる人は恐ろしい。なぜなら、自分より強い者に害を与えることができる人は、いっそう容易に自分に害を与えることができるだろうからである。

（七）また、右と同じ理由により、自分より強い者が現に恐れている人は恐ろしい。

（八）また、自分より強い者を滅ぼした人は恐ろしい。

（九）また、自分より弱い者を攻撃している人は恐ろしい。なぜなら、そのような人はすでに恐ろしいか、もしくは力を増したときには恐ろしいからである。

（一〇）また、不正を被った人や敵や競争相手のなかで恐ろしいのは、すぐにかっとなる人や、思ったことを何でも口にする人ではなく、穏やかな人や、本心を隠す人や、抜け目のない人である。なぜなら、このような人の場合、まもなく行動を起こすかどうかがわからないので、脅威が遠くにあるかどうかがいつまでたっても明らかにならないからである。

より恐ろしいもの

ところで、恐ろしいもののなかでも、失敗すれば取り返しがつかず、正すことが完全に不可能であるか、もしくはその可能性が本人ではなく、敵対者の手に握られているものはどれもよりいっそう恐ろしい。また、助ける手立てが見つからないか、もしくは容易には見つからないものもよりいっそう恐ろしい。一般的に言えば、他人の身に降りかかっているか、もしくは降りかかろうとしているときに憐れみを誘うものは、どれもみな恐ろしいものである。

いかなる状況のときに恐れるか

恐ろしいものや人々が恐れるもののなかで、特に重要なものはおよそ以上の通りである。そこで、人は自分がどのような状況にあるときに恐れるか、今度はこれを述べることにしよう。

さて、もし恐れには何か破滅的な不幸を被るのではないかという予期が伴うとすれば、いかなる不幸も被ることはあるまいと思っている人々は、被ると思っていない不幸に対しても、その人から被るとは思っていない相手に対しても、被るとは思っていないそのときに、恐れを抱かないということは明らかである。そうだとすれば、必然的に、恐れを抱くのは何らかの不幸を被ると思っている人々であり、そのような人々が、その人から被ると思っている相手に対して、また被ると思っている不幸に対して、被ると思っているそのときに恐れを抱くということになる。

これに対し、大きな幸運に恵まれている人々や、恵まれていると思っている人々は、不幸を被ることはあるまいと思っている。それゆえ、このような者たちは傲慢であり、人を軽視しがちであり、向こう見ずなのである（このような人を作り上げるのは、富、肉体の強さ、友の多さ、権力である）。

また、すでにありとあらゆる恐ろしいことを経験したと思っており、将来のことがどうでもよくなっている人々もそうである。たとえば、鞭で打たれて死にかけている人がそれに当たる。むしろ、恐れを抱くためには、苦しみの原因に関して、救済の希望がいくらか残っていなければならない。これには証拠がある。すなわち、恐れを抱いていれば人は熟慮するものだが、まったく希望がもてないものについては誰一人として熟慮しないのである。

感情喚起の方法

したがって、聞き手に恐れを抱かせたほうがよいときには、より強大な者たちですら不幸に見舞われたということを指摘し、聞き手が自分たちも不幸を被ってもおかしくないと感じるようにしなければならない。それに加えて、聞き手と同じような者たちが、思いも寄らない相手から、思いも寄らない不幸を、思いも寄らないときに被っているということを、もしくはすでに被ったということを証明しなければならない。

安心の定義

さて、恐れについて、それは何であるか、また恐ろしいものとはいかなるものか、また各人はいかなる状況にあるときに恐れを抱くかということは明らかになった。それゆえ、これらのことから、安心しているとはいかなることか、また人はいかなることに対して安心するか、またいかなる状況にあるときに安心していられるかということも明らかである。なぜなら、安心は恐れの反対であり、人を安心させるものは人を恐れさせるものの反対だからである。したがって、安心とは、身の安全を守るものは近くにあるのに対し、恐ろしいものはまったくないか、もしくは遠くにあるという思いを伴った期待ということになる。

いかなるものが人を安心させるか

（一）さて、人を安心させるのは、恐るべきものが遠くにあり、かつ人を大胆にするものが近くにあるという事態である。
（二）また、［失敗しても］立て直すことができ、その助けとなる手段が数多くあるか、もしくは大きな助けがあるか、もしくはその両方がある場合に人は安心する。
（三）また、不正を被ったことも、不正を犯したこともない場合に人は安心する。
（四）また、競争相手がまったくいないか、もしくはいたとしても能力が欠けているか、もしくは能力があるとしても、その人が友であったり、よくしてくれたことがある人であったり、よくしてあげたことがある人であったりする場合、人は安心する。
（五）また、益になるものを自分と共有する者たちが、そうでない者たちよりも多くいるか、もしくはより大きな力をもっているか、もしくはその両方である場合、人は安心する。

いかなる状況のときに安心していられるか

次に、人が安心していられるのは、自分自身が次のような状況にあるときである。

（一）すなわち、これまで多くの成功を収め、失敗の経験がないと思っている場合か、もしくはこれまで何度も恐ろしい目に遭ったが、その都度切り抜けてきたという場合には、人は安心していられる。なぜなら、人間が［恐れを］感じない場合は二通りあり、それはまったく経験がないからか、もしくは対応策をもっているからかのいずれかだからである。たとえば、海難の場合で言えば、嵐を経験したことがない者たちも、経験があるために対応策をもっている者たちも、来《きた》るべき危難に対して不安を抱かない。

（二）また、ある物事が、自分と似たような者たちにとっても、自分より劣った者たちにとっても、自分のほうがまさっていると思う相手にとっても恐ろしくない場合には、人は安心していられる。ところで、自分のほうがまさっていると思うのは、その相手自身か、その相手よりも強い者か、その相手と似たような者に勝ったことがある場合である。

（三）また、人より多くもっていればほかの者たちが恐れるものを、自分が数多く所有しているか、もしくは大規模に所有している場合には、人は安心していられる。そのようなものに該当するのは、たくさんの金銭や兵士や味方や土地であり、また戦争のためのすべての種類の装備か、もしくは特に重要な種類の装備である。

（四）また、誰に対しても不正を犯したことがないか、あるいは犯したことがあっても、多くの者たちに対してではないか、もしくは自分が恐れる者たちに対してではない場合、人は安心していられる。

（五）また、不正を被ったときに、神々との関係が総じて良好である場合、特に前兆や神託を通じた関係が良好である場合、人は安心していられる。なぜなら、怒りは人を大胆にするが、怒りは不正を犯すことによってではなく、不正を被ることによって生まれるからであり、そして神は不正を被っている者たちに力を貸すと考えられているからである。

（六）また、何事かを試みるときに、自分が失敗することはあるまいと思っているか、もしくはきっと成功すると思っている場合には、人は安心していられる。

結び

人を恐れさせるものと安心させるものについては、以上に述べた通りである。

第六章　感情（六）恥ずかしさと厚かましさ

恥ずかしさと厚かましさの定義

人はいかなることを恥じ、いかなることを恥じないか、またいかなる者たちに対して、いかなる状況にあるときにそうするかは、以下に述べることから明らかである。

それでは、恥ずかしさとは、現在、過去、未来を問わず、悪事のなかで悪評につながるように見えるものについて感じる一種の苦痛および動揺であり、厚かましさとは、同じこの種の悪事に対する一種の軽視および無感覚であるとしよう。

いかなることを恥じるか

いま定義されたものが恥ずかしさであるとすれば、必然的に、人は自分自身か、もしくは自分が気にかけている者たちが恥ずべきことと思うような悪事を恥じるということになる。そして、そのような悪事に該当するのは、悪徳から生まれる行為である。

b20 （一）たとえば、［戦場で］盾を放り出すことや、逃げ出すことがそれに当たる。なぜなら、これらの行為は臆病から生まれるからである。

（二）また、人から預かったものを着服することも恥ずべきことである。なぜなら、これは不正であることから生まれるからである。

（三）また、すべきでない相手と性交することや、すべきでない場所で性交することや、すべきでないときに性交することも恥ずべきことである。なぜなら、これらは放縦に由来するからである。

（四）また、些細なことや恥ずべきことから利益を得ること、あるいは貧乏人や死者のような無力な者たちから利益を得ることも恥ずべきことである。「屍《しかばね》からさえも奪い取る」という諺もこれに由来する。これらが恥ずべきことであるのは、貪欲とけちから生まれる行為だからである。

（五）また、金銭面で援助することができるのにしないことや、しかるべき程度より少ない援助しかしないことも恥ずべきことである。また、自分より暮らし向きの悪い人から援助してもらうことも恥ずべきことに当たる。また、相手が自分に借金を頼みそうに思われるときに、自分が相手から借金することや、相手が自分に借金の返済を求めそうに思われるときに、相手に借金を頼むことや、相手が自分に借金を頼みそうに思われるときに、借金の返済を求めることや、借金を頼んでいるように見えるように相手を賞賛することや、借金を頼んでもうまくいかなかったのに、相変わらず頼むことも恥ずべきことである。なぜなら、これらはすべてけちのしるしだからである。

(六)また、面と向かって相手を賞賛することは、おべっか使いのしるしである「から恥ずべきことである」。また、長所は必要以上に賞賛するが、短所には触れないことや、悲しんでいる人がいるときに、一緒にやたらと悲しむことや、これらに類するその他すべてのことも恥ずべきことである。なぜなら、これらもすべておべっか使いのしるしだからである。

(七)また、自分より年老いた人や、虚弱な人や、自分より地位が高い人など、総じて言えば、自分より耐える力が劣る人々が耐えている労苦に耐えられないことも恥ずべきことである。なぜなら、これらはすべて軟弱であることのしるしだからである。

(八)また、誰かによくしてもらうことや、誰かに何度もよくしてもらうことや、受けた親切のことで相手を非難することも恥ずべきことである。なぜなら、これらはすべて、卑屈と下劣さのしるしだからである。

（九）また、自分の話ばかりしたり、自分がしたことをひけらかしたりすることや、他人の業績を自分の業績と言い張ることも恥ずべきことである。なぜなら、これらは見栄っ張りのしるしだからである。
（一〇）同様に、性格のその他各種の悪徳から生まれる行為やしるしやそれに類するものを人は恥じる。なぜなら、それらは恥ずべきものであり、恥ずかしい気持ちにさせるものだからである。
（一一）以上に加えて、すべての人々か、あるいは自分と似たすべての人々か、もしくはその大多数が与っている美しいものに与らないことを人は恥じる。ここで言う「似た人々」とは、同じ民族の者、同市民、同年代の者、同じ家系の者のことであり、総じて言えば、自分と同等の者たちのことである。というのも、教育を例にとるなら、同等であるにもかかわらず、同程度の教育に与らないのは恥ずべきことだからである。教育以外の例にも同じことが当てはまる。
これらはすべて、自分自身のせいであるように見える場合には、よりいっそう恥ずべきこととなる。なぜなら、過去、現在、未来を問わず、自分自身のせいでそのような事態になるとすれば、それは何よりも自分の悪徳が原因であるように見えるからである。

（一二）また、人が恥じるのは、不名誉や非難につながることを被っているか、もしくは被ったことがあるか、もしくは被りそうなときである。暴行を加えられることがその一例である（それから、意図的なものであれ、不本意なものであれ、放縦に関係する行為も恥じる。不本意なものとは、強制された行為のことである）。なぜなら、そのようなことを甘受し、抵抗しないことは、女々しさと臆病から生まれるからである。

さて、人が恥じるのは、以上に述べたこととそれに類することである。

いかなる人に対して恥じるか

ところで、恥ずかしさとは［自分の］悪評を思い描くことであるが、恥ずかしく思うのは悪評がもたらす結果のゆえではなく、悪評そのもののゆえである。しかるに、人が自分の評価を気にするのは、もっぱら評価者の存在のゆえである。

（一）それゆえ、人が恥じるのは、必然的に、自分が敬意を抱いている相手に対してであることになる。しかるに、敬意を抱いている相手とは、自分を賛美してくれる者たち、自分が賛美している者たち、自分がその人から賛美されたいと思っている者たち、自分のライバルに当たる者たち、自分がその意見を軽んじていない者たちである。ところで、賛美されたいと思ったり、賛美したりする相手とは、尊重に値するよいものをもっている者たちか、あるいは、恋する人がそうであるように、自分が相手の自由になる何かを切に求めているときに、それを与えてくれる者たちである。他方、ライバルに当たる人とは、自分と同じような者たちを指し、意見を気にかける相手とは、思慮のある者たちを指す。なぜなら、思慮のある者たちは真実を語ると思うからである。そのような人に該当するのは、年配の人や教養のある人である。

(二) また、「羞恥心は目に宿る」という諺もあるように、人目につく行為や目立つ行為を人は特に恥じる。それゆえ、いつも自分の近くにいることになりそうな者たちや、自分に注目している者たちに対して人は特に恥じるのである。というのも、どちらの場合も人目につくからである。

(三) また、自分と同じ非難にさらされていない者たちに対して恥じる。なぜなら、これらの人々が自分と反対のものをよいものと思っていることは明らかだからである。

(四) また、過ちを犯したように見える人に容赦しない者たちに対して恥じる。なぜなら、よく言われるように、人は自分自身もすることなら隣人に義憤を覚えないのだから、このような者たちは、明らかに、自分たちがしないことに関して義憤を覚えるからである。

（五）また、他人のしたことを大勢の人間に言いふらす者たちに対して恥じる。なぜなら、そのような人々にとって、言いふらさないということはそれについて何とも思っていないということに等しいからである。[37]

ところで、言いふらす傾向があるのは、不正を被った者たちである。なぜなら、このような人々は仕返しの機会を窺っているからである。また、悪口を言う人々も他人のしたことを言いふらす傾向がある。なぜなら、彼らは過ちを犯していない人のことまで悪く言うのだから、過ちを犯した人のことは、なおさら悪く言うはずだからである。

b10 （六）また、皮肉屋や喜劇詩人がその例であるが、隣人のあら探しを生業《なりわい》にしている者たちに対して恥じる。なぜなら、かたちはともかく、このような者たちも悪口を言うからであり、また他人のことを言いふらす傾向があるからである。

（七）また、一度も期待を裏切ったことがない者たちに対して恥じる。なぜなら、そのような者たちの間では、自分は賛美される立場にあるも同然だからである。それゆえ、初めてものを頼みにきた人たちに対しても恥じる。なぜなら、その人たちの間ではまだ悪評が立っていないと思っているからである。

ところで、そのような人に該当するのは、最近になって交友を望むようになった者たちである（なぜなら、自分のもっともよい面しか見たことがないからである。それゆえ、シュラクサイの人々に対するエウリピデスの返答[38]は当を得ている）。また、昔からの知り合いのなかでも、自分の悪い面にまったく気づいていない者たちもそうである。

恥ずかしいことと恥じる相手に関する補足

しかし、人はいま述べた恥ずべき行為そのものだけでなく、そのような行為のしる

37　何か思うところがあれば必ず言いふらすということ。

38　エウリピデスはギリシャの三大悲劇詩人の一人（前四八五年頃〜前四〇六年）。返答の内容は不明。

しも恥じる。たとえば、性交そのものだけでなく、性交のしるしも恥じるというのがそうである。また、恥ずべきことを行なうことだけでなく、それを口にすることも恥じる。

同様に、人はいま述べた者たちに対して恥じるだけでなく、彼らに自分のことを話すにちがいない者たち、たとえば彼らの従僕や友に対しても恥じる。

それから、総じて言えば、意見の信頼性の点で大いに軽んじている相手に対しては、人は恥ずかしさを感じない(なぜなら、たとえば幼い子供や動物に対して恥じる人はいないからである)。

また、相手が知り合いの場合と見知らぬ人の場合では、恥じる事柄は同じではなく、知り合いに対しては真実に照らして恥と思われることを恥じ、見知らぬ人に対しては慣習に照らして恥と思われることを恥じる。

いかなる状況のときに恥じるか

次に、人が恥ずかしさを感じやすいのは、自分自身が次のような状況にあるときである。

b30

（一）第一に、ある人々が自分に対して、先に述べた恥じる相手と同じような関係に立っている場合である（そのような相手とは、先に述べたように、自分が賛美している人や、自分を賛美してくれる人や、自分がその人から賛美されたいと思っている人や、自分が必要としているもので、悪評が立てば手に入れ損なうものをもっている人である）。

人が恥じるのは、このような人々が自分の行動を直接見ている場合である（それゆえ、キュディアスはサモス島の土地割り当ての件で、アテナイ人たちに対して、「全ギリシャ人が君らの周りを取り囲んで、投票の結果を人づてに聞いて済ますのではなく、直接その目で確かめようとしているところを想像せよ」と演説したのである）[39]。あるいは、直接見られていなくても、そのような人々が自分の近くにいるときに恥じる場合もあれば、自分の行動に気づきそうなときに恥じる場合もある。

それゆえ、不運に見舞われている人は、かつての競争相手にその姿を見せたくない

39　キュディアスは前四世紀のアテナイの弁論家。サモス島の植民地化に反対し、このように演説した。

と思う。なぜなら、自分に競争心を燃やす者は、自分を賛美している者でもあるからである。

（二）また、自分自身のであれ、先祖のであれ、近親関係にある誰かのであれ、自分に不名誉をもたらしそうな行為や仕事がある場合に人は恥じる。

（三）また、総じて言えば、その人が恥ずべきことをすれば、自分まで恥ずかしく思うような者たちがいる場合に恥じる。そのような人に該当するのは、いま述べた者たちや、何かあれば自分が引き合いに出される者たち、たとえば自分が指導したり助言したりしている相手である。

（四）また、自分と似たような者たちが、自分のライバルである場合に人は恥じる。なぜなら、このような者たちの存在のゆえに恥ずかしさを感じ、何かをしたり、しなかったりすることはよくあるからである。

（五）また、自分の恥ずべき所業を知っている人々の目に触れたり、その人々の目の前を行き来したりすることになる場合、人はとりわけ恥ずかしさを感じる。このことから、詩人のアンティフォンは、ディオニュシオスにまもなく処刑されるというときに、一緒に処刑される者たちが、城門を通過する際に顔を覆い隠すのを見て、次のように言ったのである。「なぜ顔を隠すのかね。ここにいる誰かが明日君たちに会うかもしれないと思っているのかね」。

結び

さて、恥ずかしさについては以上の通りである。他方、厚かましさについては、以上に述べたことと反対のことから十分な知識が得られるということは明らかである。

第七章　感情（七）感謝と無感謝

親切な行為の定義

人はいかなる者たちに対して、いかなることが原因で、自分がいかなる状況にあるときに感謝するかは、親切な行為を定義すれば明らかになる。

それでは、それをされた人が感謝すると言われる親切な行為とは、あるものを必要としている人に対して、何かと引き換えにでもなければ、援助する人自身の得になるからでもなく、もっぱら相手の得になることを目的として援助することであるとしよう。

定義の説明

ところで、親切な行為は、相手が援助を強く必要としているか、もしくは重要かつ困難な援助を必要としているか、もしくは重要かつ困難な機会に必要としている場合、また、ある人が一人で、もしくは最初に、もしくはある人が主として行なう場合、価値が高くなる。しかるに、ここで言う必要とは欲求のことであり、そのなかでも特に、手に入らないときに苦痛を伴うものへの欲求を指している。このような欲求とは欲望のことであり、恋がその一例である。また、身体が痛めつけられているときや、危険な目に遭っているときに生まれる欲求もそれに当たる。なぜなら、危険な目に遭っている者も、苦痛を感じている者も、［そこから逃れることへの］欲望を抱いているからである。

それゆえ、貧困に苦しむ人や、亡命中の人に手助けする者たちは、たとえわずかな手助けしかしていなくても、必要の大きさと手助けのタイミングのゆえに、親切な行為をしたことになる。たとえば、リュケイオンで敷物を与えた人がそれに当たる。[40]とすれば、援助は特にこの種の必要を満たすために行なわなければならず、そうでなければ、それと同程度か、もしくはそれよりも大きな必要を満たすために行なわなければならない。

以上のことから、人はいかなる者たちに対して、いかなることが原因で、いかなる状況にあるときに感謝の気持ちを抱くかは明らかになった。それゆえ、話し手は以上のことに基づいて、一方の「感謝すべき」側については、先に述べたような苦痛や必要をいま抱えているか、もしくはかつて抱えていたということを証明し、他方の「感謝されるべき」側については、相手がそのような必要を抱えているときに、先に述べたような手助けをかつて行なったか、もしくはいま行なっているということを証明することによって、それぞれの側の人をそのような人物に仕立てなければならないということは明らかである。

40　リュケイオンがアリストテレスの学園を指すかどうかも含めて、この出来事の詳細は不明。

a30

無感謝

他方、誰々が感謝しているという主張を崩し、その者たちを感謝していない人物[41]に仕立てることはいかにして可能かということも明らかである。すなわち、当の「感謝される側の」人が自分自身のために手助けしているか、もしくは手助けしたということを証明すればよいのである（なぜなら、先に述べたように[42]、この場合には親切な行為をしたことにはならないからである）。あるいは、たまたまそうすることになったとか、強制されてそうせざるをえなかったということを、あるいは、本人が気づいていたかどうかはともかく、その人は借りを返しただけであって、親切にしたのではないということを証明すればよい。というのも、気づいていようがいまいが、いずれにせよ当の行為は何かと引き換えになされたのであり、したがって、この場合にも親切な行為はなかったことになるからである。

また、話し手は親切な行為とされるものを、すべてのカテゴリー[43]に照らして考察しなければならない。なぜなら、ある行為が親切な行為であるのは、それが「具体的に」「しかじかのもの」であることによる場合もあれば、「しかじかの規模のもの」や「しかじかの性質のもの」であることによる場合もあれば、「しかじかのとき」や「しかじかの場所で」行なわれたことによる場合もあるからである。しかるに、ある人が比較的小さな手助けさえもしなかった場合や、こちらにするのとまったく同じ手助けを敵に対して行なったか、もしくは同等の手助けやより大きな手助けを敵に対して行なった場合、それは「親切な行為をしていないことの」しるしとなる。[44]なぜなら、この場合、その行為がわれわれのためになされたのではないということは明らかだからである。また、無益な手助けをそれと知りながら行なった場合にも、「親切な行為をしていないことの」しるしとなる。[45]なぜなら、無益なものを必要としているということを

41 「感謝していない」の原語は「アカリストス」。「恩知らず」という悪い意味もあるが、ここではそのような含意はない。

42 本章冒頭の定義を指す。

43 「カテゴリー（カテーゴリアー）」はアリストテレス哲学の専門用語で、「述語づけ」という意味。ここに挙げられている「実体」「量」「性質」「時」「場所」のほかに、「関係」「態勢」「所持」「能動」「受動」がある（計一〇種類）。詳しくは『カテゴリー論』第四章を参照。

44 「小さな」「同等」「大きな」が量のカテゴリーに当たる。

45 「無益な」が性質のカテゴリーに当たる。

認める人はいないからである。

結び

感謝と無感謝については以上に述べた通りである。次に、いかなることが憐れみを誘うか、また人はいかなる者たちに対して、自分がいかなる状況にあるときに憐れみを抱くかを述べることにしよう。

第八章　感情（八）憐れみ

憐れみの定義

それでは、憐れみとは、破滅や苦痛をもたらす不幸に見えるものが、それに値しない人に降りかかっていることが原因で生まれる一種の苦痛であるとしよう。ただし、その不幸は、自分自身かもしくは自分と親しい人の誰かが被ることが予想され、しかもすぐ近くに迫っているように見えるものでなければならない。なぜなら、憐れみを抱くことになる人とは、必然的に、自分自身かもしくは自分と親しい人の誰かが何らかの不幸を被る可能性があると思っている人であり、またその場合の不幸は、先の定義で述べたものか、もしくはそれに似たものか、もしくはそれに近いものであるということは明らかだからである。

それゆえ、完全に身を滅ぼした人は憐れみを抱かない（なぜなら、すでに十分に不幸を被ったので、これ以上被るはずがないと思っているからである）。また、並外れて幸福に恵まれていると思っている人も憐れみを抱かず、むしろ傲慢な態度をとる。なぜなら、そのような人がよいものは何もかも手にしていると思っているとすれば、いかなる不幸も被ることはありえないと思っていることも明らかだからである。というのも、不幸を被らないということも、よいことに含まれるからである。

いかなる状況のときに憐れみを抱くか

これに対し、不幸を被る可能性があると思う［ことによって憐れみを抱く］のは、次のような場合である。

（一）すでに不幸を被ったが、それを切り抜けた経験がある場合。

（二）また、年を取っている場合。なぜなら、思慮と経験があるからである。
（三）また、身体が弱い場合や、人一倍臆病である場合や、教養がある場合。なぜなら、このような場合には、物事を慎重に考えるからである。
（四）また、親や子供や妻がいる場合。なぜなら、これらの者たちは自分の身内であり、また右に挙げたような不幸を被る可能性があるからである。
（五）また、怒りや安心のような、蛮勇に通じる感情を抱いているわけでもなく（これらの感情を抱いている人は、先のことに考えが及ばない）、傲慢な態度をとっているわけでもなく（傲慢な態度の人は、不幸を被る可能性に考えが及ばない）、かといって過度に恐れているわけでもなく（恐怖で気が動転している人は、自分自身の感情で手一杯のため、他人に憐れみを抱かない）、［蛮勇と恐れの］中間の状態にある場合。
（六）また、人が憐れみを抱くのは、世の中には立派な人間もいると考えている場合である。なぜなら、立派な人間は一人もいないと考えている人は、誰もが不幸を被って当然であると考えることになるからである。
（七）また、総じて言えば、人が憐れみを抱くのは、先に述べたような不幸が自分自身かもしくは自分と親しい人に降りかかったことを思い出している場合や、自分自身かもしくは自分と親しい人に起こることを予想している場合である。

いかなることが憐れみを誘うか

さて、いかなる状況にあるときに憐れみを抱くかは、以上に述べた通りである。他方、いかなることを憐れむかは、憐れみの定義から明らかである。

（一）すなわち、苦痛や嘆きを生むものはすべて憐れみを誘うものであり、破壊的なものや、運を原因とする大きな不幸もそうである。ところで、嘆きや破滅を生むものとは、死、暴行、身体的虐待、老齢、病気、食料の欠乏を指す。これに対し、運を原因とする不幸とは、友がいないこと、友が少ないこと（それゆえ、友や親しい者から引き離されることも憐れみを誘うのである）、容姿の醜さ、体の弱さ、身体障害である。

（二）また、よい結果が生まれて当然のものから不幸な結果が生まれること、またその種の不幸な結果がたびたび生まれることは憐れみを誘う。

（三）また、すでに不幸を被り、手遅れになってからよいことが起こることは憐れみを誘う。たとえば、ディオペイテスが死んで、そのあと初めて王からの贈物が彼に届けられたというのがそうである。[46]
（四）また、よいことが一つも起こったことがないか、もしくは起こってもそれを享受できないことは憐れみを誘う。

いかなる人に対して憐れみを抱くか

さて、人が憐れみを抱く原因となるのは、以上のものやそれらに類するものである。
（一）他方、人が憐れみを抱く相手は、自分の知り合いで、かつ親密すぎることのない者たちである。これに対し、非常に親密な相手が不幸を被っている場合には、自分自身がその不幸を被りそうなときと同じ気持ちになる。[47] それゆえ、言い伝えによれば、アマシスは息子が処刑場に連れて行かれるのを見ても涙を流さなかったが、友が物乞いするのを見たときには涙を流したのだった。[48] なぜなら、後者は憐れみを誘うのに対し、前者は恐怖を感じさせるからである。実際、恐怖を感じさせるものは、憐れみを誘うものとは別である。そして、それは憐れみの感情を追い払うので、論争相手[49]にとって役立つことが多い。なぜなら、恐怖を感じさせるものが自分の間近にあるときには、人はもはや憐れみを抱かないからである。

（一一）また、年齢、性格、性向、社会的地位、家柄の点で、自分と似ている者たちに対して人は憐れみを抱く。なぜなら、誰であれこのような者たちが不幸を被っている場合には、自分にもその不幸を被る可能性が一段と大きく見えるからである。総じて言えば、この場合にも、自分の身に降りかかることを恐れるもの、それこそが他人の身に降りかかっているときに人が憐れみを抱くものであると理解しなければならない。[50]

46　ディオペイテスは前四世紀のアテナイの将軍。「王」はペルシア大王のこと。ディオペイテスが死んだのは前三四〇年頃と推測されているが、贈物の件の詳細は不明。

47　憐れみではなく、恐れを抱くということ。

48　アマシスはエジプトの王（在位前五七〇年～前五二六年）。ヘロドトス『歴史』第三巻第一四章では、アマシスではなくプサンメニトスのエピソードとしてこの出来事が取り上げられている。

49　憐れみの喚起を阻止しようとする人のこと。

50　本巻第五章一三八二b二六～二七で同様のことがすでに述べられている。

憐れむ相手と対象に関する補足

ところで、不幸は近くにあるように見えるときには憐れみを誘うが、一万年前に起こった不幸や一万年後に起こる不幸に対しては、人々はそれを予期も記憶もしていないので、まったく憐れみを抱かないか、［近くにあるように見える場合と］同じ程度には憐れみを抱かない。それゆえ、身振りや声の調子や感情の表出など、総じて言えば、演技によって効果を上げようとする者たちは、必然的に、一段と憐れみを誘うことになる（なぜなら、当の不幸が目に浮かぶようにすることによって、未来の出来事にせよ、過去の出来事にせよ、すぐ近くにあるように見せることになるからである）。また、たったいま起こったばかりの不幸や、いますぐに起こりそうな不幸はいっそう憐れみを誘う。[51] それゆえ、被害者の衣服やそれに類するもののように、不幸のしるしとなるものもいっそう憐れみを誘うのであり、死ぬ寸前の人の［最期の］言葉のように、現に不幸のさなかにある者たちの言葉やそれに類するものもそうである。これらのものはどれも一段と憐れみを誘う。なぜなら、当の不幸が近くにあるように見えるからである。そして、もっとも憐れみを誘うのは、すぐれた人間がそのような危機に陥っている場合である。なぜなら、当の不幸が目の前にあるように見えることに加えて、すぐれた人間がそのような不幸を被るのはふさわしくないと思うからである。

第九章　感情（九）義憤

憐れみと義憤

憐れみと対照するのにもっとも適した感情は、人々が義憤と呼んでいるものである。なぜなら、不当な成功[52]に苦痛を感じることは、不当な不幸に苦痛を感じることとある意味で対照的な関係にあり、これらはどちらも同じ性格から生まれるからである。憐れみと義憤は、どちらもよい性格［の持ち主］に属している。なぜなら、人はそれに値しない者たちが不幸な目に遭っているときには共に悲しみ、憐れみを抱くべき

b10

51　前段落は憐れみを誘う「人物」、この段落は憐れみを誘う「物事」に関する補足である。

52　「成功」の原語は「エウプラーギアー」。「順風満帆」と訳した「エウプラークシアー」（第一巻第五章一三六〇b一四）とほぼ同義。

であり、他方でそれに値しない者たちがうまくいっているときには義憤を覚えるべきだからである。実際、値打ちに見合わないことが起こるのは正義に反している。それゆえ、われわれは神々にも義憤の感情を帰属させるのである。

妬みと義憤

他方、妬みは義憤とよく似た感情であるか、もしくは同一の感情でさえあると想定して、妬みも義憤と同じ意味で憐れみと対照的な関係にあると考える人がいるかもしれない。しかし、妬みと義憤は別の感情である。たしかに、妬みも心の動揺を伴う苦痛であり、誰かの成功を対象とするが、しかしこの場合の成功とは、それに値しない人の成功ではなく、自分と同等で同様の人の成功なのである。

もっとも、妬みと義憤には共通点もある。すなわち、どちらもそのすべての事例において、自分に何か悪いことが起こりそうだから苦痛を感じるというのではなく、隣人［の成功］そのものが原因で苦痛を感じるということが成り立っていなければならない。なぜなら、隣人［の成功］のせいで自分に悪いことが起こると思うことから苦痛と動揺が生まれる場合には、そこにあるのはもはや妬みでも義憤でもなく、恐れにほかならないからである。

憐れみの反対と義憤の反対

ところで、憐れみと義憤には、それぞれ反対の感情が付随するのは明らかである。なぜなら、それに値しない者たちが不幸な目に遭っていることに苦痛を感じる人は、それと反対のこと、つまりそうなって当然の者たちが不幸な目に遭っていることには喜びを覚えるか、少なくとも苦痛は感じないからである。たとえば、父殺しや殺人者が処罰されても、よい人のなかでそのことに苦痛を感じる人は誰もいないだろう。なぜなら、人はそれに値する者たちがうまくいっている場合には喜ぶべきであるが、そ[53]

53　憐れみに付随するのが以下の無名称の感情（一）で、義憤に付随するのが無名称の感情（二）である。「反対」とは「正当と不当」および「苦痛と喜び」の関係のことを言っている。
憐れみ＝不当な不幸に対して感じる苦痛
無名称の感情（一）＝正当な不幸に対して感じる喜び
義憤＝不当な成功に対して感じる苦痛
無名称の感情（二）＝正当な成功に対して感じる喜び

れとまったく同じように、このような悪人たちが処罰される場合にも喜ぶべきだからである。実際、どちらも正しいことなのであって、立派な人はこれらのことに喜びを覚える。なぜなら、自分と同じような者に起こったのであれば、それが自分にも起こることを期待せずにはいられないからである。

憐れみを妨げる感情

これらの感情[54]はどれも同一の性格［の持ち主］に属し、これらと対立する感情[55]はそれと対立する性格［の持ち主］に属している。なぜなら、他人の不幸を喜ぶことと他人を妬むことは、どちらも同じ人がすることだからである。というのも、他人があるものを手に入れることや手に入れていることに苦痛を感じる人は、必然的に、その人がそれを手に入れ損なうことやそれを失うことに喜びを感じるからである。それゆえ、これらの感情[56]はいま述べた理由により互いに異なってはいるが、どれもみな憐れみを妨げる働きをする。したがって、これらはすべて同じように、憐れみを抱かせないようにすることに役立つのである。

義憤を覚える相手と原因

それでは、まず義憤について、人はいかなる者たちに対して、いかなることが原因で、自分がいかなる状況にあるときにその感情を抱くかを述べ、そのあとでその他の感情について述べることにしよう。

しかし、これらは先に述べたことからすでに明らかになっている。なぜなら、義憤を覚えるということが、それに値しない人が成功しているように見えることに苦痛を感じることであるとすれば、第一に、あらゆる種類の善が義憤の原因になるというこ

54　前注の四つの感情。

55　義憤に対立する「妬み」、憐れみに対立する「他人の不幸を喜ぶ気持ち」、無名称の感情（一）に対立する「正当な不幸に対して感じる苦痛」、無名称の感情（二）に対立する「正当な成功に対して感じる苦痛」の四つを指す。なお、「他人の不幸を喜ぶ気持ち」はギリシャ語で「エピカイレカキアー」と言い、ドイツ語の「シャーデンフロイデ（Schadenfreude）」に相当する。

56　前注に挙げた「妬み」「他人の不幸を喜ぶ気持ち」「正当な不幸に対して感じる苦痛」「正当な成功に対して感じる苦痛」の四つ。

とは明らかにありえないからである。たとえば、誰かが正しい人間や勇敢な人間であるからといって、あるいは何らかの徳を手に入れそうだからといって、人はその者に対して義憤を覚えはしない[57]（なぜなら、これと反対の状態にある者たちに対して、憐れみを抱くこともないからである）。

（一）むしろ、義憤の感情を引き起こすのは、富や権力やその他のその種の善である。一般的に言えば、よい人々や、生まれつき備わるよいものをもっている人々、たとえば家柄のよさや容姿の美しさやそれに類するものをもっている人々に［のみ］ふさわしい善がそれに当たる。

（二）また、古くからもっているものは生まれつき備わっているものに近いものに見えるので、必然的に、同じよいものをもっている者たちのなかでも、最近それを手に入れ、そのおかげで成功している者たちに対してより強く義憤を覚える。たとえば、古くから代々金持ちである者たちよりも、成金のほうがいっそう大きな苦痛をもたらす。このことは、役人、権力者、多くの友をもつ者、よい子供をもつ者、またこの種のいかなるものに恵まれた者の場合でも同じである。

（三）また、これらのよいものが原因で別のよいものを手に入れる場合にも、人はより強く義憤を覚える。実際、この場合にも、成金が富のゆえに公職に就くならば、昔からの金持ちがそうする以上に大きな苦痛をもたらすことになる。これは富以外の例でも同じである。その理由は、昔からの金持ちが所有する富はその人自身に属するように見えるのに対し、成金の場合はそうではないという点にある。なぜなら、常に属するように見えるもの［だけ］が真に属するものに見えるので、成金が所有する富はその人自身に属するようには見えないからである。

（四）また、それぞれのよいものは誰にでもそれを得る資格があるわけではなく、よいものとその所有者の間にはある種の釣り合いとふさわしさが存在する。たとえば、美しい武器は正しい人ではなく勇敢な人にふさわしく、名家の女を娶ることは成金ではなく家柄のよい人にふさわしい。それゆえ、よい人がそのよさにふさわしくないものを手にする場合には、そのことが義憤を引き起こすのである。

（五）また、劣った者がすぐれた者と争うことも、特に両者が同じ分野で争う場合に

57　義憤は不当に成功している者、つまりよいものを不当に手に入れている者に対して抱かれるが、徳は不当に手に入れることができるようなものではないから。

は義憤を引き起こす（それゆえ、次のように言われたのである。「ヘクトルはテラモンの息子アイアス[58]との戦いを避けた。自分よりすぐれた人間と戦うとき、ゼウスはいつも憤ったからだ[59]」）。しかし、同じ分野ではないとしても、劣った者がすぐれた者と何らかの仕方で争う場合には、やはり義憤を引き起こすことになる。たとえば、音楽家が正義の人と争う場合がそれに当たる。というのも、正義は音楽術よりすぐれたものだからである。

　さて、人はいかなる者たちに対して、いかなることが原因で義憤を覚えるかは、以上のことから明らかである。すなわち、先に述べたものとそれらに類するものがそうである。

いかなる状況のときに義憤を覚えるか

　次に、人が義憤を覚えやすいのは、自分自身が次のような状況にあるときである。

（一）自分が最大の善を得るに値する人間であり、しかも現にそれを所有している場合。なぜなら、自分と同様ではない者たちが同様の善を得るに値するとみなされるとすれば、それは正義に反することだからである。

1387b　(1387)

（二）第二に、自分が徳のあるすぐれた人間である場合。なぜなら、物事を的確に判断し、不正を憎むからである。[60]

（三）また、名誉心が強く、何か得ようとしているものがある場合。特に、自分がそれを得ようとして努力している名誉を、それに値しない人が手に入れている場合がそうである。

（四）また、総じて言えば、自分はあるものを得るに値するが、ほかの者たちは得るに値しないと考えている場合に、そのあるものが原因で、得るに値しない者たちに対して義憤を覚えやすい。それゆえ、奴隷根性の人や、無能な人や、名誉心のない人は義憤を覚えにくい。なぜなら、そのような人々には、自分はそれを得るに値すると考えるものが一つもないからである。

b10

58　ギリシャ神話に登場する英雄。

59　ホメロス『イリアス』第一一歌五四二行。

60　義憤は不当な成功に苦痛を感じることなので、不当かどうかを判断する能力が高い人は義憤を覚えやすいことになる。

感情喚起の方法

以上のことから、いかなる者たちの不運や不幸や失敗を喜ぶべきか、あるいは、少なくともそれに苦痛を感じる必要がないかは明らかである。なぜなら、義憤について述べたことをもとにすれば、それと対照的な［憐れみの］感情のことも明らかになるからである。したがって、話し手は言論を通じて判定者たちの心をそのような状態に仕立てるとともに、憐れみを要求する人自身も、[61]それを要求する根拠も、実際には憐れみに値するようなものではなく、むしろ憐れみを受けなくて当然であるということを証明しなければならない。そうすれば、判定者たちは憐れみをかけることができなくなるだろう。

第一〇章　感情（一〇）妬み

妬みの定義

人はいかなることが原因で、いかなる者たちに対して、いかなる状況にあるときに妬みを抱くのか。これらの点は、妬みとは自分と同様の人が、先に述べたよいものに恵まれているように見えることから生じる一種の苦痛であり、しかも自分が何かを得たいというのではなく、もっぱら相手［の成功］が原因で感じる苦痛であるとするならば、そこからすでに明らかである。[62]

いかなる状況のときに妬むか

（一）人が妬みを抱くのは、自分と同じような人か、同じように見える人がいる場合である。しかるに、同じような人とは、家柄、血縁関係、年齢、性向、評判、財産の点で自分と似ている人を意味する。

（二）また、ほとんどすべてのものを所有している場合である。それゆえ、大きな仕事を成し遂げようとしている人や、幸運に恵まれている人は妬みを抱きやすい。なぜ

61　被告ないし被告側の人。原告側に立つ話し手が、被告に対する憐れみを裁判員たちに抱かせないようにする方法が説明されている。

62　富や権力など。本巻第九章一三八七a一三～一六を参照。

なら、誰もが自分のものを奪い取ろうとしていると思うからである。
(三)また、何らかのことで、特に知恵があることや幸福な暮らしをしているということで、特別に尊敬を集めている人は妬みを抱きやすい。
(四)また、名誉心の強い人は、名誉心が強くない人よりも妬みを抱きやすい。
(五)また、自分を賢いと思っている人は妬みを抱きやすい。なぜなら、そのような人は知恵に関して名誉心が強いからである。
(六)また、総じて言えば、あるものに関して名声を望む人は、そのものに関して妬みを抱きやすい。
(七)また、卑屈な人は妬みを抱きやすい。なぜなら、卑屈な人にはすべてのものが大きく見えるからである。[63]

いかなることが原因で妬むか

次に、いかなることが原因で妬むかについては、［その原因となる］よいものはすでに述べた。すなわち、人々がそれに関係する栄誉や名誉を求めたり、それに関係する名声を欲したりする業績や所有物、それから幸運の賜物に当たるもの、これらのほとんどすべてが妬みの対象となる。特に、妬む人自身がそれらを欲しているか、もしくは所有すべきであると思っている場合や、あるいは、それらをもっていれば少しだけ相手にまさり、「もっていなければ」少しだけ相手に劣ることになる場合がそうである。[64]

いかなる人に対して妬みを抱くか

次に、人はいかなる者たちに対して妬みを抱くかであるが、これもすでに明らかになっている。なぜなら、それは先に述べたことと一緒に述べられているからである。

（一）まず、時や場所や年齢や名声の点で、自分に近い者たちに対して妬みを抱く。それゆえ、「同族は妬むことも知っている」[65]という言葉があるのである。

（二）また、自分のライバルに対して妬みを抱く。なぜなら、ライバルに当たるのはいま述べた「自分に近い」者たちだからである。これに対し、一万年前に存在した

63　大して恵まれていない人を見ても、大いに恵まれていると思って妬むということ。

64　「少しだけ」と限定されているのは、優劣の差が大きい場合には定義の「自分と同様の人」という条件が満たされないからである。

65　ギリシャの三大悲劇詩人の一人アイスキュロス（前五二五年頃～前四五六年）の言葉。

人々や、これから生まれてくる人々とは誰も張り合わず、ヘラクレスの柱[66]の辺りに住んでいる人々とも誰も張り合わない。また、自分の目から、もしくは他人の目から見て、自分のほうがはるかに劣っていると思われる相手や、自分のほうがはるかにすぐれていると思われる相手もそうである。いま述べた［時や場所が離れている］人々の場合と同様に、このような者たちと、先に述べたよいものをめぐって張り合う人は誰もいないのである。

ところで、人が張り合うのは競争相手や恋敵であり、総じて言えば、自分と同じ目標をもつ者たちである。それゆえ、必然的に、人は特にそのような者たちに対して妬みを抱くことになる。「陶工は陶工を［恨む］」という言葉もまさにそのことを言っているのである。

（三）また、その人が何かを獲得したり、何かで成功を収めたりしたときに、それが理由で自分が非難されることになる人[67]に対して妬みを抱く。そのような人に該当するのは、自分に近い、自分と同様の者である。この場合、よいものを手に入れることができないのは自分自身のせいであるということが明白なので、それが苦痛をもたらし、妬みを生み出すのである。

（四）また、自分がもつにふさわしいものや、自分がかつてもっていたものを、いまもっているか、もしくは獲得した者たちに対して妬みを抱く。それゆえ、老人は若者を妬むのである。
（五）また、あるものを手に入れるために多額の出費をした人は、その同じものを少しの出費で手に入れた者たちに対して妬みを抱く。
（六）また、あるものを苦労して手に入れたか、もしくは手に入れ損なった人は、それをすぐに手に入れた者たちに対して妬みを抱く。

感情喚起の方法

ところで、妬みを抱く人々が、いかなることが原因で、いかなる者たちに対して、いかなる状況にあるときに喜びを感じるかということも、すでに明らかになっている。なぜなら、彼らがあることに苦痛を感じている状況というのは、それと反対のことに

66　ジブラルタル海峡の両側にある岩山のこと。当時はここが西の果てとされていた。
67　誰々にはできるのに、どうしてお前にはできないのかと非難されるということ。

喜びを感じる状況にほかならないからである。したがって、聞き手の側の心が妬みを抱く状態に仕立てられる一方で、憐れみを要求したり、何かよいものを得ることを要求したりする人々が、いま述べたような［妬まれるたぐいの］者たちである場合には、その人々が、決定権をもつ者たち[68]から憐れみを受けられないことは明らかである。

第一一章　感情（一一）競争心

競争心の定義

人はいかなる状況にあるときに、いかなるものに関して、いかなる者たちに対して競争心を抱くかは、以下に述べることから明らかである。

競争心とは、人々に尊重されているよいもので、かつ自分にとって手に入れることが可能なよいものを、素質の点で自分と同じような者たちが手にしているように見えることから生じる一種の苦痛であり、しかもほかの人がそれをもっているという理由ではなく、自分がそれをもっていないという理由で感じる苦痛であるとしよう（それゆえ、競争心は立派なものであり、立派な人が抱く感情である。これに対し、妬むことは低劣なことであり、低劣な人がすることである。なぜなら、前者は競争心のゆえに当のよいものを手に入れようと心がけるのに対し、後者は妬みのゆえに隣人がそれをもつことを妨げようとするからである）。

もしそうであるならば、競争心を抱きやすい人というのは、必然的に、当のよいものをいまはもっていないが、自分はそれをもつに値すると考えている人であることになる。というのも、手に入れることが不可能に見えるものは、自分がそれをもつに値するとは誰も考えないからである。

いかなる状況のときに競争心を抱くか

（一）それゆえ、若者と誇り高い人は競争心を抱きやすい。

（二）また、尊敬を集めている者たちがもつに値するようなよいものをもっている人は競争心を抱きやすい。そのようなものに該当するのは、富、多くの友、公職、およ

68　弁論の聴衆（判定者たち）のこと。

1388b

びその他のこの種のものである。このような人は、すぐれた人間にふさわしいものをもっていることから、自分はすぐれた人間であるにふさわしいと思っている。そのため、そのようなよいものを［さらに］求めて競争心を抱くのである。

（三）また、そのようなよいものをもつに値するとほかの者たちからみなされている人は、競争心を抱きやすい。

（四）また、自分の祖先や親族や家族、あるいは自分と同じ民族や自分の属する国が［何らかのよいもののために］尊敬を集めている場合、人はそのよいものを求めて競争心を抱きやすい。なぜなら、当のよいものは本来自分がもっていてもおかしくないものであり、それゆえ自分はそれをもつに値すると考えるからである。

いかなるものが競争心をかき立てるか

（一）人々に尊重されているよいものが競争心をかき立てるのだとすれば、必然的に、徳はすべて競争心をかき立てるものであり、他人に益や善をもたらす［その他の］すべてのものもそうであるということになる。なぜなら、人々は善行をなす人や徳のある人を尊敬するからである。

（二）また、隣人に喜びをもたらすよいものも競争心をかき立てる。その例に当たるのは、健康よりも、むしろ富や美である。

いかなる人が競争心をかき立てるか

次に、いかなる人が競争心をかき立てるかという点も明らかである。

（一）すなわち、競争心をかき立てるのは、いま述べたものや、それに類するものをもっている人である。それら［の例］は、先に述べたもの、たとえば勇敢さや知恵や公職である。公職を挙げたのは、公職者は多くの人々によくすることができるからである。このことは、将軍や弁論家、またその他のそれに類する能力をもつ人にも当てはまる。

（二）また、多くの人々から同じような人間になりたいと思われている人や、多くの人々から知り合いになりたいと思われている人や、多くの人々から友人になりたいと思われている人は競争心をかき立てる。

（三）また、多くの人々が賛美している人や、自分が賛美している人もそうである。

（四）また、詩人や散文作家によって、賞賛されたり、賛辞が捧げられたりしている

b20

人もそうである。

いかなる人を蔑むか

他方、これと反対の人は蔑まれる。なぜなら、蔑みは競争心の反対であり、競争心を抱くことは蔑むことの反対だからである。そして、誰かに対して競争心を抱く人や、誰かの競争心をかき立てる人は、必然的に、競争心をかき立てるよいものとは反対の悪いものをもっている者たちを、それらの悪いもののゆえに蔑む。それゆえ、ただ運がよいだけで、人々に尊重されているよいものをもたない場合には、人は幸運に恵まれている者たちをしばしば蔑むのである。

感情論の結び

さて、感情はいかなるものを通じて生まれたり、消失したりするか、また感情に関わる説得はいかなるものに基づいてなされるかは、以上に述べた通りである。

b30

第一二章　性格（一）若者

年齢と性格

次に、人々の性格について、それが感情や性向や年齢や運に応じていかなる特徴をもつかを述べることにしよう。

ところで、感情とは怒りや欲望やその他のその種のもののことであるが、これらについてはすでに述べた。[69] 性向とは徳および悪徳のことであるが、これらについても、それをもつ人がそれぞれいかなるものを選択し、いかなる行為をするかも含めて先に述べた。[70]

年齢とは、若年と壮年と老年のことである。他方、運とは、家柄のよさと富と権力、

69　本巻第二章〜第一一章。
70　第一巻第九章。

およびこれらの反対のもののことであり、総じて言えば、幸運と不運のことである。[71]

若者の性格

（一）それでは、まず若者であるが、彼らは欲望に従いやすく、欲することは何でも行なう傾向がある。身体に関わる欲望のなかでは、特に性欲に従う傾向があり、この欲望に対する自制心を欠いている。とはいえ、欲望に対しては移り気で飽きやすい面もあり、激しく欲するものの、すぐに欲することをやめる。なぜなら、彼らの欲求は病人の渇きや飢えと同じで、激しさはあるが、持続力はないからである。

（二）また、若者は血の気が多く、短気であり、怒りに身を任せがちである。また、憤慨を抑えることができない。なぜなら、彼らは名誉心が強いので、軽視されると我慢がならず、不当な扱いを受けたと思えばすぐに腹を立てるからである。

（三）また、若者は名誉を愛するが、それ以上に勝利を愛する。なぜなら、若さは他にまさることを求めるが、勝利は他にまさることの一種だからである。しかも、若者は名誉と勝利を金銭以上に愛する。彼らが金銭への愛着をほとんどもたないのは、まだ欠乏を経験したことがないからであり、この点はアンフィアラオス[72]に関するピッタコスの警句が指摘する通りである。[73]
（四）また、若者は世の中の数々の悪をまだ目にしていないので、ひねくれたところがなく、むしろ無邪気である。
（五）また、若者はまだ騙された経験が少ないので、人を信じやすい。
（六）また、若者は希望に燃えている。なぜなら、酒に酔っている人が熱を帯びているように、若者はその本性によって熱を帯びているからであり、同時にまた、まだ失敗の経験が少ないからである。
（七）また、若者はほとんど常に希望を抱いて生きている。なぜなら、希望は未来に、

71　年齢と運は、行為に違いをもたらすものとして、第一巻第一〇章一三六九a二七～三二で言及され、のちに取り上げることが予告されていた。以下では、性格との関係という観点から、年齢に関連する話題が第一二章～第一四章、運に関連する話題が第一五章～第一七章で論じられる。
72　ギリシャ神話に登場する英雄、予言者。
73　ピッタコスはレスボス島ミュティレネの政治家で、七賢人の一人（前六五〇年頃～前五七〇年）。警句の内容は不明。

記憶は過去に関係するが、若者にとって未来は長く、過去は短いからである。実際、人生の初頭においては、思い出すものは何もなく、すべては希望のうちにある。

（八）また、いま述べた理由により、若者は人に騙されやすい。つまり、すぐに希望を抱くからである。

（九）また、［ほかの年代と比べて］若者は勇敢である。なぜなら、彼らは激しやすく、希望に燃えているが、前者は人を恐れ知らずにし、後者は人を大胆にするからである。というのも、怒っているときに恐れを抱く人はいないからであり、何かよいことに希望をもっていれば、それによって人は大胆になるからである。

（一〇）また、若者は恥を感じやすい。なぜなら、［自国の］慣習によって教育されただけなので、そのほかの立派なことにはまだ考えが及んでいないからである。[74]

（一一）また、若者は誇り高い。なぜなら、人生のなかで屈辱を味わったことがなく、それどころか、どうにもならないことをまだ経験したことがないからである。加えて、自分自身を大きなことに値する者と考えることが誇り高さにほかならないが、このように考えることは希望に燃えている人の特徴だからである。

（一二）また、若者は有益なことよりも美しいことを行なうことを選ぶ。なぜなら、彼らは打算よりも性格に従って生きているが、打算は有益なことを目指し、［性格の］徳は美しいことを目指すからである。

（一三）また、ほかの年代と比べて、若者は友を深く愛し、仲間を深く愛する。それは、友や仲間と共に生きることに喜びを感じるからである。加えて、彼らはまだ何事も有益かどうかで判断することがなく、したがって、友のことも有益かどうかで判断することがないからである。

（一四）また、若者はキロンの箴言[75]に反して、何事につけても過剰に、また過激に行なうことで過ちを犯す。というのも、彼らは何をするにも度を過ごすからである。すなわち、彼らは過度に愛し、過度に憎むのであり、その他の面でも一事が万事この調子なのである。

（一五）また、若者は何でも知っていると思い込んでおり、何でも自信満々に言う。

74 自国の慣習だけを基準にして立派かどうかを判断するので、自分がその基準に反する行為をしたときにはすぐに恥じるということ。

75 キロンは前六世紀のスパルタの政治家で、七賢人の一人。キロンの箴言とは「度を過ごすことなかれ（メーデン・アガン）」を指す。

実際、これこそが、万事において彼らが度を過ごす原因なのである。
（一六）また、若者が不正行為を働く場合、その原因は傲慢さであって、悪意ではない。
（一七）また、若者は誰のことをもよい人と思うか、もしくは事実そうである以上によい人と思うので、憐れみを感じやすい。なぜなら、彼らは自分の悪意のなさを基準にして隣人を量るため、隣人に不幸があれば、それを不当な不幸と考えるからである。
（一八）また、若者は笑うことを好む。それゆえ、洒落を言うのがうまい。というのも、洒落は洗練された侮辱だからである。

結び

さて、若者の性格は以上のようなものである。

第一三章　性格（二）老人

老人の性格

次に、年配の人々、つまり最盛期を過ぎた人々の性格は、概して若者の性格と反対のものから成り立つと言ってよい。

（一）まず、長年生きてきたなかで、何度も人に騙され、数々の失敗を重ねてきたことから、また物事の大半は悪い結果に終わることから、老人は何一つ確言せず、何を言うにも必要以上に控えめな言い方をする。

（二）また、老人は「思っている」と言うだけで、「知っている」とは決して言わない。

（三）また、老人は確信をもつということがないので、いつも「ひょっとすると」とか、「もしかすると」という言葉を付け足し、何を言うにも万事この調子で、何一つ断言しない。

（四）また、老人はひねくれている。なぜなら、物事を何でも悪いほうに考えるということが、ひねくれているということだからである。

（五）さらに、老人は人を信用しないので、疑い深い。人を信用しないのは、［騙された］経験があるからである。

（六）また、いま挙げた理由により、老人は激しく愛することもなければ、激しく憎むこともない。むしろ、ビアスの忠告通りに、「いずれ憎むことになると思いながら愛し、いずれ愛することになると思いながら憎む」[76]。

（七）また、人生のなかで屈辱を味わったことがあるので、老人は卑屈である。というのも、彼らは大きなことや並外れたことには欲望を抱かず、生活に必要なものだけを欲するからである。

（八）また、老人はけちである。なぜなら、財産は生活に必要なものの一つだからである。そして、それと同時に、財産は手に入れるのがいかに難しく、失うのがいかに簡単かを経験によって知っているからである。

（九）また、老人は臆病であり、あらゆることに懸念を抱く。なぜなら、老人と若者は［身体の］状態が正反対であり、老人は冷たいが、若者は熱いからである。つまり、老齢が臆病の下地を作っているのである。というのも、恐れは一種の冷却だからである。

（一〇）また、老人は生への執着心が強い。人生の終盤は特にそうである。なぜなら、欲望は手元にないものを求めるからであり、人は自分に不足しているものを何よりも欲するからである。

（一一）また、老人は必要以上に自分を愛する。というのも、これも卑屈であることの一つのかたちだからである。

（一二）また、老人は自分を愛するがゆえに、美しいものではなく、有益なものを求めて、しかも必要以上に求めて生きる。なぜなら、有益なものは自分にとってよいものであるのに対し、美しいものは単によいものだからである。

（一三）また、老人は恥ずかしがり屋ではなく、むしろ厚かましい。なぜなら、彼らは美しいものを有益なものと同じように気にかけることがないので、世間の評判を軽

76　ビアスは前六世紀のイオニア地方プリエネの政治家で、七賢人の一人。この忠告は本巻第二一章でも格言として取り上げられている。

視するからである。

（一四）また、老人は希望を抱かない。なぜなら、［期待が裏切られた］経験があるからである（というのも、物事の大半は悪い結果に終わるか、少なくとも期待以下の結果に終わるからである）。加えて、希望を抱かないのは臆病だからでもある。

（一五）また、老人は希望によってではなく、むしろ記憶によって生きる。なぜなら、彼らにとって人生の残りは少なく、過ぎ去った部分は多いのだが、希望は将来に関わり、記憶は過去に関わるからである。そしてこれは、老人がよくしゃべることの原因でもある。つまり、彼らは過去のことを延々と話すのである。なぜなら、それを思い出すことによって喜びを感じているからである。

（一六）また、老人はすぐにかっとなるが、その怒りは持続しない。それから、彼らの欲望[77]は、あるものはすでに消滅し、あるものは力強さを欠いているため、欲望に身を任せることもなければ、欲望に従って行為することもなく、むしろ利益が動機で行為する。それゆえ、この年代の人々は節度があるように見える。なぜなら、欲望のほうはもはや緩んでおり、彼らはもっぱら利益のとりこになっているからである。

（一七）また、老人は性格よりも打算に従って生きている。というのも、打算は有益なことを目指し、性格は徳を目指すからである。

（一八）また、老人が不正行為を働く場合、その原因は悪意であって、傲慢さではない。

（一九）また、老人も憐れみを感じやすいが、その原因は若者の場合と同じではない。つまり、若者の場合は人間愛のゆえであるが、老人の場合は弱さのゆえである。というのも、彼らは［他人に降りかかっている］あらゆる不幸が自分にも迫っていると思っているが、先に述べたように、これこそが憐れみを引き起こすからである。それゆえ、彼らはよく愚痴をこぼす。また、洒落を言わず、笑うことを好まない。なぜなら、愚痴っぽいことは笑いを好むことの反対だからである。

結び

さて、若者の性格と老人の性格は以上のようなものである。人は誰でも、自分の性格に合う弁論を受け入れ、自分と似た性格の人々を受け入れる。それゆえ、話し手は

77　身体的快楽に対する欲望のこと。

a20

自分自身も弁論もそのような性質のものに見せなければならないが、どのように言論を用いればそれができるかについては、以上に述べたことから明らかである。

第一四章　性格（三）壮年期の人

壮年期の人の性格

次に、壮年期の人々は、性格の面で、若者と老人の間に位置づけられるということは明らかである。なぜなら、彼らの性格は、両者の性格のそれぞれに見られる行き過ぎたところを免れているからである。

（一）第一に、彼らは大胆すぎることもなければ（これは向こう見ずにほかならない）、過度に恐れることもなく、この両方に対してしかるべき距離を保っている。

（二）また、すべての人を信用するということもなければ、誰も信用しないということもなく、むしろ事実に即して物事を判断する。

（三）また、美しいことだけを目指すのでも、有益なことだけを目指すのでもなく、その両方を目指して生きる。

（四）また、倹約に傾くことも、浪費に傾くこともなく、［金銭に関する］ふさわしいあり方を目指して生きる。

（五）また、怒りと欲望にもこれと同じことが当てはまる。

（六）また、彼らの節度には勇敢さが伴っており、勇敢さには節度が伴っている。若者や老人の場合、これらは分離している。というのも、若者は勇敢であるが放縦であり、老人は節度はあるが臆病だからである。

（七）一般的に言えば、壮年期の人々は、一方で若年と老年のそれぞれに別々に備わっている有益な性質を両方とも備えており、他方で若年と老年においては行き過ぎや不足がある性質を、適切に、そしてふさわしいかたちで備えているのである。[78]

1390b

78　ここに見られる「行き過ぎ」と「不足」と「適切」は、アリストテレス倫理学のいわゆる中庸説において中心的な役割を果たす概念である。

壮年期に当たる年齢

ところで、壮年期に当たるのは、肉体の面では三〇歳から三五歳までであり、魂の面では四九歳辺りである。

結び

さて、若年と老年と壮年のそれぞれに備わる性格がいかなるものであるかは、以上で十分に述べられたものとしよう。

第一五章　性格（四）家柄のよい人

運と性格

次は運から生まれるよいものであるが、それらのうち、人々の性格にある特定の性質を与えるものを順に述べていくことにしよう。

家柄のよい人の性格

（一）まず家柄のよさであるが、家柄のよい人の性格の特徴は、人一倍名誉心が強いという点にある。なぜなら、人は誰でも、自分に何かよいものがもともと備わっていればそれをさらに積み上げようとするのが常であるが、家柄がよいとは祖先の栄誉［というよいもの］を受け継いでいるということだからである。

（二）また、家柄のよい人は［同時代の］人を蔑む傾向にあり、自分の祖先と同程度に栄誉ある人まで蔑む傾向にある。なぜなら、同じものでも、昔からあるものは最近手に入れたものよりもいっそう価値があり、いっそう自慢の種になるからである。

高貴であること

ところで、家柄がよいとは優秀な家系であるということを意味するが、高貴であるとは［優秀な家系の］本来の性質から逸脱していないということを意味する。家柄のよい人々には概してこのことが当てはまらず、彼らの多くは取るに足らない者たちである。農地に生育する作物と同じように、人間の家系にもある種の豊作不作があり、すぐれた家系であっても、ある時期には非凡な人間が生まれるものの、その後は再び質が落ちるということがときに見られるのである。

このような逸脱が生じると、利発な家系からは狂気じみた性格の者が生まれる。たとえば、アルキビアデス[79]の子孫やディオニュシオス一世の子孫がそうである。これに対し、堅実な家系からは馬鹿やぼんくらが生まれる。たとえば、キモン[80]やペリクレスやソクラテスの子孫がそうである。

第一六章　性格（五）金持ち

金持ちの性格

次は富に伴う性格であるが、これは誰でも簡単に見てとることができる。
（一）まず、金持ちは、富の所有がもたらすある種の影響によって、傲慢かつ不遜である。なぜなら、よいものを何もかも所有している気になっているからである。というのも、富はすべてのものの価値を測る一種の尺度のようなものであり、それゆえ彼らはすべてのものが富で買えると思っているからである。

（二）また、金持ちは道楽者であり、自慢屋である。彼らが道楽者であるのは、一つには甘やかされて育ったからであり、一つには自分の幸福な暮らしぶりを誇示するためである。他方、自慢屋で悪趣味であるのは、金持ちは誰でも、自分が愛好し、賛美するものだけに常に時間を費やしており、そして自分が人に負けまいとして追い求めているものは、ほかの人々も同じように追い求めていると思い込んでいるからである。その一方で、彼らがこのような気持ちになることには無理からぬところもある。というのも、現に多くの人々が金持ちを必要としているからである。それゆえ、知者と金持ちについて、シモニデスはヒエロン[81]の妻に次のように答えたのである。すなわち、金持ちになるのと知者になるのとではどちらがよいかと彼女が尋ねたとき、シモニデスは「金持ちですね」と答え、その理由として、「知者たちが金持ちの家の門口で待っているのをよく見ますから」と言ったのである。

79　アテナイの政治家、将軍（前四五〇年頃〜前四〇四年）。プラトン『饗宴』に登場する。
80　アテナイの政治家、将軍（前五一二年頃〜前四四九年）。
81　シケリア島シュラクサイの僭主（在位前四七八年〜前四六七年）。

（三）また、金持ちは、自分には公職に就く資格があると思っている。なぜなら、彼らは公職に就く資格を与えるものを所有していると思っているからである。

（四）富に伴う性格は、一言で言えば、幸運に恵まれた愚か者の性格である。もっとも、金持ちになって間もない者と、昔からの金持ちとでは、性格の面で違いがある。すなわち、［金持ちに見られる］いかなる悪徳にせよ、成金がもつ悪徳のほうがいっそう大きく、またいっそうたちが悪いのである。なぜなら、金持ちになって間もないということは、言ってみれば、富に関する教育が不足しているということだからである。

（五）また、金持ちが不正行為を働く場合、それは悪意から生まれるのではなく、あるものは傲慢さから、あるものは自制心の欠如から生まれる。たとえば、暴行や姦通を犯すことがそうである。

第一七章　性格（六）権力のある人と幸運な人

次は権力に伴う性格であるが、先と同様に、これもその大部分は明らかであると言ってよい。なぜなら、権力には、一方では富の場合と同じ性格が伴い、他方では富に伴う性格がよりよいかたちで伴うからである。

権力のある人の性格

（一）すなわち、権力のある人は、その権力のゆえに可能となる［大きな］仕事を成し遂げようと努めることから、性格のうえで金持ちよりも名誉心が強く、男らしい。

（二）また、彼らは金持ちよりもまじめである。なぜなら、自分の権力に関係することに注意を向けていなければならないので、気を抜くことがないからである。

（三）また、彼らは金持ちと比べて、より尊大であるというよりは、むしろより威厳に満ちている。なぜなら、地位の高さのゆえに人目につきやすいので、何をするにも度を過ごさないからである。［権力のある人に見られる］この威厳は、程度が弱まり、上品になった尊大さと言える。
(四)また、彼らが不正を犯す場合には、取るに足らない不正ではなく、大それた不正を犯す。

幸運な人の性格

他方、幸運は、その各部分において、先に述べたそれぞれのもの[82]に伴う性格を含んでいる。なぜなら、幸運のなかでも特に重要なものに見えるのは、それらのものにつながる幸運だからである。加えて、幸運は、よい子供をもつことや身体の優秀さに関して、人がより多くを手にすることを可能にするものでもある。

人は幸運のゆえに人一倍不遜で無思慮な人間となるが、しかし幸運には一つだけ非常によい性格も付随する。すなわち、幸運な人は神々を愛し、神的なものに対してしかるべき態度をとるのである。なぜなら、彼らは運によってよいものを授かっているので、神々を信用しているからである。

性格論の結び

さて、年齢や運に応じた性格については、以上で十分に述べられた。なぜなら、先に挙げたものと反対の性格、たとえば貧乏人や不運な人や権力をもたない人の性格は、先に述べたことと反対のことから明らかになるからである。

第一八章　三種類の弁論に共通の論点（一）総論

弁論の目的

話し手が説得力のある言論を用いるのは、［聞き手に］判定を下させるためである（なぜなら、われわれがよく知っていて、すでに判定を下している事柄については、もはや言論はまったく必要ないからである）。また、たとえば誰かに忠告する人や、説得を試みる人が行なっているように、言論を用いて一個人に何かを勧めたり、ある

82　家柄のよさと富と権力。

いは思いとどまらせたりする場合にも、話し手は相手の判定を目的としている（なぜなら、その一個人も判定者であることには変わりないからである。というのも、説得しなければならない相手、これが簡単に言えば判定者だからである）。

このことは、［法廷で］係争相手に反論するにせよ、相手の主張に反論するにせよ、そのどちらにも同じように当てはまる（なぜなら、反対の主張を否定する場合にも、われわれは当然ながら言論を用いなければならないが、その際には当の主張を係争相手に見立てて反論するからである）。

また、同じことは演示弁論にも当てはまる（なぜなら、演示弁論の話し手は、観客を判定者とみなし、判定者たる観客に向けて言論を組み立てるからである）。もっとも、厳密な意味で判定者であるのは、公的な論争の場での検討事項に判定を下す者[83]に限られる。なぜなら、そのような場では、訴訟の争点に関する事実や審議案件［という判定を要する事柄］が検討されるからである。[84]

ところで、各種の国制に応じた性格については、助言弁論を取り上げたときに述べた。したがって[85]、いかなる仕方で、またいかなるものを通じて弁論に性格を反映させればよいかは、すでに明確に定められたことになるだろう。

特有の論点と共通の論点

先に述べたように、各種の弁論にはそれぞれ異なる論点があるが[86]、われわれはそれらすべての弁論について、［各論点に関係する］見解や命題を手に入れており、助言弁論と演示弁論と法廷弁論のいずれを行なうにせよ、われわれはそこから説得の材料をもってくることができる。それに加えて、いかなるものを通じて弁論に性格を反映させることができるかについても、われわれはすでに明確に定めた。それゆえ、われわれに残された仕事は、［三種類の弁論に］共通の論点[87]について述べ

83　助言弁論と法廷弁論の聴衆のこと。

84　本章冒頭からここまでの部分（一三九一b八～二〇）は後続の部分と内容がつながらないため、本来ここに置かれるべきではなく、内容上関連のある本巻第一章に属するという解釈もある。

85　前注で述べた解釈を採る場合、この「したがって」は、直前の一文と、前章の結びの部分（一三九一b四～七）の両方を受けているとみなされる。

86　助言弁論における「益と害（善と悪）」、演示弁論における「美と醜」、法廷弁論における「正と不正」のこと。

ることである。なぜなら、話し手は誰でも、［特有の論点に加えて］「可能なことと不可能なこと」という論点も弁論のなかで併せて用いなければならず、またある場合にはかくかくのことが「将来起こる」ということを、ある場合にはしかじかのことが「過去に起こった」ということを証明するように努めなければならないからである。さらに、「大きさ」という論点もすべての種類の弁論に共通する。なぜなら、助言するにせよ、賞賛したり非難したりするにせよ、糾弾したり弁明したりするにせよ、話し手はみな、意義を縮小したり、あるいは拡大したりする手法を用いるからである。

これらの点を定めたうえで、次に説得推論と例証について、一般的な観点から何か述べることができるならば、それを述べるように努めることにしよう。それは、まだ述べていないことを付け足して、当初の計画を遂行するためである。[88]

ところで、共通の論点のうち、拡大［に関係する「大きさ」という論点］は、先に述べたように、[89]演示弁論にもっとも適しており、「過去に起こったこと」という論点は法廷弁論にもっとも適しており（なぜなら、法廷における判決は、過去の事柄を対象とするからである）、「可能なこと」および「将来起こること」という論点は助言弁論にもっとも適している。

第一九章　三種類の弁論に共通の論点（二）各論

可能なことと不可能なこと

それでは、まず初めに、可能なことと不可能なことについて述べることにしよう。

（一）相反するものの一方が存在することや生じることが可能であるなら、もう一方もそれが可能であると考えられるだろう。たとえば、人が健康になることが可能であるなら、病気になることも可能である。なぜなら、相反するものは、それらが相反するものである限り、どちらも同じ可能性をもつからである。

87　この「共通の論点（タ・コイナ）」は、第一巻第三章一三五九a一一〜二六ですでに言及されている。

88　第一巻第二章一三五六b二四〜二五の「（説得推論と例証を）それぞれどのように用いるべきかはのちに述べる」という予告に対応する。

89　第一巻第九章一三六八a二六〜三三。

（二）また、互いに似ているものの一方が存在することや生じることが可能であるなら、もう一方もそれが可能である。
（三）また、より困難なものが存在することや生じることが可能であるなら、より容易なものもそれが可能である。
（四）また、あるものがすぐれたものや美しいものとして生じることが可能であるなら、そのあるものが単に生じることも可能である。なぜなら、美しい家が存在することは、［単に］家が存在することよりも困難なことだからである。
（五）また、あるものの始まりが生じることが可能であるなら、そのものの終わりが生じることも可能である。なぜなら、不可能なことは何一つ生じることがなく、また生じ始めることもないからである。たとえば、正方形の対角線が［辺と］通約可能であるという事態は、生じ始めることはないだろうし、生じることもない。
（六）また、あるものの終わりが生じることが可能であるなら、そのものの始まりが生じることも可能である。なぜなら、生じるものはすべて始まりをもつからである。
（七）また、存在や発生においてよりあとのものが生じることが可能であるなら、より先のものが生じることも可能である。たとえば、大人が生じることが可能であるなら、子供が生じることも可能である（なぜなら、子供はより先に生じるのだから）。そして、子供が生じることが可能であるなら、大人が生じることも可能である（なぜなら、子供は始まりでもあるのだから[90]）。

（八）また、あるものがその本性によって恋や欲望の対象となるなら、そのものは存在することや生じることが可能である。なぜなら、概して言えば、存在することも生じることも不可能なものを恋する人はおらず、またそのようなものを欲する人もいないからである。

（九）また、あるものが学問や技術の対象となるなら、そのものは存在することも生じることも可能である。

（一〇）また、あるものが生じ始めるかどうかが、われわれが強制したり説得したりすることのできる対象にかかっているなら、そのものは存在することや生じることが可能である。そのような対象に該当するのは、われわれよりも弱い者や、われわれの

90　先述の（五）より、始まりである子供が生じることが可能であるなら、終わりである大人が生じることも可能であると言える。

支配下にある者や、われわれの友である。

（一一）また、あるものの部分が存在することや生じることが可能であるなら、そのものの全体もそれが可能であり、あるものの全体が存在することや生じることが可能であるなら、たいていの場合、そのものの部分もそれが可能である。たとえば、靴の前面と先端と側面が生じることが可能であるなら、靴が生じることも可能であり、靴が生じることが可能であるなら、靴の前面と先端が生じることも可能である。

（一二）また、類全体が生じることの可能なものに含まれるなら、種もそれに含まれ、種が生じることの可能なものに含まれるなら、類もそれに含まれる。たとえば、船が生じることが可能であるなら、三段櫂船《かいせん》もそれが可能であり、三段櫂船が生じることが可能であるなら、船もそれが可能である。

（一三）また、もともと対応関係があるものの一方が存在することや生じることが可能であるなら、もう一方もそれが可能である。たとえば、二倍が存在することや生じることが可能であるなら、半分もそれが可能であり、半分が存在することや生じることが可能であるなら、二倍もそれが可能である。

（一四）また、あるものが技術や準備なしに生じることが可能であるなら、そのものが技術と努力を通じて生じることはなおさら可能である。それゆえ、アガトン[91]は次のように言ったのである。「あるものは技術によって成し遂げなければならないが、あるものは必然と運によってわれわれにもたらされる」。

（一五）また、あることがより劣った者やより弱い者やより思慮に欠ける者にとって可能であるなら、それと反対の者にとってはなおさら可能である。たとえば、イソクラテスの次の言葉はそのことを言っている。「エウテュヌス[92]にわかったのに、この私が考えつかないとすればおかしなことだ[93]」。

なお、「不可能なこと」については、以上に述べたことと反対のことから「議論の材料が」手に入るということは明らかである。

91　アテナイの著名な悲劇詩人（前四四五年頃〜前四〇〇年頃）。作品はわずかな断片しか現存しない。
92　イソクラテス第二一弁論『エウテュヌスを駁す』で糾弾されている人物。
93　同前、第一八弁論『カリマコスを駁す』第一五節にこれに近い文言があるが、そこではエウテュヌスではなくカリマコスが比較対象となっている。

起こったことと起こらなかったこと

次に、あることが起こったか起こらなかったかについては、以下の各点から考察しなければならない。

(一) 第一に、本性上より起こりにくいことが起こったのなら、より起こりやすいことも起こったと言えるだろう。

(二) また、あとに起こるのが普通であることが起こったのなら、先に起こるのが普通であることも起こったと言える。たとえば、ある人があることを忘れたのなら、その人はかつてそれを学んだのである。

(三) また、ある人があることをする力と意欲をもっていたのなら、その人はそれを行なったと言える。なぜなら、誰であれ、あることをする力があり、かつそれをすることを意欲する場合には、それを行なうからである。その場合、行為を妨げるものは何もないからである。

(四) さらに、ある人があることをする意欲をもっており、かつその人の外部にその行為を妨げるものが何もなかった場合、また、あることをする力をもっており、かつ怒っていた場合、また、あることをする力をもっており、かつそれをすることに対する欲望をもっていた場合には、その人はそれを行なったと言える。なぜなら、たいていの場合、それをすることができるときには、人は欲求している[94]ことを行なうからである。つまり、低劣な人は自制心がないために、立派な人は立派なことを欲するがゆえにそれを行なうのである。

（五）また、あることがいまにも起ころうとしていたのなら、それは起こったと言えるし、ある人があることをいまにも行なおうとしていたのなら、その人はそれを行なったと言える。なぜなら、いまにも行なおうとしていたのなら、それを実際に行なうこともありそうなことだからである。

（六）また、あることに先行するか、あることの手段となるのが自然であることが起こったのなら、そのあることは起こったと言える。たとえば、稲妻が走ったのなら、雷鳴も轟いたのであり、誰かがあることを企てたのなら、実行もしたのである。また

94　欲求は「意欲」「怒り」「欲望」の三つに区分されるので（第一巻第一〇章一三六九a二～四）、この「欲求している」は、直前の文の「意欲をもっている」「怒っている」「欲望をもっている」の三つの場合を指す。

［それとは逆に］、あることに後続するか、あることの目的となるのが自然であることが起こったのなら、それに先行することや、それの手段となることも起こったと言える。たとえば、雷鳴が轟いたのなら、稲妻も走ったのであり、誰かがあることを実行したのなら、企てもしたのである。これらすべての事例のうち、あるものは必然的にそのような関係にあり、あるものはたいていの場合にそのような関係にある。

なお、起こらなかったことについては、以上に述べたことと反対のことから［議論の材料が］手に入るということは明らかである。

将来起こること

将来起こることも、以上に述べたことと同じ点から明らかになる。

(一) 第一に、あることをする力と意欲があるのなら、それは実際に行なわれる。

(二) また、その行為の要因となる欲望や怒りや考量があり、かつそれをする力があるなら、それは実際に行なわれる。

(三) また、あることをいまにも行なおうとしているなら、それは実際に行なわれ、あることがいまにも起ころうとしているなら、それは実際に起こる。なぜなら、いまにも起ころうとしていることは、たいていの場合、そうでないことよりも起こる見込みが大きいからである。

（四）また、あることに先行するのが自然であることがすでに起こっているのなら、そのあることも起こる。たとえば、空が曇っているのなら、雨が降るのはありそうなことである。

（五）また、手段に当たることがなされているのなら、目的に当たることがなされるのもありそうなことである。たとえば、土台が置かれているのなら、家が建てられるのもありそうなことである。

大きいことと小さいこと

次に、物事の大小や、より大きいということとより小さいということ、また大きいものと小さいものの全般については、以前に述べたことから[95]われわれに明らかになっている。というのも、われわれは助言弁論のところで[96]、さまざまなよいものの大きさ

95　第一巻第七章、第九章、第一四章。

について、またより大きいということとより小さいということの一般的な意味についても述べたからである。

したがって、話し手がしなければならないことはもはや明らかである。すなわち、弁論のそれぞれの種類に応じて、益や美や正のようなよいものが論点として掲げられているのだから、話し手はみな、これらのものを通じて拡大［の材料］を手に入れなければならない。

しかし、その範囲を超えて、「大きい」ということや「超えている」ということそれ自体をさらに探究するならば、それは無益な議論を重ねることに等しい。なぜなら、実用性という点から見れば、普遍的な事柄よりも、個々の事実のほうが重要だからである。

結び

可能なことと不可能なこと、またあることが起こったか起こらなかったか、将来起こるか起こらないかということ、さらに物事の大小については、以上で十分に述べられたものとしよう。

第二〇章　例証

共通の説得方式

［各種の弁論に］特有の事柄についてはすでに述べたので、残る仕事は、すべての種類の弁論に共通する説得方式について述べることである。

共通の説得方式には二つの種類、すなわち例証と説得推論がある。というのも、［格言も説得に用いられるが］格言は説得推論の一部だからである。

それでは、最初に例証について述べることにしよう。というのも、例証は帰納に似ているが、帰納は［普遍的な事柄を把握するための］出発点だからである。[97]

96　第一巻第七章。

97　帰納は「出発点（アルケー）」だから、帰納に似ている例証を「最初に」述べるということ。

二種類の例証

例証には二つの種類がある。すなわち、例証の種類の一つは過去にあった実例を挙げるものであり、もう一つは話し手が自分で創作するものである。後者の一つはたとえ話であり、もう一つは「イソップの話」や「リビュア人の話[98]」のような寓話である。

実例に基づく例証

実例を挙げるとは、たとえば次のようなことである。「ペルシア王と戦うために軍備を整え、彼のエジプト征服を阻止しなければならない。なぜなら、かつてダレイオス[99]は、エジプトを占領するまでは海を渡ってこなかったが、占領するやいなや海を渡ってきたからだ[100]。また、クセルクセス[101]も、かの地を占領するまでは襲ってこなかったが、占領するやいなや海を渡ってきたのである。したがって、現在のペルシア王も、エジプトを占領した暁には、海を渡ってくるにちがいない。それゆえ、占領を許してはならない」。このように述べることが、実例を挙げることの一例である。

創作に基づく例証（一）たとえ話

他方、たとえ話とは、ソクラテス流の論じ方のことを言う。たとえば、次のように述べるのがそうである。「役人をくじ引きで選んではならない。なぜなら、そのようなことをするのは、競技能力の高い者ではなく、くじに当たった者を運動選手に選出するのと同じことだからだ。あるいは、水夫のなかから舵取りを選ぶときに、心得のある者ではなく、くじに当たったものが舵を取らなければならないとでも思ってか、くじ引きで舵取りを選出するのと同じことだからだ[102]」。

98　寓話の一種だが、詳細は不明。
99　ペルシア王のダレイオス一世のこと（在位前五二二年〜前四八六年）。
100　ギリシャに侵攻してくるということ。
101　ペルシア王のクセルクセス一世のこと（在位前四八六年〜前四六五年）。ダレイオス一世の子。
102　クセノフォン『ソクラテスの思い出』第一巻第二章第九節でこれと同様のことが言われている。

創作に基づく例証（二）寓話

他方、寓話とは、たとえばステシコロス[103]がファラリス[104]について語ったものや、アイソポス[105]がある民衆煽動家[106]を弁護するために語ったものがそうである。すなわち、ステシコロスはヒメラの民衆がファラリスを独裁将軍に選び、そのうえ親衛隊まで与えようとしていたので、ほかのことを話し合ったあとで、次のような寓話を彼らに話したのだった。

「一頭の馬が牧草地を独り占めしていたところ、鹿が入り込んできて、草を食い荒らしてしまった。馬は仕返しをしようと思って、ある人間に、仕返しの手助けをしてくれるかどうか尋ねた。すると人間は、馬がはみをつけ、自分が槍を片手に背にまたがってもよいなら手伝おうと答えた。馬がこれに同意したので、人間は背にまたがった。ところが、そのときから、馬は仕返しをするどころか、その人間の奴隷になってしまったのである。だから、君たちも――とステシコロスは言った――敵への報復を望むあまりに、この馬と同じ目に遭わないように気をつけることだ。あの男を独裁将軍に選んだことで、君たちはもうはみをつけてしまっている。そのうえ親衛隊を与えて、背にまたがることまで許すとなれば、そのときから、君たちはファラリスの奴隷になるからね」。

また、アイソポスはサモス島で、ある民衆煽動家が死罪に問われたときに、その者を弁護する弁論のなかで次のように言った。

「狐が川を渡ろうとしたとき、押し流されて、岸の裂け目にはまり込んでしまった。そこから抜け出すことができず、長らく苦しんでいるうちに、夥《おびただ》しい数のダニが吸いついてきた。近くをぶらついていたハリネズミがその姿を目にすると、気の毒に思って、ダニを取ってやろうかと尋ねたが、狐はそれを断った。その訳を聞かれると、狐はこう答えたのだった。『こいつらは俺の血ですでに腹がいっぱいだから、もうた

103　シケリア島ヒメラの抒情詩人（前六三二年頃〜前五五五年頃）。
104　シケリア島アクラガスの僭主（在位前五七〇年頃〜前五五四年頃）。
105　前六世紀のギリシャの寓話作家。英語読みは「イソップ（Aesop）」で、先述の「イソップの話」の作者とされる。
106　「民衆煽動家」の原語は「デーマゴーゴス」。原義は「民衆（デーモス）を導く者」で、影響力の大きい民主派の指導者を意味するが、民衆煽動家という悪い意味で用いられることも多い。ドイツ語のデマゴーグ（Demagoge）の語源。

いして吸いやしない。もしお前が取り除いたら、腹をすかせた別のやつらがぞろぞろやってきて、残った血を吸いつくすことだろうよ』。だから、サモスの諸君――とアイソポスは言った――この男もそれと同じで、もはや君たちに害を加えることはない（なぜなら、すでに十分金をもっているのだから）。しかし、もしこの男を処刑すれば、ほかの貧乏人どもがやってきて、残った公金を盗み取り、君たちをすっからかんにしてしまうだろう」[107]。

ところで、寓話は民会弁論に適している。また、過去に起こった類似の実例を見つけるのは難しいのに対し、寓話には見つけるのが比較的たやすいという利点がある。というのも、寓話は類似点を見出す能力さえあれば、あとはたとえ話と同じ要領で作ればよいのだが、類似点を見出すことは、哲学の素養があれば比較的容易なのだから[108]。それゆえ、用意するのがより容易なのは、寓話を通じた例証のほうである。しかし、助言弁論により役立つのは、実例を通じた例証のほうである。なぜなら、将来起こることは、たいていの場合、過去に起こったことに類似するからである。

例証の使い方

話し手は、説得推論の用意がない場合には、例証を論証として用いなければならない（というのも、説得はこれらを通じて行なわれるからである）。他方、説得推論の用意がある場合には、例証は証言として、説得推論に付け足すかたちで用いなければならない。なぜなら、例証は説得推論の前に置くと帰納に似たものとなるが、帰納は一部の場合を除いて弁論術の言論には適さないからである。これに対し、例証は説得推論に付け足すと証言に似たものとなる。しかるに、証人はいかなる場合にも説得力をもつ。それゆえ、例証を前に置く場合には数多くの類例を挙げなければならないが、あとから付け足す場合には一つあれば足りる。なぜなら、信用できる証人であれば、一人いるだけで十分だからである。

107　「狐とハリネズミ」というタイトルで知られる寓話（ペリー『アエソピカ』四二七）。
108　底本には従わず、諸写本の通りに読む。

結び

さて、例証にはどれだけの種類があり、それらはいかなる仕方で、またいかなるときに用いなければならないかは、以上に述べた通りである。

第二一章　格言

格言とは何か

次は格言の引用についてである。弁論における格言の引用は、いかなる事柄に関して、いかなる場合に、いかなる人によってなされるのが適しているかという点は、格言とは何かを述べることによってもっとも明らかになるだろう。

格言とは「一種の」主張である。しかし、それはたとえば「イフィクラテスはいかなる人物か」というような個別的なことではなく、普遍的なことを扱う。また、普遍的なことであれば何でもよいわけではなく、たとえば「直線は曲線の反対である」というようなことは扱わない。格言が扱うのは行為に関係することであり、行為に関して選ぶべきことや避けるべきことである。

格言と説得推論の関係

したがって、説得推論は概してこの種のことを扱う推論である以上、説得推論の結論ないし前提が推論全体から切り離されたもの、これが格言であるということになる。たとえば、「分別を生まれ持った者なら、子供に学問を学ばせすぎてはならない[109]」と言えば、これは格言である。しかし、これに理由が、つまり何ゆえにそうであるかという説明が付け加えられると、その全体は説得推論となる。たとえば、「なぜなら、甲斐性のない人間になることに加えて、町の人々から敵意のある妬みを招くことになるから[110]」という説明がそうである。また、「あらゆる面で幸福である人間は一人もいない[111]」と言ったり、「人間のなかに自由な者は一人もいない[112]」と言ったりすれば、こ

109 エウリピデス『メデイア』二九四行～二九五行。
110 同前、二九六行～二九七行。
111 エウリピデスの失われた悲劇『ステネボイア』の断片。
112 エウリピデス『ヘカベ』八六四行。

れは格言である。しかし、これを後続する次の文と組み合わせれば、それは説得推論となる。「なぜなら、人間は金銭か運のいずれかの奴隷であるから[113]」。

格言の種類

以上に述べたものが格言であるとすれば、格言には必然的に四つの種類があることになる。

まず、格言は（一）補足説明を伴うものであるか、（二）補足説明を伴わないものであるかのいずれかである。そして、［補足説明として］論証を必要とするのは、思いも寄らないことか、もしくは意見が分かれることを述べている格言である。これに対し、意外なところが何もない格言は、補足説明を伴わない。

後者のうちの一つのタイプは、（二ａ）すでによく知られているので、必然的にいかなる補足説明も必要としないものである。たとえば、「私が思うに、人間にとって健康こそがもっともよいものである[114]」というのがそれに当たる（というのも、多くの人々にもそのように見えるからである）。

もう一つのタイプは、（二ｂ）注意して聞いていれば、語られると同時に意味が明らかになるものである。たとえば、「いつも愛しているのでなければ、愛する人ではない」[115]というのがそうである。

他方、補足説明を伴う格言の一つのタイプは、(一a)説得推論の一部となるものである。たとえば、「分別を生まれ持った者なら、云々」という［先に取り上げた］格言がそれに当たる。

もう一つのタイプは、(一b)説得推論と同様の働きをするが、説得推論の一部とはならないものである。これは格言のなかでも特に評判がよい。このタイプに該当するのは、主張の理由が格言のなかに明示されているものである。たとえば、「死すべき者である以上、死に絶えることのない怒りを抱き続けてはならない」[116]というのがそれに当たる。というのも、この例においては、「［死に絶えることのない怒りを］抱き続けてはならない」という主張が格言［の中心部分］であり、「死すべき者である以上」

113　エウリピデス『ヘカベ』八六五行。
114　エピカルモスもしくはシモニデスに帰される格言。
115　エウリピデス『トロイアの女たち』一〇五一行。
116　出典不明。

という付け足しの部分が何ゆえにそうであるかを説明しているからである。[117] 次の例もこれと同様である。「死すべき者は死すべき者にふさわしいことを考えるべきであり、不死なる者にふさわしいことを考えるべきではない[118]」。

いかなる事柄に関して用いるべきか

以上に述べたことから、格言にはどれだけの種類があるかということに加えて、それぞれの種類の格言はいかなる事柄に関して用いるのが適しているかということも明らかである。

まず、意見が分かれる事柄や意外な事柄については、補足説明を伴わない格言を用いるのではなく、補足説明を前にもってきて、それから格言を結論として用いるのが適している。たとえば、「嫉妬を招くべきではなく、甲斐性のない人間にもなるべきではないから、私としては、子供に学問を学ばせてはならないと主張する」と述べるのがそうである。もしくは、格言の部分を先に述べ、それに付け加えるかたちで前半の「補足説明の」部分を述べてもよい。

これに対し、意外ではないが、意味が不明瞭な事柄については、何ゆえにそうであるかをできるだけ簡潔に付け加えるのが適している。このような場合には、ラコニア式の警句[119]や謎めいた言い回しもぴったりである。たとえば、これはステシコロスがロクリス人[120]たちの前で語ったことであるが、「傲慢に振る舞ってはならない。蟬《せみ》が地面で歌う[121]ようになってはいけないから」と述べる場合がそうである。

1395a

117　説得推論は少なくとも二つの文もしくは二つの節から成り立つ（二つの文の場合はどちらか一方の文が、二つの節の場合は従属節が理由を示す）。この格言は「死すべき者である以上」という理由を示す部分が分詞句で表現され、格言全体は一つの文から成り立つので、説得推論とは区別される。

118　主語の「死すべき者は」には「死すべき者である以上」という含意があり、「〜考えるべきではない」という主張の理由になっている。なお、これと同様の言葉が『ニコマコス倫理学』第一〇巻第七章一一七七b三二〜三三で引用されている。

119　「ラコニア」はスパルタのこと。スパルタ式の警句ないし寸言は、プラトン『プロタゴラス』三四三A〜Bで言及されている。

120　ロクリスはイタリア南部の植民都市。

121　敵に侵略され、樹木が切り倒されることによって、止まる場所をなくした蟬が地面で鳴くということ。

いかなる人が用いるべきか

格言は、年を重ねた人々が、自分に経験のあることに関して引用するのが適している。なぜなら、年端も行かない者が格言を引用するのは、説話を話して聞かせることと同様に、いかにも不釣り合いだからである。また、経験のないことに関して格言を引用するのは、愚かさと教養のなさの表れだからである。これには十分な証拠がある。すなわち、格言を好んで口にし、見境なく人に聞かせるのは、とりわけ田舎者がすることなのである。

いかなる場合に用いるべきか

（一）次に、普遍性に欠けることを［格言の引用によって］普遍的なかたちで述べることは、不満や憤りを表現する場合が特に適している。この場合、［弁論の］冒頭か、もしくは論証を終えたあとでそれをするとよい。

（二）また、使い古された周知の格言であっても、それが役に立つ場合には用いなければならない。なぜなら、その種の格言は誰でも知っているがゆえに、誰もが同意しているものとして受け取られ、それゆえ正しいことを述べた格言であるように見えるからである。

たとえば、供犠を済ませる前に危地に赴くように［兵士たちに］呼びかけるときには、「祖国を守るために戦うこと、これが唯一にして最大の吉兆なり」[123]という格言が役に立つ。また、彼らが敵に数で劣るときには、「武神エニュアリオスはえこひいきしない」[124]という格言が役に立ち、敵の子供たちを何の罪もないのに殺すように呼びかけるときには、「父を殺したのに子を生かしておくのは愚か者」[125]という格言が役に立つ。さらに、諺のなかには、同時に格言でもあるものがある。たとえば「アッティカの隣人」[126]という諺がそうである。

（三）また、人口に膾炙《かいしゃ》した名言（たとえば、「汝自身を知れ」や「度を過ごすこと

122　犠牲獣を捧げて吉凶を占うということ。

123　ホメロス『イリアス』第一二歌二四三行。

124　同前、第一八歌三〇九行。直後に「殺すはずの側が殺されることもある」と続く。どちらの側にも勝利のチャンスが平等にあるという意味。

125　第一巻第一五章一三七六a六～七に既出。

126　詳細は不明だが、アテナイ人の国民性を批判した諺と解されている。

なかれ」のことである）に反する格言[127]であっても、そうすることによって「話し手の」性格がよりよく見えるか、もしくは感情を込めて語っているように見える見込みがある場合には、その格言を用いなければならない。

感情を込めて語るというのは、たとえば、話し手が怒りながら、「己自身を知らなければならないというのは嘘である。少なくともこの男の場合はそうだ。なぜなら、もし己自身を知っていたなら、己が将軍の地位にふさわしいとは決して考えなかっただろうから」と述べる場合がそうである。

他方、性格がよりよいものに見えるというのは、たとえば、「いずれ憎むことになると思いながら愛するべきであると言われるが、そのようなことはすべきではない。むしろ、いずれ愛することになると思いながら憎むべきである」と述べる場合がそうである。ただし、この場合には、言い方によって自分の選択をはっきりと示すようにしなければならない[128]。もしそれができないなら、たとえば次のように述べることによって、理由を付け加えなければならない。すなわち、「人々が言うように愛するのではなく、いつまでも愛するつもりで愛するべきである。なぜなら、前者は裏切者がすることだから」と述べたり、あるいは、「私はその言葉が好きではない。なぜなら、真の友は、いつまでも愛するつもりで友を愛するべきだから」と述べたりするのがそうである。また、「度を過ごすことなかれという言葉も好きではない。なぜなら、悪人のことは憎みすぎるくらいに憎むべきだから」と述べるのもそうである。

格言の利点

格言は弁論にとって大きな助けとなるが、それは一つには聴衆の程度が低いからである。というのも、ある話し手が普遍的なかたちで述べることが、聴衆が個別の事例について抱いている見解とたまたま一致することがあれば、彼らはそれを聞いて喜ぶからである。この点については、次のように説明すれば、私が言わんとすることが明

127　後述の例で言えば、「いずれ愛することになると思いながら憎むべきである」や「いつまでも愛するつもりで愛するべきである」や「悪人のことは憎みすぎるくらいに憎むべきである」がこれに当たる。

128　ここで「選択」という言葉が使われるのは、選択には性格が表れるので（第一巻第八章一三六六a一四～一五）、選択を示せば性格も示すことになるからである。なお、「言い方（レクシス）によって」という語句が具体的に何を意味するのかは不明。

らかになり、またそれと同時に、いかにして格言を探し出せばよいかということも明らかになるだろう。

つまり、格言は先に述べたように[129]普遍性のある主張であるが、自分自身が個別の事例について前もって抱いている見解が普遍的なかたちで述べられると、聴衆はそれを聞いて喜ぶのである。たとえば、低劣な隣人やできの悪い子供をもつ人は、話し手が「近所づきあいほど面倒なものはない」と言ったり、「子供を作ることほど愚かしいことはない」と言ったりすれば、その言葉を喜んで受け入れるだろう。したがって、話し手は聴衆がいかなる見解を前もって抱いているかを推察し、そのうえで、それらに関係することをいま言ったように普遍的なかたちで述べるようにしなければならない。

以上が格言の引用の一つの利点であるが、これとは別にもっと大きな利点がある。すなわち、格言を引用することによって、話し手は弁論に性格を反映させることができるのである。弁論が性格を反映するのは、そのなかに［話し手の］選択がはっきりと示されている場合である。しかるに、格言はどれもそのような働きをする。なぜなら、格言を引用する人は、自分が選択することを普遍的なかたちで表明するからである。したがって、よい格言を引用すれば、話し手の性格もよいものに見せることができる。

きるのである。

結び さて、格言については、それが何であり、どれだけの種類があるかということも、またそれをいかに使用すべきであり、それにはいかなる利点があるかということも、以上で十分に述べられたものとしよう。

第二二章　説得推論（一）総論

導入 次は説得推論についてである。まず、それをいかなる方法で探し求めるべきかを一般的なかたちで述べることにしよう。それから、［説得推論の］トポスについて述べる

b20

129　本章一三九四a二一～一三。

ことにしよう。なぜなら、これらはそれぞれ種類が異なる問題だからである。

問答術の推論と説得推論の違い

説得推論が一種の推論であること、またそれはいかなる意味での推論であり、問答術の推論といかなる点で異なるかについては先に述べた。[130] すなわち、［説得推論においては］遠くから結論を導いてはならず、すべての前提を取り上げて結論を導いてもならないのである。なぜなら、前者はその長さのゆえに不明瞭になり、後者は自明なことを語るがゆえに冗長になるからである。

説得推論のこの特徴は、教養のある人よりも教養のない人のほうが、大衆の前ではかえって説得力をもつことの原因となっている。このことは、ちょうど詩人たちが、教養のない人［の話］のほうが「大衆の耳にはいっそう心地よく響く」[131]と言っている通りである。というのも、教養のある人は一般的なことや普遍的なことを話すのに対し、教養のない人は自分が［経験的に］知っていることや、［聞き手にとって］身近なことを話すからである。

したがって、話し手は任意の見解に基づいて語るのではなく、ある特定の人々、たとえば［聞き手である］判定者たちや、判定者たちが認めている人々の見解に基づいて語らなければならない。そして［後者の場合には］、その人々がそのような見解を抱いているということが、［判定者たちの］すべてか、もしくはその大多数に明らかになっていなければならない。加えて、話し手は必然的な事柄を前提にして結論を導くだけでなく、たいていの場合にそうである事柄を前提にして結論を導くのでなければならない[132]。

主題に関連する事実

そこで、話し手が第一に理解すべきことは、政治を論じる場であれ、その他のいかなる場であれ、自分がある主題について述べたり推論したりしなければならない場合には、その主題に関連するすべての、もしくはいくつかの事実を知っていることも必

130　第一巻第二章一三五七ａ七〜二二。
131　エウリピデス『ヒッポリュトス』九八八行〜九八九行。
132　第一巻第二章を参照。

要になるということである。なぜなら、そのようなことを何一つ知らなければ、話し手はそこから結論を導くためのものを何一つもたないことになるからである。

私が言わんとするのはこういうことである。たとえば、われわれがアテナイ人たちに、戦争すべきか、それともすべきでないかを助言するとしよう。このとき、彼らの［主要な］戦力は何か、つまり海軍か、それとも陸軍か、それともその両方かということや、その規模はどれくらいかということや、財源は何かということや、どの国が味方でどの国が敵かということや、さらに、これまでいかなる戦争をいかにして戦ってきたかということや、またそのほかにも、いま述べたたぐいの事柄を知らないとすれば、どうして助言することができるだろうか。

あるいは、彼らを賞賛する場合でも、サラミスの海戦[133]やマラトンの戦い[134]、もしくはヘラクレスの子孫たちのために行なったこと[135]、もしくはそれ以外でも何かこのたぐいの事柄を知らないとすれば、どうして賞賛することができるだろうか。なぜなら、われわれはみな、当人に帰属するか、もしくは帰属すると思われる美しい行為に基づいて人を賞賛するからである。この点は非難する場合にも同様に当てはまる。すなわち、われわれはいかなる醜い行為が当人に帰属するか、もしくは帰属すると思われるかを調べ、［美しい行為とは］反対のその種の行為に基づいて人を非難するのである。たとえば、アテナイ人がギリシャの諸国を隷属国に貶めたということや、彼らと共に異民族と戦い、殊勲をあげたアイギナ人やポテイダイア人を奴隷にしたということや、その他のこのたぐいのことがそれに当たる。また、ほかにも彼らに帰属する何かそのような過ちがある場合には、話し手はそれに基づいて非難するのである。

糾弾する人や弁明する人もこれと同様であり、まず関連する事実を調べ、そのうえでそれに基づいてあるいは糾弾し、あるいは弁明するのである。[136]

このことは、対象がアテナイ人であってもラケダイモン人であっても、あるいは人間であっても神であっても何の違いもなく、いずれにせよ話し手は同じことをしなけ

133　前四八〇年にサラミス島近海でギリシャ艦隊がペルシア艦隊に勝利した戦い。
134　前四九〇年にマラトンでギリシャ軍がペルシア軍を大敗させた戦い。
135　アテナイ人がヘラクレスの子孫たちとともに、アルゴス王エウリュステウスを破った戦いを指す。
136　事実に関する知識の必要性は第一巻第四章ですでに助言弁論との関係で指摘されたが、ここでは演示弁論と法廷弁論の場合にも事情は同じであることが明らかにされている。

a20

ればならない。なぜなら、たとえば［半神の］アキレウスに助言する場合にも、あるいは彼を賞賛したり、非難したり、糾弾したり、彼のために弁明したりする場合にも、話し手は彼に関連するか、もしくは関連すると思われる事実を把握し、それに基づいて論じなければならないからである。つまり、彼が何か美しいことや醜いことを行なったのであれば、それに基づいて賞賛や非難をし、何か正しいことや不正なことを行なったのであれば、それに基づいて糾弾や弁明をし、彼にとって何か益になることや害になることがあれば、それに基づいて助言するのである。この点は主題が何であれ同様に当てはまる。たとえば、正義についても、それがよいものか、それともよくないものかということは、正義と善に関連する事実に基づいて論じなければならないのである。

主題に特有の事実

したがって、話し手はみな、より厳密な推論を行なうにせよ、より緩やかな推論を行なうにせよ、明らかにこのような仕方で論証することになる（なぜなら、彼らはあらゆる事柄から前提を手に入れるわけではなく、それぞれの主題に関連する事実から

1396b a30 (1396)

前提を手に入れるからである）。また、言論を通じて証明するときには、これ以外の仕方で証明することはできないということも明らかである。

それゆえ、『トポス論』のなかで述べたように[137]、話し手が次のことをしなければならないということは明らかである。すなわち、話し手は第一に、当の主題に関して起こりうる事柄や、当の主題にもっとも適した事実についての諸命題を選び出し、それらを主題ごとに手に入れておかなければならない。他方、［当の主題に関して］新たに浮上した事実についても、これと同じ方法で命題を探し求め、個別の主題に限定されない事実ではなく、弁論の主題に関連する事実に目を向け、できるだけ多くの、できるだけ関連が深い事実を特定しなければならない。なぜなら、関連する事実を数多く手にすればするほど、それだけいっそう証明が容易になり、主題との関連が深ければ深いほど、その事実はそれだけいっそう当の主題に特有のものとなり、その分、一般的なものではなくなるからである。

137　事実に関する命題ではないが、命題収集の必要性は『トポス論』第一巻第一四章冒頭に述べられている。

私が一般的なものと言うのは、アキレウスを賞賛する理由として、「人間である」ということや、「イリオンに出征した」という点を挙げる場合である。というのも、これらの事実はほかの多くの者たちにも当てはまるため、このようなことを言ったところで、ディオメデス[138]以上にアキレウスを賞賛することにはならないからである。他方、私が特有のものと言うのは、アキレウス以外の誰にも当てはまらない事実を指す。たとえば、「トロイア軍の最強の将ヘクトルを討ち取った」ということや、「全ギリシャ軍の上陸を阻んだ不死身のキュクノス[139]を討ち取った」ということや、「最年少で、しかも誓いを立てていたわけでもないのに遠征に加わった」ということや、その他のこの種の事実がそうである。

共通のトポスと二種類の説得推論

さて、以上に述べた方法、すなわち［特有の命題としての］トポスを用いる方法が、説得推論の前提を選択する一つの方法であり、それももっとも基本的な方法である。そこで、次に説得推論の構成要素について述べることにしよう。私が構成要素と呼んでいるのは、説得推論の［共通の］トポスと同じもののことである。[140]

しかし、それに先立ち、最初に述べておかなければならないことをここで述べておこう。それは、説得推論には二つの種類があるということである。すなわち、一つは何かがしかじかであることやしかじかでないことを証明するものであり、もう一つは[相手を]論駁するものである。これら二種類の説得推論には、問答術の論駁と推論の違い[141]と同様の違いがある。すなわち、証明のための説得推論は[双方が]認めている前提から結論を導くものであるのに対し、論駁のための説得推論は相手が認めない結論を導くものである。

138　ギリシャ神話に登場する英雄。トロイア（＝イリオン）戦争で活躍した。

139　トロイア軍の勇将。ポセイドンの息子。

140　「トポス」には「特有の命題」と「論法（＝共通のトポス）」という二つの意味がある（詳細は解説を参照）。前者を用いるのが説得推論を作る一つの方法であり、後者を用いるのがもう一つの方法である。

141　問答術における推論と論駁（エレンコス）は、『詭弁論駁論』第一章一六四b二七～一六五a三で次のように説明されている。「推論とは、措定された前提から、前提とは別の命題を当の前提を通じて必然的に導く言論であり、論駁とは、[相手の]結論と矛盾する命題を伴う推論である」。

特有の命題としてのトポス

(1396)
さて、われわれは各種の弁論について、有用かつ必要な「特有の命題としての」トポスをほとんどすべて入手している。というのも、各種の弁論に関係する諸命題は、すでに選び出されているからである。したがって、よいものや悪いもの、あるいは美しいものや醜いもの、あるいは不正なことや正しいことについて、われわれはそこから説得推論を引き出すべきトポスをいまや手に入れており、また性格と感情と性向に
b30 ついても、われわれは先に同じような仕方でトポス[142]を選び出し、いまやそれを手に入
れているのである。

結び

1397a しかし、今度は別の仕方で、すなわちすべての種類の弁論に関係する普遍的なもの
としてトポス[143]を把握することにしよう。そして、それについて述べるとともに、その過程で論駁のためのトポスと論証のためのトポス[144]に言及し、それから見せかけの説得推論のトポスにも言及することにしよう。見せかけの説得推論とは、「妥当な」推論ですらないために、説得推論に見えるだけで実際にはそうではないもののことである。

これらが明らかになったあとで、次に反駁とは何か、異議とは何かを明確に定め、［相手の］説得推論に反論するためには、これらをどこからもってくるべきかを述べることにしよう。

第二三章　説得推論（二）真の説得推論のトポス

説得推論の共通のトポス

（一）証明のための［説得推論の］トポスの一つは、相反する事柄を利用するものである。すなわち、われわれはある事柄に属する性質と反対の性質が、その事柄と反対

142 性格と感情に関するトポスは本巻第二章〜第一七章で述べられた。性向はここでは徳と悪徳を指しており、これらに関するトポスは第一巻第九章で述べられた。
143 論法という意味でのトポス、すなわち共通のトポスを指す。
144 「論駁のためのトポス」は前節の「論駁のための説得推論」に用いられるトポスを指し、「論証のためのトポス」は前節の「証明のための説得推論」に用いられるトポスを指す。

の事柄に属するかどうかを調べ、属さない場合には命題を否定し、属する場合には命題を確立しなければならない。たとえば、「節度があることは有益である。なぜなら、放縦であることは有害だからである」[145]と述べる場合がそれに当たる。

あるいは、「アルキダマスの」『メッセニア演説』にある次の言葉がその例である。「もし戦争が目下の不幸の原因であるなら、平和の力によってそれを矯正しなければならない」。また、次の言葉もそうである。「意に反して悪事を働いた者に怒りの気持ちを抱くことは正しくないというのなら、強いられて誰かによいことをした者に感謝の気持ちを抱くことも適切ではない」[146]。また、次の言葉もそうである。「ご老人よ、死すべき者たちの間では嘘が説得力をもつというのなら、あなたはその反対も認めなければなりません。つまり、死すべき者たちにとっては多くの真実が説得力をもたないのです」[147]。

(二) 別のトポスは、同じ語幹から作られる変化形を利用するものである。なぜなら、それぞれの変化形には、ある性質がそのすべてに同じように属するか、もしくは属さないかのいずれかでなければならないからである。たとえば、次のように述べる場合がそれに当たる。「正当なことのすべてがよいことであるとは限らない。なぜなら、もしそうであるなら、正当にしかじかであることもすべてよいことであるはずだが、しかし実際には、正当に処刑されることは望ましいことではないからだ[148]」。

（三）別のトポスは、相互に関係する事柄を利用するものである。すなわち、それらの一方に「美しいことをした」もしくは「正当なことをした」ということが当てはまるなら、他方には「美しいことをされた」もしくは「正当なことをされた」ということが当てはまり、一方に「命令を下した」ということが当てはまるなら、他方には

145　直前の説明を当てはめると、「ある事柄＝節度があること」「ある事柄に属する性質＝有益」「ある事柄と反対の事柄＝放縦であること」「ある事柄に属する性質と反対の性質＝有害」「命題＝節度があることは有益である」となる。節度があることの反対である放縦であることには、有益の反対である有害という性質が属するから、「節度があることは有益である」という命題は確立しなければならない。これに対し、もし放縦であることに有害という性質が属さないならば、当の命題は否定しなければならない。

146　出典不明。

147　エウリピデスの失われた悲劇『テュエステス』の断片。

148　「正当な（ディカイオス）」という形容詞と「正当に（ディカイオース）」という副詞が同じ語幹から作られる変化形の例で、「よい（＝望ましい）」が性質の例。

「命令を実行した」ということが当てはまるのである。たとえば、徴税請負人のディオメドン[149]が、徴税［する権利］について、「君たちにとってそれを売ることが恥ずべきことでないのなら、われわれにとってもそれを買うことは恥ずべきことではない」と言ったのがそれに当たる。また、あることをされた者に「美しく」もしくは「正当に」ということが当てはまるなら、それをした者にもそのことが当てはまる。

しかし、この場合には誤謬推論を犯す可能性がある。なぜなら、ある人があることをされたのは正当であったとしても、あなたからそれをされたのは正当ではなかったかもしれないからである。それゆえ、話し手は、あることをされる人がそれをされるに値するかということと、それをする人がそれをするに値するかということを別々に考察し、そのうえで、どちらであれ事実に合致するほうの言論を用いなければならない[150]。というのも、これらは時として調和しないことがあり、その場合には、テオデクテス[151]の『アルクメオン』の例と同じように述べることに何の差支えもないからである。すなわち、アルクメオン[152]は「この世にあなたのお母様を憎む人は誰もいなかったのでしょうか」という質問に答えて、「それとこれとは分けて考えなければならない」と言ったが、妻のアルフェシボイアが「どういうことですか」と尋ねると、彼はそれに答えて次のように言ったのである。「世の人々は、私の母は死ぬべきであると判断したが、私が殺すべきであるとは判断しなかったのだ」。

デモステネスらニカノルの殺害者たちが訴えられた裁判[153]がその例に当たる。[154]というのも、この裁判では、殺害者たちがニカノルを殺したのは正当であると判断されたので、ニカノルが殺されたのは正当であると考えられたからである。また、テバイで殺

149　不詳の人物。

150　たとえば、相互関係が成り立つ場合には「Aがそれをされるのは正当だから、BがAに対してそれをするのは正当である」と論じ、成り立たない場合には「Aがそれをされるのは正当だが、しかしBがAに対してそれをするのは正当ではない」と論じるということ。

151　前四世紀の悲劇作家、弁論家。

152　ギリシャ神話に登場する英雄。アンフィアラオスとエリフュレの子。父の敵討ちのため母を殺害した。

153　ニカノルという人物も裁判の内容も不明。なお、このデモステネスは同名の著名な弁論家とは別人と推測されている。

154　この文は直前の段落ではなく、その一つ前の段落（一三九七ａ二三～二九）とつながっている。

害された人物をめぐる裁判もその例に当たる[155]。すなわち、被告はその人物が殺されるのは正当であったかどうかを判断するように求めたが、それは、殺されるのが正当である者を殺すことは不正ではないという考えに基づいているのである。

(四) 別のトポスは、「なおさらそうである／なおさらそうでない」〔という関係性〕を利用するものである[156]。たとえば、「神々でさえ全知でないのなら、人間が全知である可能性はほとんどない」と述べる場合がそれに当たる。これはつまり、「属する可能性がより高いものに属さないのなら、属する可能性がより低いものにも属さないということは明らかである」と言っているのである。

他方、「父親さえも殴る者は隣人も殴る」という例は、「属する可能性がより低いものが何かに属するなら、属する可能性がより高いものもそれに属する」という考えに基づいている。というのも、人が父親を殴る可能性は、隣人を殴る可能性よりも低いからである。

話し手はこのようにして、属するということであれ、属さないということであれ、自分が証明しなければならないいずれか一方に応じて、「属する可能性がより高いものに属さないのなら」と述べたり、あるいは「属する可能性がより低いものに属するのなら」と述べたりすることができる。

さらに、「同じくそうである／同じくそうでない」「という関係性」を利用するものもある。次の言葉はまさにそのことを言っている。「たしかに、君の父は気の毒だ。子供たちを失ったのだから。しかし、それなら同じくオイネウス[157]も気の毒ではないだろうか。名高い子供を失ったのだから[158]」。また、「テセウスのしたことが何ら不正ではないとすれば、同じくアレクサンドロスのしたことも不正ではないし、テュンダレオス[159]の息子たちのしたことが何ら不正ではないとすれば、同じくアレクサンドロスのしたことも不正ではないし、ヘクトルがパトロクロスにしたことが何ら不正ではないとすれば、同じくアレクサンドロスがアキレウスにしたことも不正ではない[160]」と述べるのもその例である。

155　この殺人事件についてはクセノフォン『ギリシャ史』第七巻第三章を参照。
156　これはラテン語で「ア・フォルティオリ（a fortiori）」と呼ばれる有名な論法である。
157　ギリシャ神話に登場する英雄メレアグロスの父。
158　出典不明。
159　ギリシャ神話に登場する人物。スパルタの王。

また、「ほかの分野の専門家たちが役立たずではないとすれば、同じく哲学者も役立たずではない」と述べたり、「死刑になることがよくあるからといって、将軍が役立たずであることにはならないとすれば、同じくソフィストも役立たずではない」と述べたり、「一個人があなた方の評判を気にかけなければならないとすれば、同じくあなた方もギリシャ人全体の評判を気にかけなければならない」と述べたりするのもその例である。[161]

(五)別のトポスは、時に着目するものである。たとえば、ハルモディオスに対する反論のなかで、イフィクラテスが次のように述べたのがそれに当たる。「もし私が、事を成し遂げる前の時点で、成し遂げた暁には銅像を建ててくれと要求していたら、諸君はその要求を認めたはずだ。それなのに、成し遂げたいまとなっては認めないつ
b30 もりなのか。何かを期待しているときには約束するが、それを享受したあとでは約束を反故《ほご》にするなどということはあってはならない」。

また、フィリッポス[162]がアッティカに攻め込むために、テバイ領の通過を認めてもら
1398a おうとした件で、[彼の使者が]次のように述べたのもその例である。「もしフィリッポスが、諸君のフォキス侵攻の手助けをする前に要求していたなら、諸君は約束して

くれたことだろう。だとすれば、彼が約束を取り付ける機会を逃して、諸君を信用するだけで済ませたからといって、それを理由に通過を認めないのはおかしな話だ」。

（六）別のトポスは、自分が言われたことを言った人に返すものである。これにはさまざまな方法があり、『テウクロス』に見られるものがその一例である。[163] また、イフィクラテスがアリストフォン[164]に対して用いたものもそれに当たる。すなわち、[165] 彼がアリストフォンに「君なら賄賂と引き換えに艦隊を裏切るのか」と尋ねたところ、「そんなことはしない」と答えたので、彼はこう言ったのである。「そうすると、君は

160　アテナイの弁論家ポリュクラテスの演示弁論『アレクサンドロス』の断片。アレクサンドロスはパリスの別名。

161　以上の三つの例はいずれも出典不明。

162　アレクサンドロス大王の父であるマケドニア王フィリッポス二世のこと（在位前三五九年〜前三三六年）。

163　『テウクロス』はソフォクレスの失われた悲劇。「一例」の内容は不明。

164　アテナイの政治家。

165　「イフィクラテスは賄賂と引き換えに艦隊を裏切った」と非難されたので、それを受けて次のように反論したということ。

アリストフォンだから裏切らないが、私はイフィクラテスだから裏切るというのかね」。

ただし、言い返す相手は、当の不正を犯す可能性がより高いと思われる人物でなければならない。もしそうでないとすれば、たとえばアリステイデス[166]が糾弾しているときに、誰かが彼に向かってそのように言い返すとすれば、滑稽に見えることだろう。むしろ、このトポスは、糾弾する者に対する不信感を［聞き手に］抱かせるために用いなければならない。というのも、総じて糾弾する者は、告発される者よりもよい人間であるようなふりをするからである。それゆえ、話し手はこのトポスを用いて、それが事実ではないことを証明しなければならない。もっとも、一般的に言って、話し手自身が行なっているか、もしくは行なうかもしれないことで他人を非難したり、話し手自身が行なっていないか、もしくは行ないそうにないことを他人に行なうように勧めたりするのは的外れである。

（七）別のトポスは、定義を利用するものである。たとえば、次のものがそうである。「ダイモンとは何か。それは神だろうか、それとも神の所産だろうか。しかし、それを神の所産と信じている人は誰でも、必然的に、神々が存在するということも信じていることになる」[167]。

また、イフィクラテスが、「もっとも高貴な人とは、もっともすぐれた［行為をした］人のことを言う。なぜなら、ハルモディオスもアリストゲイトンも、高貴な行為をするまでは少しも高貴なところがなかったのだから」と述べたうえで、「とすれば、［ハルモディオスの子孫である］君よりも、むしろ私のほうが彼らに近い。なぜなら、少なくとも君の行為よりも私の行為のほうが、彼らが行なったことに近いからだ」と述べたのもその例である。

また、『アレクサンドロス』[168]にある次の言葉もそうである。「誰もが同意することであろうが、身持ちがよくない者とは、一つの肉体を楽しむだけでは満足しない者のことを言うのだ[169]」。

---

166 「正義の人」と呼ばれたアテナイの政治家（前五二〇年頃〜前四六八年頃）。

167 プラトン『ソクラテスの弁明』二七C〜Dに見られるソクラテスの論法に基づく例。

168 ポリュクラテス作の、アレクサンドロス（パリス）を礼賛する演示弁論。

169 アレクサンドロス（パリス）はヘレネだけで満足したのだから、身持ちがよくない者ではないということ。

また、アルケラオス[170]のところに赴くのを断る理由として、ソクラテスが次のように言ったのもその例である。「ひどい仕打ちを受けた場合と同様に、よくしてもらったらお返しをしなければならないのに、それができないのは侮辱というものだからね」。つまり、彼らはみな、まず言葉を定義し、それが何であるかを把握したうえで、話題となっている事柄について推論を行なっているのである。

(八) 別のトポスは、言葉の多義性を利用するものである。たとえば、「鋭い」という語について『トポス論』で述べたことがそれに当たる。[171]

(九) 別のトポスは、分割に基づくものである。たとえば、次のように述べるのがそうである。「すべての人は、三つの動機、すなわちAかBかCのいずれかの動機から不正を犯す。しかるに、最初の二つのものは動機になりえず、かつ三番目のものが動機であるとは「糾弾する人」自身も主張していない」。

(一〇) 別のトポスは、帰納を利用するものである。たとえば、ペパレトス島[172]のある女が次のように述べたのがそれに当たる。「子供の出自については、どこの国でも女が白黒をつけるのです。たとえばアテナイでは、弁論家のマンティアス[173]とその息子が法廷で争っていたときに、母親が真相を明らかにしました。またテバイでは、イスメニアスとスティルボンが争っていたときに、ドドナ出身の女が、自分の息子の父親がイスメニアスであることを証明し、そしてそれによって、人々はテッタリスコスをイスメニアスの息子として認めることになったのです」。[174][175]
また、テオデクテスが『法』で次のように述べているのもその例である。「人は他人の馬の管理に失敗した者には自分の馬を委ねず、他人の船を転覆させた者には自分の船を委ねない。そこで、これと同じことがあらゆる事柄に当てはまるとすれば、他人の安全を守ることに失敗した者を自分の安全のために用いるべきではない」。

170　マケドニアの王（在位前四一三年〜前三九九年）。
171　『トポス論』第一巻第一五章一〇六ａ一二〜一四において、「鋭い（オクシュス）」という言葉は音の場合には「低い」の反対を意味するが、物体の場合には「重い」の反対を意味すると言われている。
172　テッサリア地方にある小さな島。
173　デモステネス第三九弁論に登場するトリコス区のマンティアスとその息子マンティテオスを指すと考えられている。
174　イスメニアスとスティルボンはどちらもテバイの政治家。
175　エペイロス地方にあるゼウスの聖域。

また、アルキダマスが「人は誰でも知者を尊敬する」と主張して、次のように述べたのもその例である。「少なくとも、パロス人はその毒舌にもかかわらずアルキロコス[176]を尊敬し、キオス人は自国の市民ではないのにホメロスを尊敬し、ミュティレネ人は女であるにもかかわらずサッフォーを尊敬している。また、ラケダイモン人は決して学問を愛好する人々ではなかったが、それでもキロンを元老院の一員に加え、ランプサコス人は他国の人であるにもかかわらずアナクサゴラス[177]を埋葬し、いまなお敬意を払っている。また、アテナイ人はソロンの法を用いることによって、かたやラケダイモン人はリュクルゴス[178]の法を用いることによって繁栄し、テバイでは、指導者が哲学者になるとすぐに国が繁栄したのである」。

（一一）別のトポスは、当面の問題と同じ問題か、もしくは同様の問題か、もしくは反対の問題について、すでに誰かが下した判断を利用するものである。

この種のもので一番よいのは、すべての人が常に変わらず下す判断であるが、そうでなくても、少なくとも大多数の人々が、または知者たちのすべてか大多数が、またはよい人々が下したものであればよい。もしくは、判定者自身が、または判定者が認めている者たちが下したものでもよい。もしくは、たとえば権威のある者たちがそれに当たるが、その判断に反対することができない者たちが下したものか、あるいは、たとえば神々や父親や教師がそれに当たるが、その判断に反対するのは立派とは言えない者たちが下したものでもよい。

たとえば、アウトクレス[179]がメイクシデミデス[180]について、次のように述べたのがそうである。「かの恐るべき女神たち[181]がアレイオス・パゴスの裁きに委ねることをよしとしたのに、メイクシデミデスがそうしないとすれば、それはとんでもないことだ」。あるいは、サッフォーが次のように述べたのがその例である。「死ぬのは悪いことです。なぜなら、神々がそのように判断しているからです。なぜなら、そうでなけれ

176　パロス島の詩人（前七五〇年頃～前七〇〇年頃）。
177　イオニア地方クラゾメナイ出身の哲学者（前五〇〇年頃～前四二八年頃）。太陽は灼熱した石であると主張したため、アテナイで不敬神の罪に問われ、ランプサコスに亡命した。
178　ラケダイモン（スパルタ）の伝説的な立法者。
179　アテナイの政治家。
180　不詳の人物。
181　エリニュエスと呼ばれる復讐の女神たちのこと。

ば彼らは死を選んでいるはずだからです」。

あるいは、アリスティッポス[182]が、プラトンのものの言い方にはいくらか断定的なところがあると思って、彼に向かって次のように述べたのがその例である。「われわれの仲間は決してそのような言い方はしなかったがね」。この「仲間」とは、もちろんソクラテスのことである。

また、アゲシポリスはまずオリュンピアで「ゼウスの」神託を求め、そのあとで父「のゼウス」と同じ意見かどうかをデルフォイでアポロンに尋ねたが、これはつまり、父の意見に反対するのは恥ずべきことであると言おうとしているのである[183]。

また、イソクラテスがヘレネについて、「彼女はすぐれた女だった。テセウスがそう判断したのだから」と書いたり[184]、アレクサンドロスについて、「彼はすぐれた男だった。女神たちがほかの誰でもなく彼を選んだのだから」と書いたりしているのもその例である[185]。

また、同じくイソクラテスが、エウアゴラス[186]について次のように言っているのもその例である。「彼はすぐれた男だった。なにしろ、コノン[187]は不運な日に遭ったときに、ほかの人々には目もくれず、真っ先にエウアゴラスのもとに身を寄せたのだから[188]」。

（一二）別のトポスは、部分を利用するものである。『トポス論』で次のように述べたのがそれに当たる。「心はいかなる種類の運動であるのか。というのも、心が運動であるとすれば、それはかくかくの種類の運動か、もしくはしかじかの種類の運動でなければならないのだから」[189]。また、テオデクテスの『ソクラテス』[190]にも、次のよう

182　北アフリカのキュレネ出身の哲学者で、ソクラテスの弟子（前四三五年頃〜前三五五年頃）。
183　アゲシポリスはスパルタの王。この話はクセノフォン『ギリシャ史』第四巻第七章第二節で取り上げられている。
184　イソクラテス第一〇弁論『ヘレネ礼賛』第二二節および第三八節。
185　同前、第四六節。
186　キュプロス島サラミスの王（在位前四一一年〜前三七四年）。
187　アテナイの海軍指揮官（前四四四年頃〜前三九二年）。
188　イソクラテス第九弁論『エウアゴラス』第五一節〜第五二節。
189　『トポス論』第二巻第四章一一一b四〜八を参照。「運動」が全体、「いかなる種類の運動」が部分に当たる。もし心がいかなる種類の運動でもないとすれば、それは運動ではないということ。

な典型的な例がある。「ソクラテスはどの神殿を冒瀆したというのか。国が認める神々のうち、どの神に敬意を払わなかったというのか」[191]。

（一三）別のトポスは、付随する結果に基づいて、推奨や制止、糾弾や弁明、賞賛や非難を行なうものである[192]。このトポスは、ほとんどの場合、同じ一つの事柄にはよい結果と悪い結果の両方が伴うということを前提としている。たとえば、教育を受けることには、嫉妬を招くという悪い結果と、賢くなるというよい結果が付随する。そこで、「教育を受けるべきではない。なぜなら、嫉妬を招くべきではないから」と述べたり、あるいは、「教育を受けるべきである。なぜなら、賢くなるべきだから」と述べたりするのである。カリッポス[193]の弁論術は、このトポスに、先に述べた可能なこと等の論点[194]を付け加えたものである。

（一四）別のトポスは、対置される二つの事柄について、推奨するか、もしくは制止しなければならないときに、いま述べた［付随する結果に基づく］トポスをその両方に適用するものである。先のトポスとこのトポスの違いは、前者においては任意の二つのものが対置されるが、後者においては反対のものが対置されるという点にある[195]。

たとえば、ある女祭司が民会で弁論することを息子に禁じて、次のように述べたのがそれに当たる。「なぜなら、あなたが正しいことを言えば、人々があなたを憎むことになり、不正なことを言えば、神々があなたを憎むことになるからです」。あるいは、民会で弁論すべきであるとして、次のように述べることもできる。「なぜなら、あなたが正しいことを言えば、神々があなたを愛することになり、不正なことを言えば、人々があなたを愛することになるからです」。これは、世に言う「塩と一緒に沼

190　テオデクテスがソクラテスを弁護するために書いた弁論。当時この手の本が数多く書かれたが、現存するのはプラトンとクセノフォンの『ソクラテスの弁明』だけである。
191　「ソクラテスは不敬神の罪を犯した」という主張に対する反論。「どの神殿」と「どの神」が部分に当たる。
192　このトポスは、推奨、弁明、賞賛の場合には付随するよい結果を指摘し、制止、糾弾、非難の場合には付随する悪い結果を指摘するという仕方で用いられる。
193　アテナイの弁論家で、イソクラテスの弟子。ディオンの殺害者（一三七三a一九）とは別人。
194　本巻第一九章で挙げられた共通の論点を指す。
195　たとえば、第一三のトポスの具体例にある「嫉妬を招く」と「賢くなる」は反対ではないが、第一四のトポスの具体例にある「愛する」と「憎む」は反対である。

地を買う」[196]ことに等しい。

なお、[「いま挙げた例のように」]相反する二つのもののそれぞれによい結果と悪い結果の両方が伴い、しかも一方に伴う［よい結果と悪い結果の］それぞれが、もう一方に伴う［悪い結果とよい結果の］それぞれと反対である場合には、ジレンマを突き付けられても、いつでも言い返すことが可能である。[197]

（一五）別のトポスは、［本音と建前という］相反する二つの考えから、相手の結論と反対の結論を導くように試みるものである。[198]このトポスは、人が表立って賞賛する事柄とひそかに賞賛する事柄は同じではなく、人前では正しいものや美しいものを何よりも賞賛するが、心の中ではむしろ有益なものを望むということを前提としている。これをしなければならないのは、矛盾をつくためのトポスのなかで、このトポスがもっとも効果的だからである。

（一六）別のトポスは、ある帰結と対応関係がある帰結を利用するものである。たとえば、息子がまだ所定の年齢に達していないのに、体が大きいという理由で公共奉仕[199]を強要されたときに、イフィクラテスが次のように述べたのがそれに当たる。「体の大きな子供を大人とみなすのなら、体の小さな大人を子供とみなす案を可決しなければならない」。また、テオデクテスが『法』のなかで次のように述べているのもその例である。「諸君は、たとえばストラバクス[200]とカリデモス[201]がそれに当たるが、功績を

1399b

196　出典不明。よいもの（塩）を得るために悪いもの（沼地）も同時に受け取るという意味。

197　「正しいことを言うこと」には「（A）神々に愛される」というよい結果と「（B）人々に憎まれる」という悪い結果が伴い、「不正なことを言うこと」には「（C）神々に憎まれる」という悪い結果と「（D）人々に愛される」というよい結果が伴う（AとCが反対で、BとDが反対）。この場合、「正しいことを言えば人々に憎まれ、不正なことを言えば神々に憎まれる」というジレンマを突き付けられても、「正しいことを言えば神々に愛され、不正なことを言えば人々に愛される」と言い返すことができるということ。

198　相手が建前に基づいた主張をしたときには、「本心ではこう思っているはずだ」と反論し、本音に基づいた主張をしたときには、「それとは反対のことを公言していたではないか」と反論するということ。このトポスについては『詭弁論駁論』第一二章一七二b三六～一七三a六を参照。

199　富裕な市民に課される公的事業の費用負担のこと。

200　詳細不明の人物だが、デモステネス第二〇弁論『レプティネスへの抗弁』第八四節にこの人物への言及がある。

201　前四世紀のエウボイア出身の傭兵隊長。その功績によりアテナイ市民権を与えられた。

挙げたという理由で傭兵に市民権を与えている。それなら、［市民権を与えられた］傭兵のなかで、取り返しのつかない損害をもたらした者たちは国外追放にすべきではないのか」。

（一七）別のトポスは、「結果が同じなら、その結果を導くものも同じである」と述べるものである。たとえば、クセノファネスが次のように述べたのがそれに当たる。「神々は生まれると主張する者は、神々は死ぬと言う者と同じように不敬である。なぜなら、どちらの場合にも、神々が存在していない時間があることになるからだ」。総じて言えば、このトポスは、ある一つの事柄から生まれる結果は常に同一であるという想定に基づくものである。[202] たとえば、次の言葉がそうである。「諸君はイソクラテスについてではなく、私の営みについて、つまり哲学すべきかどうかについて判断しようとしているのである」。[203] また、「土と水を与えることは、隷属することにほかならない」[204] と述べたり、「共通の平和に与ることは、[205] 命じられたことを行なうことにほかならない」と述べたりするのもそうである。なお、このように論じる場合には、話し手はどちらであれ自分の役に立つほうの想定を用いなければならない。[206]

（一八）別のトポスは、「人は事が起こったあとと前とでは必ずしも同じ選択をするわけではなく、むしろ逆の選択をすることもある」という事実を利用するものである。たとえば、次の説得推論がそれに当たる。「われわれは亡命中には祖国に戻るために戦ったというのに、祖国に戻ったいまは戦いを避けるために亡命するというのか」[207]。というのも、彼らはある時点では戦うことと引き換えに祖国に在住することを選択し

202　実際には別の結果につながることもありうるのに、ある特定の結果にのみつながると想定するのがこのトポスの特徴である。直後の具体例で言えば、「イソクラテスについて判断すること」が「ある一つの事柄」に当たり、「哲学すべきかどうかについて判断すること」が「結果」に当たる。

203　イソクラテス第一五弁論『アンティドシス』第一七三節にこれに近い文言がある。

204　ペルシアのダレイオス一世は、周辺民族に対して、服従のしるしとして土と水を献ずるように要求した。ヘロドトス『歴史』第五巻第一七章〜第一八章を参照。

205　前三三六年にマケドニアのアレクサンドロス大王とギリシャ諸国の間で締結された平和条約を指す。

206　たとえば、「土と水を与えることは、友好関係を築くことにほかならない」というように論じることもできるということ。

207　リュシアス第三四弁論『アテナイの父祖の国制を破壊すべきでないこと』第一一節にこれと同様の文言がある。

たのに、別の時点では祖国を離れることと引き換えに戦わないことを選択しようとし (1399)
ているからである。

（一九）別のトポスは、あるものが存在することやある行為がなされたことについて、
理由であるかもしれないことを理由であると断言するものである。たとえば、ある人 b20
が誰かに何かを与えたときに、「あとで取り返して苦しめるために与えたのだ」と断
言することがそれに当たる。次の言葉もそのような意味で述べられたものである。
「神が多くの人々に大きな幸運を与えるのは、好意を抱いているからではなく、むし
ろ彼らの災難を際立たせるためである」[208]。

また、アンティフォンの『メレアグロス』にある次の言葉もそれに当たる。「彼ら
の目的は獣を殺すことではなく、全ギリシャにメレアグロスの武勇を伝える証人とな
ることである」[209]。

また、テオデクテスの『アイアス』にある次の言葉もそうである。「ディオメデス
がオデュッセウスを選んだのは[210]、尊敬しているからではなく、自分より劣った者を同
行者とするためである」。というのも、それが理由で選んだということは、たしかに b30
ありうることだからである。

（二〇）別のトポスは法廷弁論と助言弁論の両方に共通するもので、当の行為を促したり妨げたりする要因や、行なったり避けたりする理由に着目するものである。なぜなら、これらは、それがあれば行なわなければならず、それがなければ行なってはならないものだからである。[211]たとえば、ある行為が可能であるということや、容易であるということや、自分自身か自分の友にとって有益であるということや、あるいは敵にとって有害であるということがそれに当たる。また、それを行なえば罰を受けるが、その成果と比べれば些細な罰にすぎないという場合もそうである。

糾弾と弁明も、同じこれらのものに基づいて行なわれる。つまり、行為を妨げる要因を挙げることによって弁明し、行為を促す要因を挙げることによって糾弾するのである。パンフィロス[212]の弁論術とカリッポスの弁論術は、もっぱらこのトポスから成りある。

208　出典不明。
209　アンティフォンの失われた悲劇『メレアグロス』の断片。
210　ディオメデスは敵陣を偵察する際の同行者としてオデュッセウスを指名した。ホメロス『イリアス』第一〇歌二二七行〜二四七行を参照。
211　「行為を促す要因」と「行為を行なう理由」。

立っている。

（二二）別のトポスは、「起こると思われているが、にわかには信じがたいこと」を利用するもので、「それが真実であるか、真実に近いのでなかったら、それが起こると思われることはなかったはずだ」と述べたり、「にわかには信じがたいことであるなら、それはなおさら真実である可能性が高い」と述べたりするものである。なぜなら、「あることが起こると」人々が思うのは、それが真実である場合か、もしくはありそうなことである場合かのいずれかだからである。それゆえ、もしそれが信じがたいことであり、ありそうなことではないとすれば、それは真実でなければならないことになる。というのも、それが起こると思われているのは、ありそうなことだからでもなければ、説得力のあることだからでもないからである。

たとえば、ピットス区のアンドロクレスが[213]、法を非難するときに述べたことがそれに当たる。すなわち、アンドロクレスが「法にはその誤りを正すための法が必要だ」と主張したところ、それを聞いた人々が抗議の声を上げたので、彼は「魚にも塩が必要であり、オリーブの搾りかすにもオリーブ油が必要ではないか[214]」と答えたのである。なるほど、塩水のなかで育ったものに塩が必要であるというのは、ありそうなことでも、説得力のあることでもない。また、オリーブ油の原料となるものにオリーブ油が必要であるということも、にわかには信じがたいことである。

（二二）別のトポスは論駁のためのもので、関連するすべての時や行為や発言のうちに何か整合しない点があれば、その不整合に着目するものである。まず、論争相手に言及する場合には、たとえば次のように述べるのがそれに当たる。「この男は君たち［民衆を］愛すると言っておきながら、［反民主的な］三〇人政権[215]と共謀したのだ」。次に、それとは別に、自分自身に言及する場合には、次のように述べるのがそうである。「この男は私を訴訟好き呼ばわりしているが、私がこれまでに訴訟を起こしたということを証明できないのだ」。また、それとは別に、自分自身と論争相手の両方に言及する場合には、次のように述べるのがそうである。「この男はこれまで一文たりとも

212　不詳の人物。
213　前五世紀のアテナイの政治家で、アルキビアデスの政敵。ピットス区はアッティカ地方の区（デーモス）の一つ。
214　どちらも保存のために必要という意味。
215　前四〇四年にアテナイで樹立された親スパルタ派三〇人の独裁政権（前四〇三年に崩壊）。

人に金を貸したことがないが、私はこれまで身代金を払って諸君の多くを解放してきたのだ」。

（二三）別のトポスは、人間でも行動でも、先入観をもたれているか、もしくはもたれているように見えるもののために、誤解の理由を述べるものである。というのも、そのように見られることには何らかの原因があるからである。

たとえば、自分の息子を里子に出していた女が、あるとき若者を激しく抱きしめていたために、その若者の情婦であるとみなされたが、理由が述べられると中傷は収まったのである。

また、テオデクテスの『アイアス』のなかで、オデュッセウスがアイアスに対し、自分はアイアスより勇敢であるのに、そのように思われていないのはなぜかを説明しているのもその例である。

（二四）別のトポスは物事の原因を利用するもので、原因が存在するときには「結果も存在する」と述べ、原因が存在しないときには「結果も存在しない」と述べるものである。というのも、原因と結果は［一対のものとして］一緒に存在するのであり、原因がなければ何ものも存在しないからである。

たとえば、トラシュブロスがレオダマスを糾弾して、「かつてアクロポリスの石柱には［反逆者として］この男の名が刻まれていたが、三〇人政権の時代に彼はそれを削り落としたのだ」と述べたときに、レオダマスが弁明して次のように答えたのがそれに当たる。「そんなことはありえない。もしそこに民衆の敵として私の名が刻まれていたのなら、三〇人政権はこの私をもっと信頼していたはずである」。[216][217]

（二五）別のトポスは、ある人が誰かに行なうように助言しているか、もしくは自分が行なっている［と主張している］か、もしくはすでに行なった［と主張している］行為が、別の方法をとればもっとうまくできたかどうか、あるいはもっとうまくできるかどうかを検討するものである。というのも、もっとよい方法があったのなら、「それを行なったと主張している人が」それを行なっていないことは明らかだからである。なぜなら、よくない方法をそれと知りながら進んで選択する人はいないのだから。

216　アテナイの民主派の政治家（前四四〇年頃〜前三八八年）。三〇人政権の打倒に貢献した。

217　つまり、原因に当たる「名が刻まれていた」という事実は存在しないので、結果に当たる「削り落とした」という事実も存在しないということ。

しかし、この推論は誤っている。なぜなら、どのように行なうのがよりよい方法であったかは、行なう前には明らかではなく、行なったあとで初めて明らかになるということがよくあるからである。

（二六）別のトポスは、すでに行なわれたことに反することが行なわれようとしているときに、それら二つの行為を［別々にではなく］一緒に考察するものである。たとえば、エレアの人々が、レウコテア[218]に犠牲を捧げ、追悼歌を歌うべきかどうかを尋ねたときに、クセノファネスが次のように助言したのがそれに当たる。「レウコテアを神とみなすのなら、追悼歌を歌ってはならない。人間とみなすのなら[219]、犠牲を捧げてはならない[220]」。

（二七）別のトポスは、すでに犯された過ちを根拠にして、糾弾するか、もしくは弁明するものである。たとえば、カルキノス[221]の『メデイア』のなかで、ある者たちがメデイア[222]を糾弾して、「彼女は自分の子供たちを殺したのだ。なにしろ、どこにも姿が見当たらないのだから」と述べているのがそれに当たる。というのも、メデイアはそのときすでに、子供たちを追い出すという過ちを犯していたからである。これに対し、メデイアは次のように弁明している。「殺すのなら、子供たちではなく、イアソン[223]を殺したことでしょう。なぜなら、子供たちを殺しておきながら、イアソンのほうを殺さなかったとすれば、それこそ過ちを犯したことになるのですから」。テオドロス[224]以前の弁論術は、もっぱらこのトポスとこの種の説得推論から成り立っている。

218　ギリシャ神話に登場する海の女神。「レウコテア」は「白い（レウコス）女神（テア）」という意味。

219　海に身投げした（カドモスの娘）イノがレウコテアの前身とされるため。

220　犠牲は神に捧げるものであり、追悼歌は人間のために歌うものである。それゆえ、犠牲を捧げた場合には、追悼歌を歌うというそれに反する行為はしてはならず、追悼歌を歌った場合には、犠牲を捧げるというそれに反する行為はしてはならないということ。

221　前四世紀のアテナイの悲劇詩人。

222　ギリシャ神話に登場する魔女。

223　ギリシャ神話に登場する英雄。メデイアの夫。

224　前五世紀のビュザンティオン出身の弁論家。プラトン『ファイドロス』二六一Cおよび二六六Eで言及されている。

（二八）別のトポスは、固有名を利用するものである。たとえば、ソフォクレスの「シデロよ、［お前の母は］その名の意味をはっきり知りながら[225]」という言葉がそれに当たる。また、神々を賛美するときの定番の文言もそうであり[226]、コノンがトラシュブロスを「無鉄砲な助言者（トラシュブーロス）」と呼んでいたのもそうである。また、ヘロディコスがトラシュマコスに[227]「君はいつも無鉄砲な戦い方をする（トラシュマコス）」と言い、ポロスに[228]「お前は相変わらず子馬（ポーロス）だな」と言い、立法者のドラコンについて[229]、「彼の法は人間の法ではなく、むしろ竜（ドラコーン）の法である」と言ったのもそれに当たる（なぜなら、その法は過酷なものだったからである）。また、エウリピデスの作品のなかで、ヘカベ[230]がアフロディテ[231]について次のように述べたのもそうである。「この女神の名が無思慮（アフロシュネー）と同じつづりで始まるのはもっともなことです[232]」。また、カイレモン[233]の次の言葉もそうである。「ペンテウス[234]という名は、来《きた》るべき災いに由来する[235]」。

受けがよい説得推論

ところで、説得推論のうちでは、論証のための説得推論[236]よりも、論駁のための説得

---

225 ソフォクレスの失われた悲劇『テュロ』の断片。テュロの継母であるシデロは、「シデーロス（鉄）」という名の通り固く冷たい女性であるという意味。

226 詳細は不明だが、古注によれば、「ゼウスがその名をもつのは、われわれの生の（ゾーエース）原因だからである」という文言。

227 前五世紀のカルケドン出身のソフィスト。プラトン『国家』に登場する。

228 シケリア島アクラガス出身の弁論家。プラトン『ゴルギアス』に登場する。

229 前七世紀のアテナイの立法者。アテナイで最初の成文法を制定したと言われる。

230 ギリシャ神話に登場するトロイア王プリアモスの妻。

231 ギリシャ神話に登場する美と愛の女神。

232 エウリピデス『トロイアの女たち』九九〇行。

233 前四世紀のアテナイの悲劇詩人。『詩学』第一章一四四七b二一で言及されている。

234 ギリシャ神話に登場するテバイの王。

235 「ペンテウス」は「ペントス（嘆き）」に因んだ名であるということ。

236 「論証のための（アポデイクティコス）説得推論」は、前章に既出の「証明のための（デイクティコス）説得推論」（一三九六b二四）の言い換え。

推論のほうが聴衆の受けがよい。なぜなら、論駁のための説得推論は相反する命題を短い表現のなかで組み合わせるものであるが、相反するものが相反するということは、並べたときに聞き手にいっそう明らかになるからである。

しかし、論駁のためのものにせよ、証明のためのものにせよ、すべての推論のなかでもっとも喝采を博するのは、わかりきったことを言っているわけではないのに、始まりを聞いただけで結論が予見できるような推論である（なぜなら、聞き手は「推論に満足すると」同時に、結論を察知することで自分自身にも満足するからである）。また、述べられると同時に理解することができ、聞き手がほとんど後れをとることがないような推論もそうである。

第二四章　説得推論（三）見せかけの説得推論のトポス

真の説得推論と見せかけの説得推論

さて、推論には真の推論だけでなく、推論ではないが推論に見えるものがあるのだから、[237]必然的に、説得推論にも真の説得推論だけでなく、説得推論ではないが説得推論に見えるものがあることになる。なぜなら、説得推論は一種の推論だからである。

見せかけの説得推論のトポス

（一）見せかけの説得推論のトポスの一つは、［特定の］表現から生まれるものである。

（一a）このトポスの一つのタイプは、問答術の場合で言えば、[238]推論によって導いていないにもかかわらず、推論の結論であるかのように最後の言葉を述べるものである。たとえば、「それゆえ、かくかくではない」と述べたり、「それゆえ、必然的に、しかじかである」と述べたりするのがそれに当たる。これと同様のことは説得推論にも当てはまる。[239]つまり、簡潔かつ対照的に述べる[240]ことによって、［説得推論でないものが］

1401a

237　『トポス論』第一巻第一章一〇〇b二三～一〇一a四を参照。
238　『詭弁論駁論』第一五章一七四b八～一一を参照。
239　推論に特徴的な表現を用いることによって推論に見せかけることができるのと同様に、説得推論に特徴的な表現を用いることによって説得推論に見せかけることができるということ。

説得推論に見えるのである。なぜなら、そのような表現こそが説得推論の得意とするところだからである。そして、このようなものが説得推論に見えるのは、表現の外形のゆえであると思われる。

他方、表現の仕方によって推論らしく述べるには、多くの推論の「それぞれの」主要部分を述べることが役に立つ。たとえば、「彼はある者たちを救い、ある者たちに報復し、ギリシャ人に自由をもたらした」[241]と述べるのがそれに当たる。というのも、これらの言明はそれぞれ別の根拠によって論証されたものであるにもかかわらず、このように一緒に置くと、そこから何か「新たな」結論が出てくるように見えるからである。

(一b) このトポスのもう一つのタイプは、同名異義語[242]から生まれるものである。たとえば、次のように主張することがそれに当たる。「ネズミ(ミュース)はすばらしい生き物である。なぜなら、もっとも尊ばれている儀式の名がネズミに由来するからである。というのも、秘儀(ミュステーリア)[243]こそがあらゆる儀式のなかでもっとも尊ばれているのだから」[244]。

あるいは、犬に賛辞を捧げるときに、天空の犬「であるシリウス」を引き合いに出したり、牧神パン[245]を引き合いに出したりすることもそれに当たる。なぜなら、ピンダロス[246]がパンのことを、「至福なる者よ、オリュンポスの神々が、偉大なる女神に仕える多彩な姿の犬[247]と呼ぶ者よ」と語っているからである。あるいは、「犬が一匹もいないのはまことに不名誉なことだから、犬であることは明らかに名誉なことだ[248]」と述べるのもそうである。

240　簡潔に述べることは説得推論全般の特徴だが、対照的に述べることは論駁のための説得推論の特徴である。前章一四〇〇b二五～二八を参照。
241　イソクラテス第九弁論『エウアゴラス』第六五節～第六九節に基づいて作られた表現。
242　同名異義語（ホモーニュミアー）とは、ある語と名は同じだが、名が表す事物の説明が異なる語のこと。『カテゴリー論』第一章冒頭を参照。
243　口外禁止の宗教儀礼「エレウシスの秘儀」のこと。「ミュステーリア」はミステリー（mystery）の語源。
244　ポリュクラテスの演示弁論『ネズミ礼賛』の断片。
245　ギリシャ神話に登場する半人半獣の神。パニック（panic）の語源。
246　テバイの抒情詩人（前五一八年頃～前四四六年頃）。
247　「偉大なる女神」はキュベレのことで、「犬」は「番人」という意味。

また、次のように主張することもそれに当たる。「ヘルメス[249]は神々のなかでもっとも社交的（コイノーニコス）である。なぜなら、この神だけが、みんなのヘルメス（コイノス・ヘルメス）[250]と呼ばれるのだから」。

また、次のように主張することもそれに当たる。「言論（ロゴス）はまことにすばらしいものである。なぜなら、すぐれた人々は金銭に値する者ではなく、尊敬（ロゴス）に値する者だからである」。というのも、「ロゴスに値する」という言葉は一義的ではないからである。[251]

（二）別のトポスは、分かれているものを結びつけて論じたり、結びついているものを分けて論じたりするものである。[252]というのも、これによって、同じではないものが同じに見えるということがよく起こるからである。それゆえ、これらのどちらであれ、話し手は役に立つほうを行なわなければならない。

エウテュデモス[253]の論法はまさにこれである。たとえば、「彼は三段櫂船がペイライエウスにあるということを知っている。なぜなら、「三段櫂船とペイライエウスの」それぞれを知っているからである」[254]というのがそれに当たる。

また、次のように述べるのもこのトポスの例である。「文字を知っている者は単語を知っている。なぜなら、単語は「それを構成する」文字と同じものだから[255]。

248　「キュオーン（犬）」には「キュニコス派の哲学者」という意味がある（「キュニコス」は「キュオーン」の形容詞で、「犬の」という意味）。そのため、この文の「犬である」は「キュニコス派の哲学者である」という意味にもなる。なお、「犬が一匹もいないのはまことに不名誉」の意味は不明。

249　ギリシャ神話に登場する神。ゼウスとマイアの子。

250　「みんなのヘルメス」は「幸運はみんなで分け合うもの」という意味で、ヘルメスが幸運の神であることに由来する表現。

251　「われわれはすぐれた人々のことをロゴスに値すると言うのだから、ロゴスはすばらしいものだ」というのが主張の主旨。この場合の「ロゴスに値する」は「言論に値する」という意味ではなく、「尊敬に値する」という意味で使われているから、この主張は誤りであるということ。

252　前者は「結合の誤謬」、後者は「分離の誤謬」と呼ばれる。『詭弁論駁論』第四章一六六a二三〜三八を参照。

253　ソクラテスと同時代のキオス島出身のソフィスト。プラトン『エウテュデモス』に登場する。

254　『詭弁論駁論』第二〇章一七七b一二〜一三では、これをより複雑にした例がエウテュデモスの論法として紹介されている。

a30 (1401)

また、次の主張もそうである。「この量を二倍にしたものは体に悪いのだから、一倍の量も健康によくない。なぜなら、もしそれが健康によいとすれば、二つのよいものから一つの悪いものが作られることになるが、それは不合理だからである」。ところで、この主張はこのように述べれば論駁[256]のための説得推論となるが、次のように述べれば証明[257]のための説得推論となる。「なぜなら、一つならよいものを二つにすると悪いものになるということはありえないからである」。しかし、総じて言えば、このトポスは誤謬推論を生みやすい。

また、ポリュクラテス[258]がトラシュブロスについて、「彼は三〇人の僭主たちを倒した」と述べているのもこのトポスの例である。というのも、ポリュクラテスは三〇人の僭主たちを結びつけて［三〇人政権という一つのものとみなして］いるからである。

あるいは、テオデクテスの『オレステス』のなかで、次のように述べられているのもそれに当たる。というのも、それは分離[259]［の誤謬］に基づいているからである。「夫を殺した女が殺されることは正しい。また、息子が父の敵を討つことも正しい。それゆえ、これらの行為がなされたのである」[260]。これが誤謬推論であるのは、これらの行為のそれぞれは正しいとしても、結びつけて一つにすると、もはや正しくないだ

1401b

ろうからである。もっとも、この誤謬推論は、限定語句の省略によるものと言うこともできる。というのも、「夫を殺した女が殺されることは正しい」という言明は、「誰々によって」という限定語句を省略しているからである。

（三）別のトポスは、怒りをあらわにすることによって、「推論を」構築するか、も

255 「単語」と訳した「エポス」には「詩」という意味もあるので、「文字を知っている人は、その文字で書かれた詩（の全文）を知っている」と解釈されることもある。

256 「この量の一つ分は健康によいが、二倍にすると体に悪い」という主張を論駁するもの。

257 「この量の一つ分は健康によいから、二倍にしても体によい」という主張を証明するもの。

258 アテナイの弁論家（前四四〇年頃〜前三七〇年）。失われた弁論作品『ソクラテスの告発』の著者として知られる。

259 ポリュクラテスの例が結合の誤謬の例、テオデクテスの例が分離の誤謬の例とされているが、むしろ逆である。前者は「三〇人政権を倒した」ということから「三〇人の僭主のそれぞれを倒した」ということを導いているので分離の誤謬に当たり、後者は「夫を殺した女が殺されることは正しい」ということと「息子が父の敵を討つことは正しい」ということから「息子が（母親である）その女を殺すことは正しい」を導いているので結合の誤謬に当たる。

260 「夫を殺した女」は愛人と共謀してアガメムノンを殺害したクリュタイムネストラ、「息子」は父の敵討ちのためにクリュタイムネストラを殺したオレステスを指す。

しくは破壊するものである。これに該当するのは、誰かがある行為に及んだということを証明せずに、当の行為の意義だけを拡大する場合である。というのも、被告の側が「怒りをあらわにしながら」行為の意義を拡大すれば[261]、その行為に及んでいないように見せることになり、原告の側が怒りをあらわにすれば[262]、被告がその行為に現に及んだように見せることになるからである。したがって、いずれにせよこれは説得推論ではない。なぜなら、証明されていないにもかかわらず、聞き手は問題の行為がなされたと結論するか、もしくは行なわれなかったと結論するが、それは誤謬推論にほかならないからである。

（四）別のトポスは、しるし[263]を利用するものである。この種のものが誤謬推論であるのは、それも「妥当な」推論ではないからである。

たとえば、次のように述べる場合がそれに当たる。「恋は国に益をもたらす。なぜなら、ハルモディオスとアリストゲイトンの恋は、僭主のヒッパルコス[264]を倒したのだから[265]」。

あるいは、次のように述べる場合もそうである。「ディオニュシオスは泥棒である。なぜなら、彼は悪人だから」。というのも、事実これも「妥当な」推論ではないからである。なぜなら、すべての泥棒は悪人であるが、すべての悪人が泥棒であるとは限らないからである。

（五）別のトポスは、付帯的な事柄に基づくものである。たとえば、ポリュクラテスがネズミについて、次のように述べているのがそれに当たる。「ネズミたちは弓の弦をかみ切って、人々を助けたのである」[266][267]。

261　「これほど大それたことをするはずがない」と主張するということ。

262　怒りをあらわにしながら「被告はこれほど大それたことをしたのだ」と主張するということ。底本には従わず、orgizētai と読む。

263　無名称のしるしのこと。第一巻第二章一三五七b三〜五を参照。

264　ペイシストラトスの次男で、アテナイの僭主。恋人関係にあったハルモディオスとアリストゲイトンによって前五一四年に暗殺された。

265　プラトン『饗宴』一八二Cに基づいて作られた推論。

266　「付帯的な事柄」とは、ある事柄にたまたま伴う事柄のこと。ある事柄に別の事柄がたまたま伴うときに、両者に必然的な結びつきがあるかのように論じるのがこのトポスである。以下の二つの具体例では、「弓の弦をかみ切ること」と「宴席に招かれないこと」がある事柄に当たり、「人々を助けること」と「激怒すること」が付帯的な事柄に当たる。

あるいは、次のように主張するのもその例である。「宴会に招かれることほど名誉なことはない。なぜなら、アキレウスがテネドスでアカイア人たちに激怒したのは、宴会に招かれなかったことが原因だからである」[268]。しかし、アキレウスが激怒したのは名誉を汚されたと思ったからであり、この怒りは宴会に招かれなかったという出来事にたまたま伴ったにすぎない。

（六）別のトポスは、物事の帰結をもとにして生まれるものである[269]。たとえば、『アレクサンドロス』の次の言葉がそれに当たる。「彼は誇り高い人だった。なぜなら、大衆との交際を蔑視して、イダ山で一人で暮らしていたのだから」[270]。というのも、誇り高い人とはこのようなことをする人のことだから、それゆえアレクサンドロスも誇り高い人と思われることになるからである。

また、次のように述べることもそれに当たる。「めかしこんで夜な夜なうろつき回っているから、その男は姦夫にちがいない」。なぜなら、姦夫とはこのようなことをする人のことだから」。

また、「乞食は神殿で歌ったり踊ったりする［から幸福な人である］」と述べたり、「亡命者はどこでも好きなところに住むことができる［から幸福な人である］」と述べたりすることも同様の例である。というのも、このようなことは幸福とみなされている人々に当てはまることだから、このようなことが当てはまる乞食や亡命者たちも幸福であると思われることになるからである。しかし、ここには「いかなる仕方でそれをするか」という点に関して違いがある。[271] それゆえ、これも限定語句の省略［の誤謬］に分類される。

（七）別のトポスは、原因でないものを原因とみなすことから生まれるものである。たとえば、同時に起こった、もしくはあとに起こったという理由であるものを原因とみなすことがそれに当たる。なぜなら、人々はAのあとにBが起こると、Aが原因で

267　ポリュクラテスの演示弁論『ネズミ礼賛』の断片。
268　ソフォクレスの失われた悲劇『シュンデイプノイ』の断片。
269　「このような人であるならば（前提）、普通はこのようなことをする（帰結）」という見解に基づいて、「このようなことをするのだから、このような人であるはずだ」と論じること。
270　ポリュクラテスの演示弁論『アレクサンドロス』の断片。
271　幸福な人が歌ったり踊ったり好きなところに住んだりするのは楽しむことが目的であるのに対し、乞食や亡命者の場合はそうではないということ。

Bが起こったと解するからである。政治に携わる者たちは特にそうである。たとえば、デマデス[272]がデモステネス[273]の政策をすべての不幸の原因と解したのがそれに当たる。なぜなら、その政策が実施されたあとに戦争が起こったからである。[274]

（八）別のトポスは、「いつ」や「どのように」という限定語句の省略から生まれるものである。たとえば、次のように述べることがそれに当たる。「アレクサンドロスがヘレネを自分のものにしたのは正当である。なぜなら、ヘレネの父が夫を［自由に］選ぶことを彼女に許したのだから[275]」。これが誤謬推論であるのは、おそらくヘレネは常にそれが許されていたわけではなく、最初［の結婚］のときに許されただけだからである。なぜなら、父親の権威が及ぶのはその時点までだからである。

あるいは、「自由人を殴るのは暴行にほかならない」と主張することもそれに当たる。というのも、いかなるかたちであれ自由人を殴れば暴行になるわけではなく、先に手を出した場合にのみ暴行になるからである。

（九）さらに、論争的な議論においてよく見られるように、見せかけの推論は、一方で無条件にそうであると述べ、他方で無条件にではなく、ある意味でそうであると述べることから生まれる。[276]たとえば、問答術の場合で言えば、「あらぬものはある。な

ぜなら、あらぬものはあらぬものであるから」と述べたり、「知りえないものは知り
うる。なぜなら、知りえないものについては、それが知りえないものであるというこ
とを知りうるから」と述べたりするのがそうである。これと同様に、弁論術の場合に
も、無条件にありそうなことではなく、ある意味でありそうなことから見せかけの説
得推論が生まれる。

しかし、「ある意味でありそうなこと」は、「普遍的にありそうなこと」であるわけ
ではない。この点は、たとえばアガトンの次の言葉に当てはまる。「死すべき人間た a10
ちにはありそうにないことが起こるということ、まさにこれこそがありそうなことで

272　アテナイの弁論家、政治家（前三八〇年頃〜前三一九年）。デモステネスの政敵。

273　アテナイの弁論家、政治家（前三八四年〜前三二二年）。

274　デモステネスによる反マケドニアの政策と、その後に起こったカイロネイアの戦いにおけるアテナイの敗北のことを言っている。

275　ポリュクラテスの演示弁論『アレクサンドロス』の断片。ヘレネが夫の選択を許されていたという話については、エウリピデス『アウリスのイフィゲネイア』四九行〜七九行を参照。

276　このトポスについては『詭弁論駁論』第五章一六六b三七〜一六七a二〇の説明も参照。

あるということも現に起こるのだから、ありそうなことに反することもありそうなことであり、もしそうだとすれば、ありそうにないことがありそうなことになるというわけである。しかし、これは「「ある意味でありそうなこと」にすぎず、」「無条件にありそうなこと」であるわけではない。これはちょうど、論争的な議論において、「いかなる点で」や「いかなるものとの関係で」や「いかなる仕方で」という限定語句を付けないことから詭弁が生まれるのと同じである。つまり、弁論術においても、無条件にありそうなことではなく、ある意味でありそうなことから詭弁が生まれるのである。

コラクスの弁論術はこのトポスから成り立っている。[278] すなわち、彼の教えによれば、被告が当の罪を犯しそうにない場合、たとえば非力な人が暴行罪に問われる場合には、「この私がそれをするのはありそうにないことだ」と論じればよいのであり、他方で被告が当の罪を犯しそうな場合、たとえば力の強い人が暴行罪に問われる場合には、「この私がそれをするのはありそうにないことだ。なぜなら、そんなことをすれば、いかにもありそうなことだと人々に思われるのだから」と論じればよいのである。その他の場合もこれと同様に論じることができる。なぜなら、被告は当の罪を犯しそうであるか、もしくは犯しそうにないかのいずれかであることが必然だからである。たしかに、これらはどちらもありそうなことに見える。しかし、一方は真にありそうなことであるのに対し、もう一方は無条件にありそうなこというわけではなく、先に述べたように、ある意味でありそうなことにすぎない。これは、いわゆる「弱論を強弁する」ことの一例である。それゆえ、プロタゴラスがそのようなことを公言したときに、人々が反感を抱いたのはもっともなことである。なぜなら、このように論

277　悲劇詩人アガトンの作品の断片。
278　コラクスは前五世紀のシケリア島シュラクサイの弁論家。プラトン『ファイドロス』二七三Ａ～Ｄでは、コラクスの弟子であるテイシアスの技術としてこの種の論法が取り上げられている。
279　非力な人は暴行しないということ。
280　力の強い人は、疑われるのがわかっているから暴行しないということ。
281　ソクラテスに向けられた非難の言葉として知られる。プラトン『ソクラテスの弁明』一九Ｂを参照。
282　トラキア地方アブデラ出身のソフィスト（前四九〇年頃～前四二〇年頃）。プラトンが同名の対話篇を書いている。

じることは人を欺くことにほかならず、そこで述べられることは、真にありそうなことなのではなく、ありそうに見えることにすぎないからである。このような論法は、弁論術と論争術以外のいかなる技術のうちにも見出すことはできない。

結び

説得推論については、真実のものも見せかけのものも、以上に述べた通りである。

第二五章　説得推論（四）説得推論の反駁

二種類の反駁

以上に述べたことに続けて、次に反駁について述べなければならない。反駁は、対抗推論を組み立てるか、[283] もしくは異議を出すかのいずれかによって行なうことができる。

一方の対抗推論は、言うまでもなく、［相手が用いるトポスと］同じトポスから組み立てることができる。なぜなら、推論は真実らしい見解から作られるが、〔真であると〕思われる見解のなかには、相反する見解が数多くあるからである。[284]

他方、異議の出し方は、『トポス論』でも述べたように、[285] 全部で四通りある。すなわち、相手の推論を利用するか、同様の主張を利用するか、反対の主張を利用するか、先例となる判断を利用するかのいずれかである。

283 「対抗推論を組み立てる（アンティシュロギゼスタイ）」とは、相手側が「しかじかである」という肯定の結論を導く推論を組み立てたときには「しかじかでない」という否定の結論を導く推論を組み立て、相手側が「しかじかでない」という否定の結論を導く推論を組み立てたときには「しかじかである」という肯定の結論を導く推論を組み立てることを言う。本巻第二六章一四〇三a二五〜三一を参照。

284 たとえば、「金銭は有益である」という真実らしい見解がある場合に、それと反対の「金銭は有害である」という真実らしい見解もあるということ。

285 『トポス論』に該当箇所は見当たらない。

四種類の異議

(一)相手の推論を利用して異議を出すと私が言うのは、次のように述べることである。たとえば、「恋はすばらしいものである」ということを論じる説得推論があるとしよう。この場合、二通りの仕方で異議を出すことができる。すなわち、普遍的な言明として、「欠乏はすべて悪いものである」[286]と述べるか、もしくは個別の事例を取り上げて、「悪い恋もあるのでなかったら、カウノス的な恋[287]という言い回しは生まれなかったはずだ」と述べるのである。

(二)次に、反対の主張に基づいて異議を出すとは、次のように述べることである。たとえば、「よい人はすべての友によいことをする」ということを論じる説得推論があるときに、「しかし、悪人もすべての友にひどいことをするとは限らない」と述べるのである。[288]

(三)次に、同様の主張に基づいて異議を出すとは、次のように述べることである。たとえば、「ひどい仕打ちを受けた人は必ずその相手を憎む」ということを論じる説得推論があるときに、「しかし、よいことをしてもらった人も、必ずその相手を愛するわけではない」と述べるのである。[289]

（四）次に、著名な人々が下した判断を利用するとは、次のように述べることである。 b10
たとえば、「酔っ払いは［過ちを犯しても］大目に見なければならない。なぜなら、彼らは知らないで過ちを犯すのだから」という説得推論を誰かが述べたとしよう。この場合、次のように述べれば、それに対する異議となる。「それなら、ピッタコスの目は節穴だったことになる。そうでなければ、酔っ払って過ちを犯した者により重い罰を与えるような法は定めなかったはずである[290]」。

---

286 「恋は欠乏の一種である」ということが前提とされている。

287 禁断の恋のこと。双子の兄カウノスと妹ビュブリスの恋愛に由来する。

288 「よい人はすべての友によいことをする」という主張と反対の主張、すなわち「悪人はすべての友にひどいことをする」という主張に基づいてこのように述べるということ。

289 「ひどい仕打ちを受けた人は必ずその相手を憎む」という主張と同様の主張、すなわち「よいことをしてもらった人は必ずその相手を愛する」という主張に基づいてこのように述べるということ。ただし、これは同様の主張であると同時に反対の主張でもあるため、この具体例では（二）との違いが明らかにならない。

290 ピッタコスのこの法は『政治学』第二巻第一二章一二七四b一八～二三で取り上げられている。

説得推論の種類に応じた反駁の方法

ところで、説得推論は四種類のものから作られる。その四種類とは、ありそうなこと、例証、証拠、［無名称の］しるしである。

まず、ありそうなことから作られる説得推論とは、事実そうであるにせよ、そう見えるだけにせよ、たいていの場合に成り立つ命題から作られる説得推論のことである。次に、例証を用いる説得推論とは、一つかもしくはそれより多くの同様の事例を通じて普遍的な命題を手に入れ、それから推論によって個別的な命題を導く場合の説得推論のことである。次に、証拠を用いる説得推論とは、必然的に、かつ常に成り立つ命題を用いる説得推論のことである。次に、しるしを用いる説得推論とは、真であるか否かを問わず、普遍的な命題もしくは個別的な命題を用いる説得推論のことである。[291][292]

（一）さて、ありそうなこととは、常にではなく、たいていの場合に成り立つことである以上、そのようなものから作られる説得推論は、言うまでもなく、［必ずしもそうではないという］異議を出して反駁することが常に可能である。しかし、その反駁は見せかけであり、真の反駁ではない。なぜなら、［必ずしもそうではないという］異議を出す人は、それがありそうなことであるということを反駁しているのではなく、それが必然的に成り立つということを反駁しているにすぎないからである。

それゆえ、この誤謬推論を利用することによって、弁明する側は糾弾する側よりも常に優位に立つことができる。というのも、糾弾する側はありそうなことを通じて論証するが、「それはありそうなことではない」ということを示して反駁することと、「それは必ずしもそうではない」ということを示して反駁することは同じではない以上[293]、たいていの場合に成り立つことは常に異議を挟まれる余地があるからである。もしそうでなければ、それはたいていの場合に成り立つことでも、ありそうなことでもなく、常にかつ必然的に成り立つことであるということになるだろう。そして、このように「必ずしもそうではないということを示して」反駁すれば、それを聞いた判定者は、「糾弾する者が述べていることは」ありそうなことではないと考えるか、もしくは、

b30

291　これは説得推論の前提を手に入れるために例証を使う場合を指しており、通常の使い方、つまり例証だけで証明を行なう場合とは別である。

292　例証を用いる説得推論を除いて、ここで述べられていることは第一巻第二章一三五七a二二～b二五ですでに詳しく説明されている。

293　後者の仕方で異議を出して反駁するのはたやすいということ。

［もはや］自分が判定すべきことは何もないと考えるのである。しかし、先に述べたように、これは誤謬推論にほかならない。というのも、判定者は必然的なことに基づいて判定することに加えて、ありそうなことに基づいて判定することも要求されるからである。なぜなら、それこそが「最善の判断に従って」判定するということの意味だからである。

したがって、［真の］反駁を行なうためには、必ずしもそうではないということを示すだけでは不十分であり、ありそうなことではないということも示さなければならない。そして、それを示すことに成功するのは、相手の主張よりもそれに対する異議のほうが、たいていの場合に成り立つことを述べている可能性が高い場合である。しかるに、異議は二つの仕方でそのようなものになりうる。すなわち、［同じことが］何度も起こっているということによって、もしくは［同様の］事例が存在するということによってである。しかし、もっとも説得力があるのはこれらの両方による場合である。なぜなら、［同じことや同様のことが］何度も起こっているのなら、当の事柄はいっそうありそうなことになるからである。

（二）次に、［無名称の］しるしと、そのしるしを用いる説得推論は、最初のところで言ったように[294]、述べられていることが事実であっても反駁されうる。なぜなら、『分析論』の論述[295]からわれわれに明らかなように、しるしはどれ一つとして［妥当な］推論を作らないからである。

（三）次に、例証を用いる説得推論に対する反駁は、ありそうなことから作られる説得推論の場合と同じである。なぜなら、たとえ［同様の例が］数多くあるとか、［同じことが］何度も起こっているという場合でも、反例が一つでもあれば、必然的には成り立たないという理由で反駁されるからである。これに対し、反例がない場合には、「いま挙げた例は先に挙げた例と似ていない」とか、「それらは同じような仕方で起こったのではない」とか、「少なくともそれらには何らかの違いがある」と述べて戦わなければならない。

（四）次に、証拠および証拠を用いる説得推論は、妥当な推論を作らないという理由からは反駁することができない（このことも『分析論』の論述[296]からわれわれに明らか

294　第一巻第二章一三五七b一〇～二一。
295　『分析論前書』第二巻第二七章。

になっている)。しかし、述べられていることは事実ではないということを証明する余地はある。[297]もっとも、それが事実であるということも、証拠として成り立つということも明らかである場合には、もはや反駁は不可能となる。なぜなら、その場合には、相手の説得推論はもはやいかなる点でも疑う余地のない論証となるからである。

第二六章　説得推論（五）説得推論に関する補足

拡大と縮小

拡大と縮小は説得推論の構成要素ではない。なぜなら、ここで言う構成要素は［共通の］トポスと同じものであるが、[298]構成要素ないしトポスとは、それに応じて［同じタイプの］多くの説得推論が分類されるもののことだからである。[299]

これに対し、拡大と縮小は、何かが大きいことや小さいことを証明するために用いられる。これは、何かがよいことや悪いこと、あるいは正しいことや不正であること、あるいは何であれその他のその種のことを証明する場合と同じである。しかるに、これらはすべて、推論や説得推論がそれについて論じるもの［すなわち論点］にほかならない。[300] したがって、これらのそれぞれがどれも説得推論のトポスではないとすれば、拡大と縮小もトポスではないことになる。

反駁のための説得推論

また、反駁のための説得推論[301]は、説得推論の一つの種類ではない。[302] というのも、反駁は証明するか、もしくは異議を出すことによって行なうということは明らかである

296　同前、第二巻第二七章。
297　前提から結論が導出されないという理由で反駁することはできないが、前提そのものが誤っているという理由で反駁する余地はあるということ。
298　同様のことが本巻第二二章一三九六b二二で述べられている。
299　「この説得推論はこのトポスを使ったもの」というように、使っているトポスに応じて説得推論が分類されるということ。
300　本巻第一九章を参照。
301　「反駁のための説得推論」とは前章冒頭で言及された「対抗推論」のことであり、第二二章で言及された「論駁のための説得推論」とは異なる。

が、前者の「証明する」とは、相手に対抗して、［相手が出した結論と］対立する結論を論証することだからである。

たとえば、相手が「起こった」ということを証明した場合には、こちらは「起こらなかった」ということを証明し、相手が「起こらなかった」ということを証明した場合には、こちらは「起こった」ということを証明するのである。したがって、反駁を目的とするという特徴は、［説得推論の］種差にはなりえない（なぜなら、相手もこちらも同じ種類［の説得推論］を用いるからである。つまり、どちらの側も、「しかじかである」ということや、あるいは「しかじかでない」ということを証明するために説得推論を持ち出すのである）。

異議

また、異議は説得推論ではない。むしろ、『トポス論』で述べたように[303]、異議を出すとは、相手が［妥当な］推論を行なっていないということや、もしくは相手の前提に誤りがあるということを明らかにするような見解を述べることである。

第一巻と第二巻の結び

弁論に関して研究しなければならない項目は三つあるが、例証や格言や説得推論など、総じて思考に関係するものについては、それらをどこから手に入れることができるかということも、それらをどのように反駁することができるかということも、以上で十分に述べたものとしよう。それゆえ、残る仕事は、弁論の表現[304]と配列について述べることである。

1403b

302　説得推論には「証明のための説得推論」と「論駁のための説得推論」の二種類しかない（本巻第二二章一三九六b二三〜二五）。「反駁のための説得推論」はこれらと異なる第三の種類ではなく、このあと述べられるように、「証明のための説得推論」に含まれる。

303　『トポス論』に該当箇所は見当たらない。

304　「表現」の原語は「レクシス」。レクシスは「言葉を通じた表現」（『詩学』第六章一四五〇b一三〜一四）、すなわち言語表現のことだが、本書では単に「表現」（もしくは「表現方法」）と訳す。また、文脈に応じて「文体」という訳語も用いる。

第三巻　弁論の表現と配列

第一章　表現（一）総論

弁論に関する三つの研究項目

弁論に関して研究しなければならない項目は三つある。第一は、説得はいかなるものに基づいてなされるかという問題であり、第二は表現に関する問題であり、第三は、弁論の諸部分はどのように配列すべきかという問題である。

これらのうち、説得については、その方法が三つあるということも、その三つがいかなるものかということも、なぜ三つしかないのかということもすでに述べた。すなわち、それが三つしかないのは、判定者は誰でも、自分自身が何らかの感情を抱くか、もしくは話し手をある種の性格の人物と受け取るか、もしくは論証が与えられるかのいずれかによって説得されるからである。また、説得推論についても、［その材料を］どこから手に入れるべきかはすでに述べた。すなわち、説得推論［の材料］は、一つは種別的命題であり、もう一つは［共通の］トポスである。

そこで、次に表現について述べなければならない。なぜなら、話し手は語るべきことを知っているだけでは十分ではなく、それをいかに語るべきかということも知っていなければならないからである。また、いかに語るべきかを知っていれば、弁論をある種の性質のものに見せることに大いに役立つからである。

弁論における口演の技術

ところで、人々が自然の成り行きで最初に探究したのは、いかにして事柄それ自体に説得力をもたせるかという問題だったが、これは［弁論の］本性から見ても最初に探究すべきことである。そして、二番目に探究したのは、いかなる表現によってそれを述べるかという問題だった。これらに続く第三のものは、口演[1]に関する事柄である。これは非常に大きな効果を生むにもかかわらず、［弁論の分野では］まだ誰も手をつけていない。というのも、悲劇や叙事詩吟唱の世界でも、［役者による］口演が取り入れ

1　原語は「ヒュポクリシス」。広義では身振りも含めた演技全般を意味するが、ここでは「口演」という狭い意味で用いられている。

られるようになったのは最近のことだからである。実際、初めの頃は、作者自身が自分の悲劇を口演していたのである。

詩の口演については、テオスのグラウコン[2]をはじめ、その他数名の者たちがすでに研究しているが、弁論の分野にも詩の口演に相当するものがあるということは明らかである。

口演の本質は声の使い方にある。すなわち、それぞれの感情を表現するにはどのように声を使うべきか、たとえば大きな声や小さな声や中くらいの声を出すのはそれぞれいかなるときかということや、どのような声の調子を使うべきか、たとえば高い調子か低い調子か中くらいの調子かということや、それぞれの場合にいかなるリズムを用いるべきかという点にその本質がある。というのも、人々が考慮するのは三つの事柄、すなわち声量と調子とリズムだからである。実際、劇の競演で賞を手にするのは、ほとんど常に、これらを心得ている者たちであると言ってよい。加えて、今日の劇の競演では、作者よりも役者が大きな影響力をもっているが、政治に関する論戦においても、国制の欠陥のゆえにそれと同じことが起こっているのである[3]。

もっとも、口演の技術を扱った手引書はいまのところ存在しない。なぜなら、表現の技術でさえ、［弁論の分野に］入ってきたのは最近のことだからである。また、口演の技術は、［その本質を］正しく理解するならば、低俗なものであるように思われる。とはいえ、弁論術の研究は、その全体が聞き手はどう思うかに関係する以上、われわれはそのような技術にも関心を寄せなければならない。それは、必要なことだからであって、正しいことだからではない。なぜなら、弁論は苦痛も喜びも与えないものであればそれで十分であり、それ以上のことを求めるのは正しくないからである。というのも、事実そのものでもって争うのが正しいことだからである。したがって、論証以外は［本来］すべて余分なものでしかない。それにもかかわらず、先に述べたように、[4]口演の技術は聞き手の欠陥のゆえに大きな影響力をもつのである。 1404a

2　『詩学』第二五章一四六一b一とプラトン『イオン』五三〇Dにもこの名があるが、同一人物かどうかは不明。テオスはイオニア地方の都市。

3　民主制のポリスにおいて、口演の巧みな政治家がしばしば大衆の支持を得ることを言っている。

4　一四〇三b三四〜三五を指すが、そこでは「国制の欠陥のゆえに」と言われていた。

表現方法を研究する意義

［論証以外は余分である］とはいえ、何を教えるにせよ、表現に気を配ることはいくらか必要である。なぜなら、どのような語り方をするかによって、わかりやすさの面でいくらか違いが生まれるからである。もっとも、その違いはそれほど大きくはない。これらはすべて見かけに関係するものであり、聞き手［を喜ばせること］を目的としている。それゆえ、幾何学を教えるときにそのような手段をとる者は誰もいないのである。

さて、表現の技術は、弁論に取り入れるならば、口演の技術と同様の効果をもたらすことになる。しかし、その問題を論じようと試みたのは一部の人々だけであり、しかもほんのわずかしか論じていない。たとえば、トラシュマコスが『憐れみ』のなかで試みていることがそれに当たる[5]。実のところ、口演のうまさは才能によるもので、どちらかと言えば技術に関係しないのに対し、表現は技術の領域に含まれる。それゆえ、口演の力に頼る弁論家が勝利を手にするように、表現力のある弁論家も、こちらはこちらで勝利を手にするのである。なぜなら、書かれた弁論は[6]、思考よりもむしろ表現によって力を増すからである。

表現方法の研究の歴史

ところで、表現の研究を最初に推し進めたのは、当然のことながら、［模倣を仕事とする］詩人たちであった。[7]なぜなら、言葉は模倣の産物だからである。また、彼らにとっては声も手近な研究対象だった。というのも、われわれに備わるあらゆる機能のなかで、声はもっとも模倣の力をもつものだからである。それゆえ、叙事詩の吟唱や［劇の］口演の技術など、［声に関係する］さまざまな技術が作り出されたのである。当時の詩人たちは、他愛のないことを語っているにもかかわらず、表現［のうまさ］のゆえに名声を博しているように見えた。それゆえ、たとえばゴルギアス[8]がそうしたように、［弁論の分野でも］最初は詩的な表現が用いられたのである。

5　プラトン『ファイドロス』二六七Cでは、憐れみを誘う話術にかけてはトラシュマコスにかなうものはいないと言われている。

6　語る内容のこと。

7　詩作と模倣（ミーメーシス）の関係については『詩学』第一章を参照。

8　シケリア島レオンティノイ出身のソフィスト、弁論家（前四八五年頃〜前三八〇年頃）。プラトンが同名の対話篇を書いている。

今日でもなお、無学な人々の多くは、そのような者たちこそがもっとも美しく話すと思っている。しかし、それは真実ではない。なぜなら、散文の表現と詩の表現は別だからである。それが真実でないということは、事の成り行きが明らかにしている。というのも、今日では悲劇詩人たちでさえ、もはや以前と同じような表現方法は用いていないからである。すなわち、韻律のなかではイアンボス調がもっとも散文［の文体］に似ていることから、彼らは［トロカイオス調の］テトラメトロスを使うのをやめて、イアンボス調に乗り換えたのである。[9] また、それに応じて、日常会話には見られない言葉を使うことも避けるようになった。これは、初期の詩人たちが作品を飾り立てるのに用いた言葉であり、ヘクサメトロス[10]の詩を書く者たちがいまもなお用いている言葉である。それゆえ、詩人たちのまねをして、［昔の］詩的な表現を用いるのは滑稽であろう。なぜなら、彼ら自身がもはやそのような表現方法を用いていないからである。

結び

以上のことから、われわれは表現について語りうることのすべてを事細かに論じる必要はなく、われわれの主題である［弁論の］表現に関することだけを論じればよいということは明らかである。もう一方の表現［すなわち詩的な表現］については、『詩学』のなかですでに述べられている。[11]

第二章　表現（二）優秀さ

表現の優秀さの定義

以上で表現一般に関する問題の考察は終えたものとして、次に、表現の優秀さを定義することにしよう。

表現が優秀であるとは、第一に、わかりやすいということである（なぜなら、弁論

9　この変遷は『詩学』第四章一四四九a一九〜二八でより詳しく説明されている。なお、イアンボス等の韻律については、本巻第八章および解説を参照。
10　叙事詩のこと。
11　『詩学』第二〇章〜第二二章。

1404b

はしるしの一種である以上、言っていることが明らかでない弁論は、それ本来の役割を果たしていないことになるからである)。第二に、表現が通俗的であることも、不相応に格調高いこともなく、「弁論に」ふさわしいということである。[12]詩的な表現は、なるほど通俗的ではないかもしれないが、「不相応に格調高いので」弁論にはふさわしくない。

一風変わった表現

名指し言葉[13]と述べ言葉[14]のなかで、「弁論を」わかりやすくするのは常用語である。これに対し、『詩学』のなかで述べた[15]常用語以外の名指し言葉は、「弁論を」通俗的なものではなく、彩りのあるものにする。なぜなら、常用語から逸脱することによって、より高尚に見えるからである。というのも、人々は相手が外国人か同国人かで異なる印象をもつが、これと同じことが表現にも当てはまるからである。それゆえ、われわれは日常の言葉を一風変わったものにしなければならない。なぜなら、人々は遠く離れた「見知らぬ」ものに驚嘆の念を抱くが、驚嘆の念を抱かせるものは快いからである。

ところで、韻文の場合にはこの効果を生む手段が数多くあり、それらは韻文にぴったりである（それは、題材と登場人物が日常生活からかけ離れているからである。実際、韻文であっても、奴隷やあまりに若い人物が美しい言葉を使ったり、あるいはごく些細な事柄について美辞麗句を並べ立てたりすれば、むしろ不自然な感じがするだろう。韻文の場合にも、［題材と登場人物に応じて］格調を低くしたり、高くしたりすることからふさわしさが生まれるのである）。これに対し、散文の場合にはそのような効果を生む手段はずっと少ない。なぜなら、散文が扱う主題は韻文の場合ほど高尚ではないからである。

それゆえ、そのような手段を用いる者は、その作為が目につかないようにし、技巧

12 これを受けて、弁論にふさわしい表現としての「一風変わった表現」が次の節のテーマとなる。

13 「名指し言葉」の原語は「オノマ」。主に名詞と形容詞を指すが、動詞が時の観念（時制）を含まずに用いられる場合には、動詞もオノマに含まれる。

14 「述べ言葉」の原語は「レーマ」。主に動詞を指す。

15 『詩学』第二一章。

に走っているのではなく、自然に話していると思われるようにしなければならない（なぜなら、自然な話し方は説得力をもつが、技巧的な話し方はその反対だからである。実際、聴衆は企んでいる人に疑惑の目を向けるように、そのような話し方をする人にも疑惑の目を向ける。それはちょうど、［水を］混ぜた酒の場合と同じである）。たとえば、ほかの役者たちと違って、テオドロス[16]の声にはそのような特徴がある。というのも、彼の声は劇中の人物その人が話しているように聞こえるが、ほかの役者たちの声は誰か別の人が話しているように聞こえるからである。

技巧がうまく隠されるのは、聞き慣れた日常の言葉から単語を選んで弁論を作る場合である。これはエウリピデスが詩のなかで行なっていることであり、この手法の手本を示したのは彼が最初である。

散文の表現に役立つ語

さて、弁論は名指し言葉と述べ言葉から作られるが、名指し言葉には『詩学』のなかで考察したのと同じだけの種類がある[17]。それらのうち、奇語[18]と合成語と造語は、使用する頻度と場面を少なくしなければならない（使用する場面はのちに述べるが[19]、少なくしなければならない理由はすでに述べた。すなわち、それらを多用すると、ふさわしさを大きく逸脱することになるからである）。

散文の表現に役立つのは、常用語と本義語[20]と比喩[21]だけである。その証拠に、これらの語だけはすべての人々が使用している。というのも、誰もが比喩と本義語と常用語

16　第二巻第二三章に既出の弁論家とは別で、前四世紀の有名な悲劇役者。『政治学』第七巻第一七章一三三六b二八にこの人物への言及がある。

17　『詩学』第二一章では、名指し言葉がまず「単純語」と「合成語」の二種に区別され、続けて、常用語、奇語、比喩、装飾語、造語、延長語、短縮語、変形語の計八種が挙げられている。

18　「奇語」の原語は「グローッタ」。（ある特定の社会において）聞き慣れない語のことで、主に外国語、方言、古語を指す。

19　本巻第七章一四〇八b一〇～一二を指すと考えられる。

20　本来の意味で用いられる語のこと。比喩の対義語。

21　「比喩」の原語は「メタフォラ」。「語を転用すること」を指す場合と「転用された語」を指す場合があるが、本訳ではどちらも比喩と訳す。なお、「隠喩」と訳さない理由については解説を参照。

を使って会話をしているからである。したがって、［これらを使って］うまく弁論を作れば、明らかに、その弁論は一風変わったものでありながら、作為が気づかれない可能性があり、そのうえわかりやすいものとなる。しかるに、すでに述べたように[22]、そのようなものであることが、弁論の文章が優秀であるということなのである[23]。

なお、名指し言葉のうち、同名異義語はソフィストの役に立つ（なぜなら、彼らは同名異義語を利用して欺くからである）[24]。他方、同義語は詩人の役に立つ。常用語であり、かつ同義語であるものとしては、たとえば「行くこと」と「歩くこと」を挙げることができる。なぜなら、これらは両方とも常用語であり、互いに同じ意味を有しているからである。

比喩（一）　比喩の重要性

これらの語[25]のそれぞれが何であるか、また比喩にはどれだけの種類があるか、また比喩は詩においても弁論においても非常に効果的であるということは、先に言ったように、『詩学』のなかで述べられている[26]。しかし、弁論は韻文に比べて使える手段が少ないので、弁論の場合にはなおさら比喩に意を用いなければならない。加えて、わかりやすさと快さと一風変わった印象を生むのは何よりもこの比喩であり、しかも比喩［の能力］は、他人から習得することができないものなのである。[27]

比喩（二）表現と対象の対応関係

しかし、形容語句にしても、比喩にしても、対象にぴったり合うものを使わなければならない。この調和は［表現と対象に］対応関係があることから生まれるが、対応関係がなければ不自然な表現に見える。[28] なぜなら、相反するものが相反するというこ

22　本章一四〇四b三〜四。
23　次の段落の同名異義語と同義語の説明は脱線である。弁論（散文の一種）に役立つ語は常用語と本義語と比喩の三つであるが、前二者は説明を要しないので、脱線を挟んで、次に比喩がテーマとなる。
24　具体例は第三巻第二四章一四〇一a一二〜一三を参照。
25　前節の冒頭（一四〇四b二六〜二八）で言及されたさまざまな種類の語。
26　『詩学』第二一章〜第二二章。
27　『詩学』第二二章一四五九a六〜七でも「比喩の能力は他人から習得できるものではなく、恵まれた素質のしるしである」と言われている。

とは、並べたときにもっとも明らかになるからである。それゆえ、そのようなことにならないように、われわれは「若者には赤いマントが似合うが、老人には何が似合うか」ということを考えなければならない。なぜなら、同じ服装が両者に似合うわけではないからである。

比喩（三）ほめる場合とけなす場合

また、対象を飾り立てたいときには同じ類に含まれるよりすぐれたものから比喩を手に入れ、非難したいときにはより劣ったものから比喩を手に入れなければならない。私が言っているのは、たとえばこういうことである。すなわち、同じ一つの類には対極的なものが含まれているから、物乞いをしている人については「祈願している」と言い、祈願している人については「物乞いをしている」と言うならば、いま述べたことを行なったことになる。なぜなら、これらはどちらも「お願いすること」［の一種］だからである。

次の例もこれと同様である。すなわち、イフィクラテスがカリアスのことを「乞食坊主」と呼び、「たいまつ持ち」とは呼ばなかったところ、カリアスはこう答えたのだった。「お前は秘儀に与っていないのだ。もし与っていたら、私のことを乞食坊主ではなく、たいまつ持ちと呼んだはずだ」[31]。カリアスがこのように言ったのは、どちらの呼び名も神［への奉仕］に関係するが、一方は名誉ある呼び名であるのに対し、他方は不名誉な呼び名だからである。

また、ある人は役者を「酒神ディオニュソスにへつらう者」と呼ぶのに対し、役者自身は自分たちのことを「技能者」と呼ぶのもそれに当たる。これらはどちらも比喩であるが、一方はけなした呼び名であり、他方はその反対である。

28　少し先の一四〇五a二八～三〇に具体例がある。

29　相反するものは並べたときに反対であることが明白になるという主張は、本書で繰り返し述べられている。第二巻第二三章一四〇〇b二七～二八、本巻第九章一四一〇a二〇～二一、同第一七章一四一八b四を参照。

30　アテナイの富豪（前四五〇年頃～前三六七年頃）。プラトン『プロタゴラス』に登場する。

31　「乞食坊主」は母神キュベレの名のもとに施しを求める者のこと。「たいまつ持ち」は、エレウシスの秘儀を行なう際に、アテナイからエレウシスまで行進する人々の先頭に立ち、たいまつを灯して行列を導く役のこと。カリアス家はこの役を代々受け継いだ。

また、今日の盗賊が自分たちのことを「調達屋」と呼ぶのもそうである。それゆえ、不正を犯した人のことを「過失を犯した」と言い、過失を犯した人のことを「不正を犯した」と言うことが可能であり、盗んだ人のことを「頂戴した」と言うことも、「略奪した」と言うことも可能である。

比喩（四）比喩の失敗

しかし、エウリピデスの悲劇に登場するテレフォスの、「櫂を統治して、ミュシアに上陸した」[32]という表現は不自然である。なぜなら、「統治する」という言葉はあまりに格調が高く、対象に見合わないからである。それゆえ、技巧を凝らしていることが隠せていない。

また、［比喩の］失敗は語のつづりから生じることもある。それは、語のつづりが快い音を表さない場合である。たとえば、青銅のディオニュシオス[33]がエレゲイア詩のなかで、詩も金切り声もともに音声であるという理由から、詩のことを「カリオペ[34]の金切り声」と呼んでいるのがそれに当たる。しかし、この比喩は拙い。なぜなら、［意味のあるものを］意味のない音声によって表現しているからである。[35]

比喩（五）名前のないものを表現する場合

さらに、名前のないものに名前を与えるために比喩を用いる場合には、かけ離れたものではなく、同類のものや同種のもののなかから、それを言えば同類であることがすぐにわかる比喩を選び取らなければならない。たとえば、有名な謎かけのなかにある「私は火で人間に青銅をにかわづけする男を見た」[36]という比喩がそうである。つまり、この処置[37]には名前がないが、どちらも「くっつける」ことの一種であるから、吸

32　エウリピデスの失われた悲劇の断片。テレフォスはヘラクレスの子。
33　前五世紀のアテナイの弁論家、詩人。銅貨の導入を提案したことから「青銅のディオニュシオス」と呼ばれた。
34　学芸を司る女神たち（ムーサイ）の一人。
35　この文の主旨は「詩は意味をもつが、金切り声は意味をもたない」という点にあると考えられるが、段落の前半にある「語のつづりが快い音を表さない」という説明とは関係がないように見える。
36　前七世紀の詩人クレオブリネの言葉。『詩学』第二二章一四五八a二九〜三〇でも引用されている。
37　いわゆる「吸い玉療法」の一種で、熱した青銅製の器具を皮膚に当てて血を吸いだすこと。

い玉を皮膚に当てることを「にかわづけする」と言ったのである。概して言えば、上手な謎かけからは適切な比喩を手に入れることができる。なぜなら、比喩は謎をかけるものであるから、上手な謎かけから取られた比喩が上手な比喩であることは明らかだからである。

比喩（六）美しい言葉の使用

また、比喩は美しいものから取らなければならない。しかるに、言葉の美しさは、リキュムニオス[38]が言うように、音のうちにあるか、もしくは意味のうちにあり、これは醜さの場合も同じである。

さらに、［言葉の美しさには］第三の考慮事項があり、ブリュソン[39]の詭弁はその点から反駁することができる。すなわち、彼は「ある語の代わりに別の語を使っても、どちらも同じ事柄を意味するのであれば、汚い言葉を使う人は誰もいない」と言ったが、実際にはそのようなことはない。なぜなら、この主張は誤っているからである。というのも、一方の語が他方の語よりも常用語にいっそう近い場合や、対象にいっそう類似している場合や、情景が目に浮かぶという点でいっそう適切である場合があるからである。

そのうえ、ある語と別の語が同じ事柄を意味するとしても、視点が異なる場合がある。したがって、この理由によっても、ある語は別の語よりもいっそう美しい、もしくはいっそう汚いとみなさなければならない。なぜなら、どちらも美しいものや汚いものを意味するとはいえ、美しいということや、汚いということだけを意味するとは限らないからである。あるいは、それだけを意味する場合であっても、より多く意味するか、より少なく意味するかという違いがあるからである。

以上のことから、比喩は音において、もしくは意味において、もしくは視覚[40]やその他の何らかの感覚にとって美しいものから取らなければならない。たとえば、「バラ色の指の曙[41]」という表現は「深紅色の指の曙」という表現よりもすぐれており、「赤い指の曙」という表現はこれよりさらに劣っている。

38　キオス島出身の弁論家、詩人。プラトン『ファイドロス』二六七Cで言及されている。

39　黒海沿岸ヘラクレイア出身のソフィスト。『詭弁論駁論』第一一章一七一b一六および一七二a三で言及されている。

40　一四〇五b一二〜一三の「情景が目に浮かぶ」に対応する。

形容語句

形容語句の場合にも、たとえば「母親殺し」のように、劣悪なものや恥ずべきものを使って形容することもできれば、「父の敵を討つ者」のように、よりすぐれたものを使って形容することもできる。[42] また、シモニデスは、ラバ競技の勝者がわずかな報酬しか提示しなかったときには、ロバが半分混ざった生き物に賛歌を捧げるのは不愉快だと言って、詩を書くことをしぶった。しかし、十分な報酬を払うと、「万歳、疾風のように駆ける馬の娘たちよ」と歌ったのである。とはいえ、当のラバは「馬の娘であると同時に」ロバの娘でもあった。[43]

指小辞《ししょうじ》

さらに、指小辞にも同様の効果がある。指小辞とは、悪いものの悪さやよいもののよさをより小さく見せるものである。たとえば、アリストファネス[44]が『バビュロニア人』のなかで、「金貨」の代わりに「小金貨」、「上着」の代わりに「小上着」、「罵倒」の代わりに「小罵倒」、「病気」の代わりに「小病気」と言ってからかっているのがそれに当たる。

ただし、「形容語句と指小辞の」どちらの場合にも、よく注意して、適切に使用するように心がけなければならない。

第三章　表現（三）拙さ

拙さの原因（一）合成語

表現の拙さは四つの原因から生まれる。一つは合成語の使用である。たとえば、リュコフロンの[45]「多彩な表情をもつ天空」や「堂々たる峰がそびえたつ大地」や「道

41　ホメロスが曙（の女神）を表現するのに用いている言葉。『イリアス』第一歌四七七行、第六歌一七五行などを参照。

42「母親殺し」と「父の敵を討つ者」はどちらもオレステスに対する形容語句。

43　ラバは馬とロバの雑種。ラバは「ロバの子」と呼ぶことも「馬の子」と呼ぶこともできることから、シモニデスはけなすときには前者を使い、ほめるときには後者を使ったのである。

44　アテナイの喜劇詩人（前四五〇年頃～前三八八年頃）。

幅の狭い岬」という表現がそうである。[46] また、ゴルギアスが作った「ムーサに乞うおべっか使い」や「誓いを破る者と誓いを守り通す者」という呼び名もそれに当たる。[47] また、アルキダマスが「心は怒りに満ち、顔は火の色になって」とか、「彼らの熱意は目的の達成をもたらすと彼は考えた」とか、「彼は言論の説得力を高め、目的の達成をもたらすものにした」とか、「海の底は紺青色だった」と言っているのもそうである。[48] というのも、これらの語はどれも、合成されることによって詩的な表現に見えるからである。

拙さの原因（二）奇語

以上が「拙さの」一つの原因であるが、もう一つは奇語の使用である。たとえば、リュコフロンがクセルクセスを「巨軀の男」、スキロン[49]を「損壊屋」と呼んでいるのがそれに当たる。また、アルキダマスが「詩のなかの玩具」とか、「根っからの増上慢」とか、「抑えがたい心の怒りに研削されて」と言っているのもそうである。

拙さの原因（三）形容語句

第三の原因は形容語句の使用であるが、これは、長かったり、的外れであったり、数が多かったりする場合である。たとえば、「純白の乳[50]」という表現は、詩にはふさ

45　前五世紀後半から前四世紀前半に活躍したソフィスト。ゴルギアスの弟子。

46　「多彩な表情をもつ（ポリュプロソーポス）」は「多くの（ポリュス）」と「顔つき（プロソーポン）」、「堂々たる峰（メガロコリュフォス）」は「大きな（メガス）」と「山頂（コリュフェー）」、「道幅の狭い（ステノポロス）」は「狭い（ステノス）」と「通り道（ポロス）」の合成語。

47　「ムーサに乞うおべっか使い（プトーコムーソコラクス）」は、「乞食（プトーコス）」と「学芸の女神（ムーサ）」と「おべっか使い（コラクス）」の合成語。「誓いを守り通す（カテウオルケイン）」は「誓いを守る（エウオルケイン）」という動詞と、動詞の意味を強める働きをする「カタ」という接頭辞の合成語。

48　「火の色の（ピュリクロース）」は「火（ピュール）」と「色（クロース）」、「目的の達成をもたらす（テレスフォロス）」は「目的（テロス）」と「実り豊かな（フォロス）」、「紺青色《こんじょう》の（キュアノクロース）」は「紺青のエナメル（キュアノス）」と「色（クロース）」の合成語。

49　ギリシャ神話に登場する盗賊。

わしいが、弁論にはそれほどふさわしくない。そのうえ、このような表現は、過度に用いられると、[技巧を凝らしていることを]みずから証明し、それが[弁論ではなく]詩であることを明らかにする。もちろん、形容語句は使用しなければならない（というのも、それは普段の言葉に変化を与え、表現を一風変わったものにするからである）。しかし、それを使用する際には、適切さ[51]を射止めるようにしなければならない。なぜなら、適切でない形容語句は、思いつきの言葉以上に大きな害を生むからである。というのも、後者はよいところをもたないだけであるが、前者は欠点をもつからである。

これが理由で、アルキダマスの表現は拙く見えるのである。彼は形容語句を調味料としてではなく、主菜として用いている。つまり、数が多く、大げさで、あからさまである。たとえば、「汗」と言わずに、「湿った汗」と言うのがそれに当たる。また、「イストミア競技会に[52]」ではなく「イストミア競技会の総集会に」、「法」ではなく「国の王たる法」、「駆け足で」ではなく「心のはやる気持ちに動かされて」、「学園を引き継いで」ではなく「自然の学園を引き継いで」、「不安」ではなく」「心の陰鬱な不安」、「愛顧の製作者」ではなく「全民衆の愛顧の製作者」、「快楽の管理人」ではなく」「聴衆の快楽の管理人」、「枝で隠した」ではなく「木の枝で隠した」、「肉体を覆い隠した」ではなく「肉体の恥部を覆い隠した」、「「欲望」ではなく」「心の正確な模倣者たる欲望」（ただし、これは形容語句であると同時に合成語でもあり[53]、それゆえ詩の言葉になっている）、「「極悪」ではなく」「行き過ぎた極悪」と言うのもそうである。

50　ホメロス『イリアス』第四歌四三四行および第五歌九〇二行を参照。

51　「適切さ」と訳した「メトリオン」は、アリストテレスの中庸説の中心概念である「中間（メソン）」の類義語。『ニコマコス倫理学』第二巻第六章一一〇六b一四～一五およびb二八には、この箇所の「適切さを射止める（ストカゼスタイ・トゥー・メトリウー）」によく似た「中間を射止めるもの（ストカスティケー・トゥー・メスー）」という表現が見られる。

52　コリントスのイストモスで行なわれた競技会。

53　「正確な模倣者（アンティミーモス）」が「対応して（アンティ）」と「模倣者（ミーモス）」の合成語であるということ。

詩的表現の欠点

このような詩的な表現を用いる者たちは、不自然さによって［弁論を］滑稽で拙いものにし、冗長さのゆえに［弁論を］不明瞭なものにする。というのも、すでにわかっている人の前に言葉を積み上げるなら、そのせいで暗くなって、明瞭さが失われるからである。

ところで、一般に人々が合成語を使うのは、ある事柄を表す名前がないときに、合成によってその言葉を簡単に作ることができる場合である。たとえば、「時間を消費する」がそれに当たる。[54]しかし、これを多用すれば、表現は間違いなく詩的なものとなる。それゆえ、合成語による表現は、特にディテュランボス詩人[55]の役に立つのである。なぜなら、彼らは大げさな言葉を好むからである。これに対し、奇語は特に叙事詩人の役に立つ。なぜなら、叙事詩には荘重さと気高さがあるからである。

拙さの原因（四）比喩

さらに、拙さの第四の原因は比喩である。なぜなら、比喩にもふさわしくないものがあるからである。比喩のあるものは、滑稽であるためにふさわしくない（その証拠に、喜劇詩人も比喩を用いている）。別のあるものは、荘重すぎて、悲劇じみているためにふさわしくない。

また、比喩はかけ離れたものから取ると不明瞭になる。たとえば、ゴルギアスの「青白く、血の気がない出来事」という比喩や、「汝は恥辱を蒔《ま》き、不幸を収穫した」という比喩がそれに当たる。というのも、これらはあまりに詩的な表現だからである。また、アルキダマスが哲学のことを「法を守る防壁」と呼び、『オデュッセイア』のことを「人生の美しい鏡」と呼んでいるのもそれに当たる。それから、「そのような玩具を一つも詩のなかに取り入れることなく」という言葉もそうである。というのも、先に述べた理由により、これらはすべて説得力をもたないからである。

もっとも、頭上を飛ぶ燕に糞を落とされたときにゴルギアスが言った言葉は、悲劇[56]じみた表現としては最良の部類に入る。すなわち、「はしたないぞ、フィロメラよ」

b10

54 「時間を消費する（クロノトリベイン）」は「時間（クロノス）」と「すり減らす（トリベイン）」の合成語。

55 「ディテュランボス」は詩のジャンルの一つで、酒神ディオニュソスへの讃歌を起源とする合唱抒情詩。

と言ったのである。というのも、鳥がそれをしたのならはしたなくはないが、乙女がしたのならはしたないことだからである。それゆえ、その非難は当を得ている。なぜなら、現在の彼女ではなく、かつての彼女に向かってそのように言ったからである。

第四章　表現（四）直喩

直喩とは何か

直喩も「ある意味で」比喩である。というのも、両者にはほとんど違いがないからである。たとえば、「彼はライオンのように突進した」と言えば直喩であるが、これを「ライオンは突進した」と言えば比喩となる。つまり、両者はどちらも勇敢なので、「ライオン」を転用して、アキレウスをそう呼んだのである。[57]

直喩は弁論においても有用であるが、使用されることは少ない。なぜなら、それは詩的な表現だからである。また、直喩は比喩と同じ仕方で手に入れなければならない。なぜなら、直喩は先に述べた点だけが異なる比喩だからである。

b20

直喩の例

（一）直喩の例としては、たとえばアンドロティオンがイドリエウスについて、[58]「鎖を外された野良犬に似ている」と言ったのがそうである。なぜなら、鎖を外された野良犬は人に飛びかかってかみつくが、拘束を解かれたイドリエウスも手がつけられないからである。

（二）また、テオダマスがアルキダモスをたとえて、「幾何学を知らないエウクセノスのようだ」と言ったのもそうである。[59]この直喩は類比関係に基づいている。なぜなら、アルキダモスが幾何学を知らないエウクセノスであるなら、エウクセノスは幾何

56　ギリシャ神話に登場するアテナイ王パンディオンの娘。姉の夫であるテレウスから逃れるために燕に姿を変えたと伝えられる。

57　「ライオンのように突進した」という直喩の例はホメロス『イリアス』第二〇歌一六四行にあるが、「ライオンは突進した」という比喩の例は現存の『イリアス』には見当たらない。

58　アンドロティオンはアテナイの政治家、弁論家（前四一〇年頃～前三四〇年頃）。イソクラテスの弟子。イドリエウスは小アジア南西部のカリアの王。

59　三人とも不詳の人物。

学に通じたアルキダモスということになるからである。

(三) また、プラトンが『国家』のなかで、「死人からはぎ取る者たちは、投げられた石にかみつくだけで、投げた本人には手を出さない野良犬のようだ[60]」と言っているのも直喩に当たる。また、民衆について、「力は強いが耳が遠い船長に似ている[61]」と言っているのもそうである。また、詩人たちの韻文について、「もともと美しくはない若盛りの人のようだ[62]」と言っているのもそうである。なぜなら、後者は若盛りの時期が過ぎれば、また前者は韻律が壊されれば、もはや以前と同じものには見えないからである。

(四) また、ペリクレスがサモス人について、「パン切れをもらったのに泣いている幼児のようだ[63]」と言い、ボイオティア人について、「樫の木に似ている」と言ったのも直喩に当たる。なぜなら、樫の木が自分自身によって切り倒されるのと同じように[64]、ボイオティア人たちも仲間同士で戦っているからである。

(五) また、デモステネス[65]が民衆について、「船酔いした乗客に似ている」と言ったのもそうである。

(六) また、デモクラテス[66]が弁論家たちをたとえて、「パン切れは自分が飲み込んで、唾を赤ん坊の口の周りに塗りつけておく乳母のようだ」[67]と言ったのもそうである。

（七）また、アンティステネス[68]が痩せたケフィソドトス[69]をたとえて、「乳香のようだ」と言ったのもそうである。なぜなら、痩せ細ることによって人を喜ばすからである。

60　プラトン『国家』第五巻四六九E。
61　同前、第六巻四八八A。
62　同前、第一〇巻六〇一B。
63　前四四〇年にアテナイがサモスに民主制を樹立したときのことを言っている。トゥキュディデス『歴史』第一巻第一一五章〜第一一七章を参照。
64　柄の部分が樫でできている斧によって切り倒されるということ。
65　前五世紀のアテナイの将軍デモステネスを指すのか、同名の弁論家を指すのか不明。
66　アテナイの弁論家だが、詳細は不明。
67　アリストファネス『騎士』七一五行〜七一八行にこれと似た表現がある。
68　アテナイの哲学者（前四四五年頃〜前三六五年頃）。最初ゴルギアスに師事したが、のちにソクラテスの弟子となった。
69　アテナイの政治家。クセノフォン『ギリシャ史』第六巻第三章第二節で言及されている。

直喩と比喩の関係

これらはすべて、直喩としても、比喩としても述べることができる。したがって、比喩として述べたときに評判のよいものは直喩にもなること、また直喩は説明[70]が欠けていれば比喩になるということは明らかである。

しかし、類比関係に基づく比喩の場合には、それに対応する比喩を、同じ類に属するもう一方のもの[71]に常に当てはめることができるのでなければならない。たとえば、もし盃《さかずき》がディオニュソスの盾であるなら、盾もアレスの盃と呼ばれるのがふさわしい。[72]

結び

弁論の構成要素となるものについては、以上に述べた通りである。[73]

第五章　表現（五）正確なギリシャ語

五つの注意事項

［よい］表現の基本は正確なギリシャ語を使うことであるが、これには五つの要点がある。

（一）第一は接続語[74]［の正確な使用］である。すなわち、接続語は本来の前後の順番に従って配置しなければならない。これはいくつかの接続語が要求していることである。

70　「説明」の原語は「ロゴス」。（たとえるものとたとえられるものの）共通点の説明を指すと考えられるが、説明を伴わない直喩の例も挙げられているので、説明つきであることは直喩の本質的特徴というわけではない。

71　たとえば、次の具体例にある「盃」と「盾」は、どちらも「神の象徴」という同じ類に属する。

72　類比関係（アナロゴン）とは、AとBの関係がCとDの関係と同様である場合を言う。たとえば、「酒神ディオニュソス（A）」と「盃（B）」の関係は、「軍神アレス（C）」と「盾（D）」の関係と同様である。このような類比関係が成り立っているときに、Bの代わりにDを言ったり（「ディオニュソスの盃」の代わりに「ディオニュソスの盾」と言う）、Dの代わりにBを言ったりする（「アレスの盾」の代わりに「アレスの盃」と言う）のが類比関係に基づく比喩である。『詩学』第二一章一四五七b一六〜二二および本書の解説を参照。

73　弁論の構成要素に言及した本巻第二章一四〇四b二六からここまでの議論を指している。

る。たとえば、「一方（メン）」は「他方（デ）」が後続することを要求し、「一方の私は（エゴー・メン）」は「他方の彼は（ホ・デ）」が後続することを要求する。

これらは「聞き手が」覚えているうちに呼応させなければならない。また、両者を遠く離したり、必要とされる接続語の前に別の接続語を配置したりしてはならない。なぜなら、そのような配置が適切であることはめったにないからである。たとえば、「他方の私は、彼が私に話をしたあとで（なぜなら、クレオンがやってきて、私に懇願し、かつ要求したからである）彼らを連れて出かけた」という文がそれに当たる。というのも、この例文においては、呼応する接続語の前に別の接続語が数多く挿入されているからである。[75] しかし、間に多くのものが入り込むと、文は不明瞭になる。

（二）それゆえ、よい表現のための第一の要点は接続語［の正確な使用］であるが、第二の要点は、物事を言い表すときに、包括的な呼び名ではなく、固有の呼び名を用いることである。

（三）第三は、曖昧な表現を避けることである。ただし、その反対に、曖昧な表現を意図的に選択する場合は別である。これは、言うべきことが何もないのに、何か意味のあることを言っているように見せかけるときに行なわれる。このようなことをする者たちは、エンペドクレスがその例であるが、それを詩の形式で述べる。なぜなら、回りくどい言い方が聞き手を欺くからである。それを聞いた者たちは、世の多くの人々が予言者の前で感じるのと同じ気持ちになる。つまり、予言者が曖昧なことを言っても、人々はつい頷いてしまうが、ちょうどそれと同じ気持ちになるのである。たとえば、「クロイソスがハリュス河を渡れば、大国を滅ぼすことになろう」[76]という予言がそれに当たる。

また、予言者たちは、総じて誤る可能性が小さくなるという理由から、事柄を一般

74　「接続語」の原語は「シュンデスモス」。いわゆる接続詞のほかに、小辞と呼ばれる品詞の一部もこれに含まれる。

75　厳密に言えば、この説明は例文の難点の説明にはなっていない。例文の難点は、ある接続語（＝「他方の私は」）に呼応する節（＝「彼らを連れて出かけた」）の前に、別の接続語が導く節や句（＝「したあとで」）が導く「彼が私に話をした」と、「なぜなら」が導く「クレオンがやってきた」と、「かつ」が導く「クレオンが要求した」）が挿入されている点にある。

76　リュディア王のクロイソスは、この予言の「大国」がペルシアを指すと考えて出兵したが、実はリュディアを指しており、自国を滅ぼす結果となった。ヘロドトス『歴史』第一巻第五三章および第九一章を参照。

的なかたちで述べる。というのも、丁半当ての遊びでも、いくつ握っているかを言うよりも、丁か半かを言うほうが当たりやすいからである。また、「いつ起こるか」を言うよりも、「起こる」とだけ言うほうが当たりやすい。それゆえ、神託を告げる者は、いつ起こるかまでは特定しないのである。これらはどれも「曖昧であるという点で」同じようなものである。したがって、先に述べたような意図がない限りは避けなければならない。

(四) 第四は、プロタゴラスが行なったように、名詞の種類を「男性」と「女性」と「もの」[77]に分けることである。なぜなら、これらも正しく当てはめなければならないからである。「彼女はやってきて(エルトゥーサ)、言葉を交わして(ディアレクテイサ)、立ち去った」という例がそれに当たる。[78]

(五) 第五は、複数と単数を正しく言い表すことである。「彼らはやってきて(エルトンテス)、私を殴った(エテュプトン)」がその例である。[79]

その他の注意事項

総じて言えば、書かれた文章は読みやすいものでなければならず、またそれと同じことだが、声に出しやすいものでなければならない。接続語が多い文章にはこの性質が欠けており、またヘラクレイトス[80]の文章のように、句読点を打つのが容易でない文章もそうである。実際、ヘラクレイトスの文章に句読点を打つのは骨が折れる。それは、ある言葉が前と後ろのどちらにかかるのか判然としないからである。たとえば、著作の冒頭がすでにそうである。というのも、「人々は理解しない、常に、存在するこの理《ことわり》を」と彼は言っているが、これでは「常に」がどちらにかかるのか判然としないからである。[81]

77　中性形のこと。

78　ギリシャ語の分詞の性には男性形と女性形と中性形がある。この例では、主語の「彼女」という女性形に合わせて、「やってきて」と「言葉を交わして」という分詞がどちらも女性形になっている。

79　主語の「彼ら」に合わせて、「やってきて」という分詞と「殴った」という動詞がどちらも複数形になっている。

80　イオニア地方エフェソスの哲学者（前五四〇年頃〜前四八〇年頃）。

81　「常に理解しない」なのか、「常に存在する」なのか判然としないということ。

さらに、語法違反が起こるのは、二つの語を一対にするときに、両方の語に合う言葉を当てはめない場合である。たとえば、「音」と「色」を一対にする場合、「見る」は共通しないが、「知覚する」は両方に共通する言葉である。

また、[主要な部分を]最初に言わずに、中間に多くの語句を挿入しようとする場合にも、文は不明瞭になる。たとえば、「私は彼とかくかくのことをしかじかの仕方で話し合ってから出発するつもりだった」という述べ方をして、「私は話し合ってから出発するつもりだった。そのとき、かくかくのことがしかじかの仕方で起こった」という述べ方をしない場合がそうである。

第六章　表現（六）重厚さ

表現を重厚にする方法

表現を重厚にするためには、次の各点が役に立つ。

（一）第一に、名称の代わりに定義を用いることである。たとえば、「円」ではなく、

「中心から等距離に広がった平面図形」と述べるのである。他方、簡潔さを求めるときには、その反対に、定義の代わりに名称を用いなければならない。これは、醜いものやふさわしくないものに言及する場合も同じである。すなわち、醜いものが定義に含まれている場合には名称を述べ、名称に含まれている場合には定義を述べなければならない。

（二）次に、比喩や形容語句を用いて事柄を明らかにすることである。ただし、その際には、詩的な表現にならないように注意しなければならない。

（三）次に、単数のものを複数のものとして表現することである。これは詩人たちが行なっている。たとえば、港は一つしかないのに「アカイアの諸港へ」と言ったり、「ここに幾重にも折り重ねた手紙がある」[82]と言ったりしているのがそうである。

（四）次に、二つの語を一つの冠詞で結びつけるのではなく、それぞれの語にそれぞれ冠詞をつけることである。たとえば、「われわれのものであるその女の（テース・

82　エウリピデス『タウリケのイフィゲネイア』七二七行。手紙は一つだけだが、「幾重にも折り重ねた」と述べることによって複数のものとして表現している。

ギュナイコス・テース・ヘーメテラース）」とするのがそれに当たる。他方、簡潔に言いたいときには、その反対に、「われわれの女の（テース・ヘーメテラース・ギュナイコス）」としなければならない。[83]

（五）次に、接続語をつけて述べることである。他方、簡潔に言いたいときには、接続語をつけなければよいが、しかし関連性が失われることのないようにしなければならない。前者の例は、「出かけて行き、そして話し合って」であり、後者の例は、「出かけて行き、話し合った」である。[84]

（六）次に、表現を重厚にするためには、対象がもたない性質に言及して描写するという、アンティマコス[85]の手法が役に立つ。たとえば、彼はテウメッソス[86]の丘を描写するときに、この手法を用いて「風通しのよい小さな丘がある」と言っている。この手法が役に立つのは、このようにすれば、対象の価値を際限なく拡大することができるからである。

もたないものに言及するこの手法は、よい性質であれ、悪い性質であれ、どちらでも「話し手の」役に立つほうに適用することができる。詩人たちが「弦のない」調べや「リュラのない」調べという呼び名を手に入れるのも、この手法によってである。

というのも、彼らは対象に欠けている性質に基づいてそのように名づけるからである。これは、類比関係に基づく比喩のかたちで述べると受けがよい。たとえば、「ラッパの響きはリュラなき調べ[87]」と言う場合がそうである。

83 最初の例では冠詞の「テース」が二度使われているが、二番目の例では一度しか使われていない。ギリシャ語ではどちらのかたちも可能。

84 最初の例は「そして（カイ）」が接続語に当たる。二番目の例は英語の分詞構文に相当するもので、接続語を使わずに「出かけて行く」と「話し合う」をつないでいる。

85 前四〇〇年頃に活躍したイオニア地方コロフォンの詩人。

86 ボイオティア地方にある村。

87 「ラッパ（A）」と「響き（B）」の関係は「リュラ（C）」と「（リュラが奏でる）調べ（D）」の関係と同様であるという類比関係に基づく比喩。

第七章　表現（七）ふさわしさ

ふさわしさとは何か

表現のふさわしさは、それが［話し手の］感情と性格を表し、かつ話題に釣り合っている場合に生まれる。

釣り合い

表現が話題に釣り合っているとは、重々しいことを軽々しく口にしたり、取るに足らないことを威厳たっぷりに語ったり、何でもない普通の単語を飾り立てたりしない場合を言う。これを守らなければ、喜劇[88]のような［滑稽な］印象を与えることになる。たとえば、クレオフォン[89]の詩がそうである。というのも、彼の詩には、「高貴なるいちじくよ」というような表現と同じたぐいの［滑稽な］表現が含まれているからである。

a10

(1408)

感情と表現

他方、表現が感情を表すとは、話題が侮辱であるなら、怒っている人々の使う表現がそうであり、不敬な行為や恥ずべき行為であるなら、不快感を抱き、それを口にすることさえ慎む人々の使う表現がそうであり、賞賛に値する事柄であるなら、敬意を込めた表現がそうであり、憐れむべきことであるなら、沈んだ調子の表現がそうである。その他の場合もこれと同様である。

それぞれの感情に特有の表現は、話に説得力を与える。というのも、聞き手の心はそれによって誤謬推論を犯し、話し手が真実を述べているものと思い込むからである。なぜなら、同じような状況に置かれれば聞き手自身も同じような感情を抱くので、たとえ実際はそうでない場合でも、事の真相は話し手が述べる通りであると思い込むからである。[90] 加えて、感情を込めて話すと、たとえ中身のない話であっても、聞き手は

88 「喜劇」の原語は「コーモーイディアー」で、「どんちゃん騒ぎ」を意味する「コーモス」と「歌」を意味する「オーイデー」に由来する。コメディー（comedy）の語源。

89 前四世紀のアテナイの悲劇詩人。『詩学』第二章一四四八a一二および第二二章一四五八a二〇で言及されている。

a20

常に話し手に共感を覚える。それゆえ、多くの話し手は、声を張り上げて聴衆の恐怖を煽るのである。

性格と表現

また、しるしに基づくこの種の証明は、［話し手の］性格も表すことがある。なぜなら、人の種類や人の性向には、そのそれぞれに応じたふさわしい表現が伴うからである。ここで言う「人の種類」とは、子供か大人か老人かというような年齢の区別や、女性か男性か、ラコニア人かテッサリア人かというような区別のことである。他方、ここで言う「性向」は、人の生き方を特徴づけるものに限られる。というのも、あらゆる性向が生き方に特徴を与えるわけではないからである。それゆえ、話し手がそれぞれの性向に特有の言葉を使うときには、それに応じた性格が［弁論に］表れることになる。というのも、［教養のない］田舎者は、教養豊かな人と同じことは言わず、また同じような話し方もしないからである。

また、弁論作家[91]がむやみやたらに使う表現、つまり「知らない者があろうか」とか、「誰でも知っている」というような表現によっても、聴衆はいくらか影響を受ける。

というのも、ほかの誰もが与っていることに与っていないのは恥ずかしいので、聞き手はそれに同意するからである。

ふさわしさに関する補足

ところで、［これらの手法を］時宜を得た仕方で用いているか、それとも時宜を得ずに用いているかという問題は、弁論のすべての種類に共通する。しかし、いかなる大げさな表現に対しても有効な、よく知られた対策がある。すなわち、大げさに表現するときには、前もって自分で自分を責めておかなければならない[92]。なぜなら、そうす

90　「かくかくのことが起これば、しかじかの感情を抱く」という経験則に基づいて、「話し手はしかじかの感情を抱いているのだから、かくかくのことが起こったのだ」と思い込むということ。

91　「弁論作家」の原語は「ロゴグラフォス」。報酬をもらって弁論の原稿を書くことを生業とする者。

92　「これは言い過ぎかもしれないが」というようなことを先に述べておくということ。クインティリアヌス『弁論家の教育』第八巻第三章第三七節にこのテクニックへの言及がある。

れば、自覚したうえでそのように表現していることになるので、話し手の言っていることが本当のことのように思えるからである。

加えて、釣り合いをとるための手段は、そのすべてを同時に用いてはならない。なぜなら、これを守れば、技巧を凝らしていることを隠し通せるからである。私が言っているのはこういうことである。たとえば、使っている言葉が荒々しい場合には、声と表情はその言葉に合わせてはならない。これを守らなければ、［技巧を凝らしていることが］露呈することになる。これに対し、ある場合には釣り合うようにし、ある場合にはそうしないならば、同じ技巧を使っていても気づかれることがない。もっとも、だからといって、柔らかい言葉を荒々しい調子で述べたり、荒々しい言葉を柔らかい調子で述べたりしてはならない。そのようなことをすれば、説得力を失うことになる。

また、合成語や、数多く重ねた形容語句や、一風変わった表現は、感情的に話す人に特に適している。なぜなら、「天まで届く悪」と言ったり、「桁外れの悪」と言ったりしても、怒っている人の場合には大目に見てもらえるからである。[93]

このことは、すでに聴衆の心をつかんでおり、賞賛や非難、あるいは怒りや愛情によって彼らを熱狂させている場合にも当てはまる。たとえば、イソクラテスが『民族祭典演説』の終結部で「名望を集め、名を残す」[94]という表現を使い、また「別の箇所で」「忍苦せし者たち」[95]という表現を使っているのがそうである。というのも、人は熱狂するとこのようなことをよく口にするので、聴衆が同じような状態になっていれば、それを受け入れることは明らかだからである。それゆえ、この種の表現[96]は詩にも適している。なぜなら、詩には神がかったところがあるからである。

したがって、その種の表現はいま述べた仕方で用いるか、もしくは皮肉を込めて用いなければならない。ゴルギアスのしたことがその例であり[97]、また『ファイドロス』

b20

93 「天まで届く（ウーラノメーケース）」は「天（ウーラノス）」と「高さ（メーコス）」の合成語。「桁外れの（ペローリオス）」は一風変わった表現の例。このような表現は本来弁論にはふさわしくないが、怒っている人が言う場合には大目に見てもらえるということ。

94 イソクラテス第四弁論『民族祭典演説』第一八六節。

95 同前、第九六節。「忍苦する（トラーン）」は詩的な表現で、散文ではほとんど使われない。

96 合成語や、数多く重ねた形容語句や、（散文には普通用いない）一風変わった表現。

97 「皮肉を込めて用いる」の例で、ゴルギアスが「ラリサ市民はラリサ市民製造者（=行政官）によって作られる」と述べたことを指す（『政治学』第三巻第二章一二七五b二六～三〇を参照）。「ラリサ市民製造者（ラリソポイオス）」が合成語。

のなかで言われていることもそうである[98]。

第八章　表現（八）リズム

リズムの必要性

弁論の表現形式は、韻律[99]をもつものであってはならないが、かといってリズムを欠いたものであってもならない。韻律をもつべきでないのは、（技巧を凝らしていると思われることによって）説得力を失うからである。それに加えて、聞き手の注意を逸らすからでもある。なぜなら、同様の韻律がいつもう一度現れるかということに注意を向けさせるからである。これはちょうど、伝令役が「解放奴隷は誰を後見人に選ぶか」と質問したときに、子供たちが先回りして「クレオン」と答えるのと同じである[100]。

他方、リズムを欠いたものは区切りをもたない。しかし、弁論は、韻律によってではないが、何らかのものによって区切られていなければならない。なぜなら、区切りのないものは不快であり、そのうえ頭に入らないからである。ところで、すべてのものは数によって区切られる。そして、表現形式における数とはリズムのことであり、韻律もリズムの一区分である。[101] それゆえ、弁論はリズムをもたなければならないが、しかし韻律はもってはならない。なぜなら、韻律をもつと詩になるからである。また、弁論のリズムは厳密なものであってはならない。これが守られるのは、弁論にある程度のリズムをもたせるにとどめる場合である。

b30

98　「いま述べた仕方で用いる」の例。ソクラテスが精霊にとりつかれた（＝熱狂している）ことを理由にして、詩的な語り方をする場面を指す。プラトン『ファイドロス』二三八Dおよび二四一Eを参照。

99　韻律全般ではなく、トリメトロス（三脚韻）、テトラメトロス（四脚韻）、ヘクサメトロス（六脚韻）といった特定の詩型を指している。

100　クレオンはアテナイの政治家（前四七〇年頃〜前四二二年）。このやりとりは喜劇の一場面に基づくと推測されているが、詳細は不明。

101　『詩学』第四章一四四八b二二でも「韻律はリズムの一部である」と言われている。

三種類のリズム

もろもろのリズムのうち、英雄詩調[102]は［あまりに］荘重で、日常会話には適さず、また［日常会話がもつ］調子を欠いている。これに対し、イアンボス調[103]は、それがそのまま多くの人々の表現形式となっている。それゆえ、話をするときには、誰もがイアンボスの韻律をもっとも多く口にするのである。しかし、弁論は［ある程度］荘重である必要があり、聞き手を高揚させるものでなければならない。他方、トロカイオス調[104]は、古喜劇のダンス[105]のような特徴をもっている。この点は［トロカイオス調の］テトラメトロス[106]を見れば明らかである。なぜなら、［トロカイオス調の］テトラメトロスは軽快なリズムだからである。

残るはパイアン調である。これはトラシュマコスの頃から［弁論家たちが］使い始めたものだが、彼らはそれがどのようなものであるかを定義することができなかった。パイアン調は第三のリズム[107]であり、先に述べた［二種類の］リズムの両方に隣接している。というのも、パイアン調の［音節の長さの］比率は三対二[108]であるが、先に述べた［二種類の］リズムのうち、一方［の英雄詩調］の比率は一対一[109]、他方［のイアンボス調とトロカイオス調のそれぞれ］の比率は二対一[110]だからである。しかるに、両者に隣

接する比率は一・五対一［すなわち三対二］であり、そしてこれがパイアン調の比率

102　叙事詩（＝英雄詩）に用いられる詩脚、すなわちダクテュロスの詩脚（長・短・短）に基づくリズム。

103　「短・長」という組み合わせの詩脚（イアンボス）に基づくリズム。

104　「長・短」という組み合わせの詩脚（トロカイオス）に基づくリズム。

105　「コルダークス」と呼ばれるみだらでヒステリックなダンス。

106　トロカイオスの詩脚の二脚一組、すなわち「長・短・長・短」を基本単位とし、それを四回（テトラ）反復して詩の一行とする詩型。

107　英雄詩調が第一のリズムで、イアンボス調とトロカイオス調の両方が第二のリズム。

108　パイアン調は、「短・短・短・長」（もしくは「長・短・短・短」）という組み合わせの詩脚（パイアン）に基づくリズムのこと。「長」は「短」の二倍の長さ（つまり短二つ分）に等しいので、「短・短・短・長」における短音節と長音節の長さの比率は三対二となる。

109　英雄詩に用いられるダクテュロスは「長・短・短」なので、長音節と短音節の長さの比率は一対一になる（前注を参照）。なお、この一対一という比率は、ダクテュロスの代わりに用いることができるスポンデイオス（長・長）とアナパイストス（短・短・長）にも当てはまる。

110　イアンボスは「短・長」、トロカイオスは「長・短」なので、長音節と短音節の長さの比率はどちらも二対一。

だからである。
　さて、パイアン調以外のリズムは、すでに述べた理由[111]に加えて、韻文を構成するという理由からも避けるべきである。これに対し、パイアン調は採用しなければならない。なぜなら、先に述べたリズムのうちで、パイアン調だけは韻文にならないので[112]、それを用いていることがもっとも気づかれにくいからである。

二種類のパイアン調の使い分け

　今日では、文を始めるときにも終えるときにも同一種類のパイアン調が用いられるが、終わりは始まりと異なっていなければならない。パイアン調には互いに対立する二つの種類がある。そのうちの一つは文の始まりに適しており、実際に人々もそのように用いている。これは、長音節で始まり、三つの短音節で終わるタイプであり[113]、次のものがその例である。

– ◡ ◡ ◡
Dālogenes eite Lykiān
（ダーロゲネス・エイテ・リュキアーン）[114]

– ◡◡ ◡
Chrȳseokomā Hekate pai Dios
（クリューセオコマー・ヘカテ・パイ・ディオス）[115]

もう一つは、これと反対に、三つの短音節で始まり、長音節で終わるタイプである。
次のものがその例である。

111　英雄詩調はあまりに荘重で、日常会話がもつ調子を欠いているという理由と、トロカイオス調は古喜劇のダンスのようなリズムであるという理由。

112　（英雄詩調に対応する）ダクテュリコス・ヘクサメトロス、（イアンボス調に対応する）イアンボス・トリメトロス、（トロカイオス調に対応する）トロカイオス・テトラメトロスというような特定の詩型を構成しないということ。

113　長音節を「–」、短音節を「◡」で表すと、「– ◡ ◡ ◡」となる。例文に付した記号を参照。

114　アポロン賛歌の一部。意味は「デロスの生まれ、もしくはリュキア［に生まれた］」。

115　同じくアポロン賛歌の一部。意味は「黄金の髪の、遠矢射る者［アポロン］、ゼウスの子よ」。「遠矢射る者（ヘカトス）」はアポロンの添え名の一つ。

Meta de gān hydata tōkeanon ēphanise nyx
（メタ・デ・ガーン・ヒュダタ・トーケアノン・エーファニセ・ニュクス）[116]

［長音節で終わる］後者のタイプは、文を［適切に］終わらせることができる。というのも、短音節は完結性に欠けるため、［文の最後に置くと］途中で打ち切られた感じを与えるからである。[117] むしろ、長音節によって区切りを作らなければならず、書記によるのでも、書き込みによるのでもなく、リズムによって終わりが明示されるようにしなければならない。

結び

さて、［弁論の］表現はそれにふさわしいリズムをもたなければならず、リズムを欠いていてはならないこと、またいかなるリズムをどのように配置すればふさわしいリズムが生まれるかについては、以上に述べた通りである。

第九章　表現（九）文体と構文

二種類の文体

［散文の］文体[118]は、ちょうどディテュランボス詩の序歌のように、連続的な文体で、昔の接続語によって［のみ］一体をなすものであるか、もしくは終点をもつ文体で、［抒情］詩人が用いたアンティストロフェーに似たもの[119]であるかのいずれかであるのが必然である。

116　意味は「大地と［そこに流れる］水を闇に包み、それから夜は海洋をも闇に包んだ」。以上の三つの引用はいずれもシモニデスの作と考えられている。

117　句読点のないテキストを書き写す際に、書記が文の終わりを示すために書き込む記号。

118　「文体」の原語は「レクシス」で、これまで「表現」と訳してきた言葉と同じ。第三巻のなかにはどちらの訳語をあてるべきか迷う用例が少なくないが、本章は単語やフレーズではなく文単位の問題を扱っているため、表現よりむしろ文体という訳語が適している。

連続的な文体

連続的な文体は古風な文体である。たとえば、「本書はトゥリオイのヘロドトス[120]の研究成果の記述であり、云々」[121]という文がそれに当たる。以前は誰もがこの文体を使っていたが、現在ではこれを使う人は多くない。私が連続的な文体と言うのは、それ自体のうちには終点がなく、話が結末に至らない限り文が終わらないもののことである。これは区切りがないために不快感を与える。なぜなら、人は誰でも、どこで終わるか見通しをもちたいと思うからである。走者がゴールに着いた途端に息を切らし、力が抜けるのもそのためである。つまり、それまでは終着点が前方に見えているため、疲れ果てることがないのである。

終点をもつ文体

連続的な文体は以上の通りであるが、終点をもつ文体とは、完結文[122]から成り立つもののことである。私が完結文と言うのは、それ自体のうちに始点と終点があり、かつ一目で見渡すことができる長さの文のことである。このような文体は心地よく、そのうえ理解しやすい。

それが心地よいのは、区切りをもたないものの反対だからである。加えて、一文ごとに何らかの結論を与えてもらえるので、聞き手はそのたびに何かをつかんだと思うからである。これに対し、先をまったく見通すことができず、そのうえ何の成果も得られないことには不快感が伴う。

他方、それが理解しやすいのは、覚えるのが容易だからである。その理由は、完結文から成り立つ文体は数えることができ、そして数はあらゆるもののなかでもっとも覚えやすいという点にある。それゆえ、人は誰でも、縛りのない散文よりも韻文をいっそうよく記憶する。なぜなら、韻文にはそれを測るための数[123]があるからである。

119 「アンティストロフェー」は悲劇の用語で、合唱隊の「正歌（ストロフェー）」と対をなす「対歌」を意味する。「アンティストロフェーに似たもの」とは、正歌と対歌が明確に区別されるように、ある文と別の文が明確に区別されるという意味だと思われる。

120 前五世紀のギリシャの歴史家。「歴史の父」と呼ばれる。

121 ヘロドトス『歴史』の冒頭の言葉にほぼ対応するが、現存のテキストでは「トゥリオイ」ではなく「ハリカルナッソス」となっている。

122 「完結文」の原語は「ペリオドス」。ピリオド（period）の語源。

しかし、完結文は意味の面でも完結していなければならず、たとえば「この地はカリュドン、ペロプスの土地の」[124]というイアンボス詩のように、［意味が完結する前に］分断されていてはならない。なぜなら、［途中で］分割されていると、正反対の解釈をしかねないからである。いま挙げた例で言えば、カリュドンをペロポネソスの一部と解することがそうである。[125]

完結文と節

完結文には、複数の節[126]からなるものもあれば、［一つの節からなる］単純なものもある。複数の節からなるものとは、全体が［文として］完結しているとともに、その部分が［節に］分かれており、一息で容易に述べることができる完結文のことであるが、一息で述べるとは各節をという意味ではなく、全体を一息で述べるという意味である。他方、節とは、完結文の二つの部分のうちの一方を指す。また、私が単純なものと言うのは、一つの節からなる完結文のことである。

それぞれの節にせよ、完結文［の全体］にせよ、短すぎてはならないし、長すぎてもならない。なぜなら、短すぎるものは、聞き手をしばしばつまずかせるからである。

b20
というのも、聞き手が節目と認識している遠くの目標地点に向かって突き進んでいる最中に、話し手が急に立ち止まって聞き手を引きとめるなら、その妨害によっていわば「つんのめる」のは必然だからである。

他方、長すぎるものは、聞き手を置いてけぼりにする。それはちょうど、折り返し地点を過ぎたところで方向転換するようなものである。また、長すぎる完結文は、[文というより] 演説となり、[ディテュランボス詩の] 序歌に似たものとなる（それゆえ、キオスのデモクリトス[127]は、アンティストロフェーの代わりに序歌を作ったメラ

123　詩脚や詩行の数のこと。

124　エウリピデスの失われた悲劇『メレアグロス』の冒頭部分。「ペロプスの土地」はペロポネソス半島のこと。

125　「ペロプスの土地の」のあとには「対岸にある」という言葉が続く。カリュドンはペロポネソスの一部ではなく、アイトリア地方の都市。

126　「節」の原語は「コーロン」で、英語の句読点の一種であるコロン（colon）の語源。「節」と訳したが、コーロンには「句」も含まれる。

127　前五世紀のキオス島出身の音楽家。同名の哲学者とは別人。

ニッピデス[128]をからかって、次のように言ったのである。「他人に害をなす者は自分自身に害をなす。長い序歌はその作者に最大の害をなす」[129]。これと同様のことは、長すぎる節を使って話す者にも当てはまる)。

もっとも、あまりに短い節からなる文は、そもそも完結文を構成しない。そのため、そのような文は［区切りをもたないので］、聞き手をあわただしく引っ張っていくことになる。

対置的な構文

複数の節からなる完結文には、各節が単に分かれているだけのものもあれば、各節が対置されているものもある。単に分かれているとは、たとえば次の文がそうである。「私は、民族祭典を組織し、そして体育競技会を創設した人々に、幾度となく感心したものである」[130]。

他方、各節が対置されているとは、(一)二つの節のそれぞれにおいて、ある対比語の一方が別の対比語の一方と組み合わされている場合か、もしくは、(二)対比された二つの語が同じ一つの語によって結びつけられている場合を言う。たとえば、次

1410a　b30　(1409)

の文がそれに当たる。[131]「彼らは残留した者たちと随行した者たちの双方に利益をもたらした。[132]なぜなら、随行した者たちには祖国にもつ土地よりもいっそう多くの土地を手に入れさせ、残留した者たちには必要なだけの土地を祖国に残してやったからである[133]」。この例では、「残留すること」と「随行すること」が対比され、「必要なだけの」

128　メロス島出身のディテュランボス詩人。クセノフォン『ソクラテスの思い出』第一巻第四章第三節で言及されている。

129　ヘシオドス『仕事と日々』二六五行〜二六六行をもじったもの。

130　イソクラテス第四弁論『民族祭典演説』の冒頭。「民族祭典を組織した」という節と「体育競技会を創設した」という節が互いに区別され、「そして（カイ）」という接続語で結びつけられている。

131　イソクラテス第四弁論『民族祭典演説』第三五節〜第三六節。以下、しばらく同書からの引用が続くが、不正確な引用が多い。

132　（二）の具体例。「残留した者たち」と「随行した者たち」という対比された二つの語が、「利益をもたらした」という同じ一つの語によって結びつけられている。

133　（一）の具体例。最初の節では、ある対比語の一方（随行した者たち）が別の対比語の一方（いっそう多くの）と組み合わされ、二番目の節では、ある対比語の残りの一方（残留した者たち）が別の対比語の残りの一方（必要なだけの）と組み合わされている。

と「いっそう多くの」が対比されている。

また、「財を必要とする者たちにも、［財を］使って楽しもうと思う者たちにも」[134]という例もそうである。この例では、「使って楽しむこと」が「獲得すること」に対置されている。

さらに、以下の各例も同様である。

（一）「このような場合には、思慮のある人々が失敗し、思慮のない人々が成功するということがよく起こる」[135]。

（二）「彼らはただちに武功を認められ、その後まもなく制海権を手に入れた」[136]。

（三）「ヘレスポントス海峡には橋を架け、アトス岬には運河を掘ることによって、陸を船で渡り、海を徒歩で渡った」[137]。

（四）「生まれのうえでは市民であるのに、法のうえでは市民権を奪われている」[138]。

（五）「彼らのある者は非業の死を遂げ、ある者は屈辱的な生還を果たした」[139]。

（六）「私人としては異民族［だけ］を奴隷に用いるのに、国としては多くの同盟者たちが隷従しているのを黙認する」[140]。

（七）「生きているうちに［名望を］得るか、もしくは死してのちに［名を］残す」[141]。

(八)また、ある人がペイトラオスとリュコフロン[142]について、法廷で次のように述べたのもその例である。「この者たちは、自国にいるときには諸君を売ったが、諸君のもとにやってきたときには諸君を買ったのだ[143]」。

---

134 イソクラテス第四弁論『民族祭典演説』第四一節。

135 同前、第四八節。

136 同前、第七二節。「ただちに」と「その後まもなく」、「武功を認められる」と「制海権を手に入れる」が対比されている。

137 同前、第八九節。

138 同前、第一〇五節。

139 同前、第一四九節。

140 同前、第一八一節。「私人」と「国」、「異民族」と「(同民族の)同盟者たち」が対比されている。

141 同前、第一八六節。

142 リュコフロンはテッサリア地方フェライの僭主。ペイトラオスはリュコフロンとともにフェライの僭主アレクサンドロスを殺害した人物。

143 「売る」は「裏切る」もしくは「奴隷として売る」、「買う」は「買収する」を意味すると推測できるが、発言の詳細は不明。

これらはすべて、先に述べた対置の例となっている。この種の文体は心地よい。なぜなら、対立するものは［それ自体としても］非常に理解しやすいが、並べるとさらに理解しやすくなるからである。加えて、推論に似ているからでもある。というのも、論駁［のための推論］は、対照的な命題を組み合わせるものだからである。[144]

均等化と同音反復

さて、対置とは以上のようなものである。他方、均等化[145]とは、それぞれの節［の長さ］が等しい[146]場合を言い、同音反復[147]とは、それぞれの節が類似した末尾をもつ場合を言う。

同音反復の種類

類似した末尾は、(一)節の最初にあるか、(二)もしくは節の最後にあるかのいずれかでなければならない。最初にある場合は、常に語［の全体］が類似している。他方、最後にある場合は、(二ａ)最終音節が類似していることもあれば、(二ｂ)同じ語幹から作られる変化形であるために類似していることもあれば、(二ｃ)同一語の反復であるために類似していることもある。

（一）節の最初における類似の例は、次のようなものである。

agron gar elaben *argon* par' autū,

（アグロン・ガル・エラベン、アルゴン・パラウトゥー）[148]

dōrētoi t'epelonto *pararrētoi* t'epeessin.

（ドーレートイ・テペロント、パラッレートイ・テペエッシン）[149]

144　第二巻第二三章一四〇〇b二五～二八を参照。

145　「均等化」の原語は「パリソーシス」。イソクラテス第一二弁論『パンアテナイア祭演説』第二節において、修辞の技術の一種として言及されている。

146　節の長さではなく、音節の数が等しいとする解釈もある。

147　「同音反復」の原語は「パロモイオーシス」。いわゆる「押韻」に相当する。

148　アリストファネスの失われた作品の断片。意味は「彼はその男から未開墾の土地を受け取った」。

（二）節の最後における類似の例は、次のようなものである。

ōiēthēis an auton ū paidion *tetokenai,* all' auton paidion *gegonenai,*
（オーイエーテーイス・アン・アウトン・ウー・パイディオン・テトケナイ、アッラウトン・パイディオン・ゲゴネナイ）[150]

en pleistais de *phrontisi* kai en elachistais *elpisin.*
（エン・プレイスタイス・デ・フロンティシ、カイ・エン・エラキスタイス・エルピシン）[151]

（二b）同じ語幹から作られる変化形の例は次のものである。

axios de stathēnai *chalkūs,* ūk axios ōn *chalkū;*
（アクシオス・デ・スタテーナイ・カルクース、ウーク・アクシオス・オーン・カルクー）[152]

（二c）同一語の反復の例は次のものである。

sy d'auton kai zōnta eleges *kakōs* kai nȳn grapheis *kakōs*.

（シュ・ダウトン・カイ・ゾーンタ・エレゲス・カコース、カイ・ニューン・グラフェイス・カコース）[153]

（二a）［最終］音節が類似している例は次のものである。

ti an epathes dei*non*, ei andr'eides ar*gon*;

149　ホメロス『イリアス』第九歌五二六行。意味は「彼らは贈物を受け入れ、言葉に耳を貸した」。

150　出典不明。意味は「君は彼が子供を作ったとは思わず、むしろ彼自身が子供になったと思ったことだろう」。

151　出典不明。意味は「最大の不安と最小の希望のなかで」。

152　出典不明。意味は「銅貨一枚にも値しない男なのに、銅像を建ててもらうに値するのか」。

153　出典不明。意味は「君は彼が生きているときに悪口を言っていたが、死んだいまでも悪口を書いている」。

（ティ・アン・エパテス・デイノン、エイ・アンドレイデス・アルゴン）[154]

構文に関する補足

なお、同じ一つの節がこれらすべての特徴を同時にもつことも可能である。すなわち、ある一つの節が別の節に対置されており、かつその節と長さが均等であり、かつ脚韻[155]を踏んでいるという場合もありうる。

また、完結文の文頭の種類は、『テオデクテイア』[156]のなかでほぼすべて列挙した。また、対置には偽りのものもある。たとえば、エピカルモスの次の詩句がそうである。「あるときには私は彼らの家にいたが、あるときには私は彼らと一緒にいた[157]」。

第一〇章　表現（一〇）面白み（その一）

導入

以上の各点が明確になったので、次に、面白みのある、受けのよい言い回しはどこから得られるかについて述べなければならない。もちろん、そのような言い回しを作り出すことは、素質に恵まれた人や訓練を積んだ人の仕事である。しかし、それについて説明することは、われわれのこの研究に属している。そこで、そのような表現を列挙しながら、それがいかなるものかを述べることにしよう。

比喩と直喩

まず、次の見解をわれわれの出発点としたい。すなわち、何かを容易に学習することは、本来誰にとっても快いことである。しかるに、名指し言葉[158]は何かを意味する言

154 出典不明。意味は「仮に君が怠け者を見たとしたら、どんな恐ろしい思いをすることになったというのかね」。

155 「脚韻」の原語は「ホモイオテレウトン」。「頭韻」は「ホモイオカタルクトン」と言う。

156 テオデクテスの弁論術に関するアリストテレスの失われた著作。

157 「彼らの家にいた」と「彼らと一緒にいた」は意味が同じなので、対比になっていないということ。

158 名指し言葉の種類については、本巻第二章一四〇四b二六～一四〇五a二を参照。

葉である。したがって、名指し言葉のなかでは、われわれに学習をもたらすものがもっとも快いということになる。

さて、われわれは一方で奇語は理解することができず、他方で常用語はすでに知っている。これに対し、比喩はほかの何にも増して学習をもたらしてくれる。たとえば、［ホメロスが］「老齢」を「切り株」と呼ぶとき、[159] 彼は［両者が属する］類を通じて、われわれに学習と認識をもたらす。つまり、両者はどちらも「盛りを過ぎたもの」なのである。

詩人たちの直喩もこれと同じ働きをする。それゆえ、当を得たものであれば、直喩にも面白みがあるように見える。なぜなら、先に述べたように、[160] 直喩も比喩だからである。ただし、両者は言い方が異なっている。それゆえ、直喩は快さにおいて比喩に劣る。なぜなら、直喩は比喩よりも長いからである。加えて、直喩は「これはあれである」とは言わない。その結果、［聞き手の］心もそれを探究しないのである。

説得推論

以上のことから、必然的に、表現も説得推論も、われわれに速やかな学習をもたら

b20

すものが面白みのあるものということになる。それゆえ、わかりきった説得推論は受けがよくない（なぜなら、われわれが「わかりきった」と言うのは、誰にとっても明らかで、探究する必要がないもののことだからである）。また、言われても理解できない説得推論も受けがよくない。受けがよいのは、あらかじめその認識をもっていなかった場合でも、語られると同時に認識が生まれるか、もしくは、それほど遅れずに思考が追いつくような説得推論である。なぜなら、この場合にはある種の学習が生まれるが、先に述べたいずれの場合にも学習は生まれないからである。

表現形式面の特徴

ところで、語られることの思考内容の面で言えば、いま述べたような説得推論が受けがよい。他方、表現形式の面で言えば、（一）対置的に述べられるものは、その構造のゆえに受けがよい。たとえば、次のものがそうである。「彼らは、ほかのすべて

159　ホメロス『オデュッセイア』第一四歌二一四行。
160　本巻第四章一四〇六b二〇。

b30 (1410) の人々が共有する平和を、自分たちの個人的利益に対する戦争とみなして」[161]。というのも、ここでは戦争が平和に対置されているからである。

(二)また、使っている言葉に比喩が含まれているものは、言葉「の選択」のゆえに受けがよい。ただし、奇妙な比喩の場合は別である。なぜなら、その場合には理解するのが困難だからである。また、わかりきった比喩の場合も別である。なぜなら、そのような比喩は何の印象も残さないからである。

(三)さらに、情景が目に浮かぶがゆえに受けがよいという場合もある。というのも、話し手が述べる事柄は、将来のこととしてではなく、いま行なわれていることとして見られなければならないからである。

したがって、話し手はこれら三つのもの、すなわち比喩と対置と躍動感[162]に狙いをつけなければならない[163]。

類比関係に基づく比喩の例

比喩には四つの種類があるが[164]、そのなかでもっとも受けがよいのは類比関係に基づ
1411a く比喩である。

（一）たとえば、ペリクレスが戦争で命を落とした若者たちについて、「まるで一年から春を奪い去ったかのように、この国から若者たちが消え去った」[165]と言ったのがそれに当たる。

（二）また、レプティネス[166]がラケダイモン人について、「ギリシャの片目が失われる

161　イソクラテス第五弁論『フィリッポス』第七三節。

162　「躍動感」の原語は「エネルゲイア」。「可能態（デュナミス）」の対概念としての「現実態」を意味する専門用語でもあるが、ここでは専門用語としての意味はもたない。

163　三つのポイントのうち、対置は前章ですでに述べられた。そこで、次の節では比喩が取り上げられる。躍動感とそれに関連する「情景が目に浮かぶこと」は、次の章で詳しく論じられる。

164　類を種に適用するもの、種を類に適用するもの、ある種を別の種に適用するもの、類比関係に基づくものの四種類（『詩学』第二一章一四五七b六〜九）。詳しくは解説を参照。

165　これは厳密に言えば比喩の例ではなく、「一年（A）と春（B）の関係は国（C）と若者（D）の関係に等しい」という類比関係の例である。この関係に基づいて、たとえば「国から春が消え去った」と言えば、類比関係に基づく比喩の例となる。

166　前四世紀のアテナイの政治家。デモステネス第二〇弁論『レプティネスへの抗弁』の標的。

のを「アテナイ人たちが」黙認するのを許すことはできない[167]」と言ったのもそうである。

（三）また、カレスがオリュントスの戦いのことで申し開きをするために、執務審査[168]を行なうことを熱心に求めたときに、ケフィソドトスが立腹して、「民衆の首を絞めて執務審査を行なわせようとしている[169]」と言ったのもそうである。

（四）また、同じくケフィソドトスが、あるときアテナイ人たちを激励し、「ミルティアデス[170]の決議を糧にして、エウボイアに出陣すべし」と言ったのもそうである。

（五）また、アテナイ人がエピダウロス[171]などの沿岸の国々と平和条約を結んだときに、イフィクラテスが立腹して、「彼らはみずから戦争の路銀を捨てた[172]」と言ったのもそうである。

（六）また、ペイトラオスがパラロス号[173]を「民衆の棍棒」と呼び、セストスの町を「ペイライエウスの穀物倉庫」と呼んだのもそうである[174]。

（七）また、ペリクレスが「ペイライエウス港の目やにであるアイギナを排除すべし[175]」と言ったのもそうである。

（八）また、モイロクレス[176]がある立派な人物の名を挙げて、「私は決してあの男以上の悪党ではない。なぜなら、彼の悪事は利率が三三パーセントだが、私の悪事はたったの一〇パーセントなのだから」と言ったのもそうである。[177]

167　ギリシャの二大強国の一つを「片目」と表現した比喩。
168　公職者が任期満了に際して受ける審査。業務に関する不正の有無などを調べる。
169　躍起になって要求することを「首を絞める」と表現した比喩。
170　アテナイの将軍（前五五〇年頃〜前四八九年）。
171　ペロポネソス半島東部に位置する港湾都市。
172　戦争に必要な軍資金や兵糧などを「路銀」と表現した比喩。平和条約を結ばなければ、沿岸の弱小国からそれらを略奪することができたということ。
173　アテナイが保有していた高速の三段櫂船。政治犯の召喚のために使用されたことからこのように言われている。
174　セストスはアジアとヨーロッパを隔てるヘレスポントス海峡に面した都市。アテナイの外港ペイライエウスにとって穀物の輸入先であったことからこのように言われている。
175　邪魔な存在を「目やに」と表現した比喩。アイギナはペイライエウスの南西約二〇キロのところに位置する島で、アテナイと敵対関係にあった。
176　前四世紀のサラミス島出身の弁論家。
177　悪さの程度を「利率」と表現した比喩。

（九）また、婚期が遅れた娘たちについて歌った、アナクサンドリデスの次のイアンボス詩もそうである。「うちの乙女たちは支払いが遅れた」[178]。

（一〇）また、中風にかかったスペウシッポス[179]という名の男について、ポリュエウクトス[180]が述べた次の言葉もそうである。「運命によって病気にかかり、さらし台に縛りつけられている[181]というのに、彼［の心は］じっとしていることができない」。

（一一）また、ケフィソドトスが三段櫂船を「色を塗った石うす」[182]と呼び、かの犬[183]［のディオゲネス］が酒場を「アッティカ地方の共同食堂」[184]と呼んだのもそうである。

（一二）また、アイシオン[185]は「［アテナイ人たちは］シケリア島に国のすべてを注ぎ込んだ」[186]と言った。これが受けのよい表現であるのは、比喩であると同時に情景が目に浮かぶ表現だからである。彼はさらに、「その結果、ギリシャは叫び声をあげた」と言った。これもまた、ある意味では、比喩であると同時に情景が目に浮かぶ表現である。

（一三）また、ケフィソドトスが「野次馬たちの会合が多くならないように注意せよ」[187]と言ったのもそうであり、イソクラテスが「民族祭典に駆けつけた野次馬たちに」[188]と言ったのもそうである。

（一四）また、追悼演説に見られる次のような言葉もそうである。「ギリシャはサラミス島で戦死した人々の墓前で、［弔意を表して］髪を切り落とすべきだった。彼らの

178 アナクサンドリデスは前四世紀の喜劇詩人。婚期が遅れたことを「（罰金や借金の）支払いが遅れた」と表現した比喩。
179 不詳の人物。
180 前四世紀のアテナイの弁論家。
181 「さらし台」は両手両足と頭を通す五つの穴がある刑具。麻痺性の病気にかかっていることを「さらし台に縛りつけられている」と表現した比喩。
182 三段櫂船は戦争の際に敵の船に突進して押しつぶすのでこのように言われている。
183 「犬」と訳した「キュオーン」はキュニコス派の哲学者を意味する場合もあり、ここではシノペのディオゲネスを指している。
184 「共同食堂」の原語は「フィディティア」。ラコニア地方のスパルタにおける共同食事（市民たちが一堂に会して食事をする制度）やその会場を意味する言葉。
185 前四世紀のアテナイの弁論家。デモステネスの論敵。
186 前四一五年から前四一三年にかけてアテナイが行なったシケリア遠征を指す。
187 臨時開催の民会を「野次馬たちの会合」と表現した比喩。
188 イソクラテス第五弁論『フィリッポス』第一二節。

武勇とともに、自分たちの自由も埋葬されたと考えて」[189]。これが受けのよい表現であるのは、たとえ「武勇が埋葬されたのだから、涙を流すべきだった」とだけ述べたとしても、それは比喩であると同時に情景が目に浮かぶ表現になっていたが、「武勇とともに、自分たちの自由も」と述べることで、一種の対置を付け加えているからである。

（一五）また、イフィクラテスが「私の言葉が進む道は、カレスの行ないの真ん中を通り抜ける」と言ったのもそうである。これも類比関係に基づく比喩であると同時に、「真ん中を通り抜ける」は情景が目に浮かぶ表現である。

（一六）また、「危険から救い出そうとして危険を呼び寄せる」[190]という言葉も、情景が目に浮かぶ表現であると同時に比喩である。

（一七）また、リュコレオン[191]がカブリアスを弁護して、「彼に代わって嘆願するあの銅像[192]になんら畏敬の念を抱かずに」と言ったのもそうである。これは常に比喩として成り立つわけではないが、そのときの状況からすれば比喩であり、しかも情景が目に浮かぶ表現である。なぜなら、国に対する功績の記念碑であるその銅像は、つまり命を吹き込まれたその命なきものは、彼が危機に陥っているときに［のみ］、彼に代わって歎願するからである。

（一八）また、「卑屈な心をあらゆる仕方で鍛え上げて」[193]という言葉も比喩の例である。なぜなら、鍛え上げることは大きくすることの一種だからである。

（一九）また、「神は知性という光を心のなかに灯した」[194]という言葉もそうである。なぜなら、知性と光はどちらも何かを明らかにするものだからである。

（二〇）また、「［平和条約によって］われわれは戦争を終結させるのではなく、支払期限を先延ばしにするだけである」[195]という言葉もそうである。なぜなら、支払期限の

189　リュシアス第二弁論『葬礼弁論』第六〇節の文言を一部変更した引用。
190　出典不明。
191　不詳の人物。
192　ひざをついた姿勢をしているカブリアスの銅像。
193　イソクラテス第四弁論『民族祭典演説』第一五一節。
194　出典不明。
195　イソクラテス第四弁論『民族祭典演説』第一七二節。形ばかりの平和条約を結ぶことを「（罰金や借金の）支払期限を先延ばしにする」と表現した比喩。

先延ばしもこの種の平和も、どちらも［解決を］先送りにすることだからである。

（二一）また、「平和条約は、戦場に建てられた数々の記念碑よりもはるかに輝かしい戦勝記念碑である。なぜなら、後者は些細な戦果やたった一度の幸運に関係するものでしかないのに対し、前者は戦争の全体に関係するものだから」[196]という言葉もそうである。なぜなら、［平和条約と戦勝記念碑は］どちらも勝利のしるしだからである。

（二二）また、「国は人々の非難によって厳しい執務審査を受ける」[197]という言葉もそうである。なぜなら、執務審査［に伴う懲罰］は正当な加害の一種だからである。

結び

さて、面白みのある言い回しは、類比関係に基づく比喩から、また情景が目に浮かぶ表現から得られるということは、以上に述べた通りである。

第一一章　表現（一一）面白み（その二）

情景が目に浮かぶこと

次に、われわれの言う「情景が目に浮かぶ」とはいかなることなのか、またその効果を生むにはどうすればよいのかを述べなければならない。

情景が目に浮かぶ表現とは、対象が活動している様子を表す表現のことである。たとえば、「よい人は正方形である」[198]と述べることは、たしかに比喩ではある。なぜなら、両方とも完全なものだからである。しかし、この比喩は躍動感を表してはいない。これに対し、「働き盛りが満開を迎えて」[199]という表現には躍動感がある。また、「あな

196　イソクラテス第四弁論『民族祭典演説』第一八〇節。
197　出典不明。
198　シモニデスの言葉。
199　イソクラテス第五弁論『フィリッポス』第一〇節。

たは自由に歩き回る神獣のように[200]」という表現にも躍動感がある。また、「そこでギリシャ人たちは立ち上がり、矢になって駆けつけた[201]」という詩句にもそのことが当てはまる。この「矢になって駆けつける」という表現は、躍動感のある比喩である。なぜなら、それは迅速さを表しているからである。

また、ホメロスが多くの箇所で用いているが、比喩によって命なきものに命を吹き込むという手法も躍動感を生み出す。そのいずれの箇所でも、彼は躍動感を与えることによって好評を博している。たとえば、次の各例のうちにそれが見られる。

「ずうずうしい岩は、再び地面に転がり落ちる[202]」
「矢は［弾かれて］飛び去った[203]」
「［矢は］飛びかかることを切望して[204]」
「［槍は］肉を味わうことを渇望したが、地面に突き刺さった[205]」
「奮い立つ槍の穂先が胸板を貫いた[206]」

これらのどの例においても、命を吹き込まれることによって、命なきものがあたかも活動しているように見える。なぜなら、「ずうずうしい」や「奮い立つ」などの表現には躍動感があるからである。彼は類比関係に基づく比喩を通じてこれらの性質を与えている。というのも、岩とシシュフォスの関係は、[207] 厚かましく扱う者と厚かましく扱われる者の関係に等しいからである。

加えて、ホメロスは彼の名高い直喩のなかでも、命なきものに対してこれと同じこ

200　イソクラテス第五弁論『フィリッポス』第一二七節。
201　エウリピデス『アウリスのイフィゲネイア』八〇行。
202　『オデュッセイア』第一一歌五九八行。「ずうずうしい」と訳した「アナイデース」には「情け容赦ない」という意味もある。おそらくホメロスは後者の意味で使っているが、アリストテレスは前者の意味で理解している。
203　『イリアス』第一三歌五八七行。
204　同前、第四歌一二六行。
205　同前、第一一歌五七四行。
206　同前、第一五歌五四二行。
207　ギリシャ神話に登場する英雄。神々を欺いた罰として、山頂付近まで運ぶと必ず転がり落ちる岩を永久に押し上げ続ける苦役を課せられた。

とをしている。たとえば、「膨れ上がり、白く泡立つ大波が、前に起これば、あとにも続く」[208]というのがそうである。というのも、このなかで彼はすべてのものに動きと命を与えているが、躍動感とはある種の動きにほかならないからである。

比喩に関する注意事項

ただし、先に述べたように[209]、比喩は当の対象と密接な関係がありながら、それでいて「その関係性が」一目瞭然ではないものから取らなければならない。たとえば哲学の場合でも、かけ離れているもののうちにも類似点を見出すことは、洞察力のある者だけがなしうることである。アルキュタス[210]が次のように述べたのがその例である。「調停者と祭壇は同じである。なぜなら、どちらも不正を受けた者が駆け込むところだから」。あるいは、次のように言う人がいるかもしれない。「錨と鉤縄は同じである。なぜなら、両者はある意味で同じものであり、上から引っかけるか、下から引っかけるかの違いしかないからである」。また、「諸国が均《なら》される」[211]という言葉も、かけ離れた二つの事柄、すなわち土地の表面が均等であることと国力が均等であることを同一視するものである。

予想を裏切ること（二）警句、謎かけ、斬新な表現

面白みのある言い回しの大半は、比喩そのものから生まれるだけでなく、それによって聞き手の予想を裏切ることからも生まれる。というのも、学んだことが自分の予想に反していたときには、自分が何かを学んだということがいっそうはっきりするからである。つまり、このようなときには、聞き手の心が「いかにもそうだ。私は間違っていた」と言うように思われるのである。

警句の面白みも、それが文字通りのことを意味していないことから生まれる。たとえば、ステシコロスの「蟬が地面から君らに歌いかけることになる[212]」という警句がそうである。

208 『イリアス』第一三歌七九九行。トロイア軍の突撃の様子を波にたとえたもの。引用文の直後に、直喩の一つの目印である「〜のように（ホース）」という語が見られる。

209 本巻第一〇章一四一〇b三一〜三三。

210 前四世紀のピュタゴラス派の哲学者。

211 イソクラテス第五弁論『フィリッポス』第四〇節にこれと似た表現がある。

212 ロクリス人たちに向けた警句。第二巻第二一章一三九五a一〜二を参照。

また、上手な謎かけも、同じ理由によって快い。なぜなら、そこには学習が伴うからであり、しかも謎かけは比喩のかたちで述べられるからである。

また、テオドロスが「斬新な表現」と呼んでいるものも快い。斬新な表現は、思いも寄らないことが言われるときに生まれる。つまり、彼の言い方を借りれば、「事前の予想と一致する」ことを言うのではなく、むしろ笑いをとろうとする人たちがするように、言葉を少し変えて用いるときに生まれるのである。

予想を裏切ること（二）文字の置き換え

文字の置き換えによる冗談にもこれと同じ効果がある。なぜなら、この種の冗談も予想を裏切るからである。これは「散文だけでなく」韻文にも見られる。というのも、ある種の詩句は、聞き手の想定通りには運ばないからである。たとえば、次のものがそうである。「彼は行進した。足に履いていたのは霜焼け（キメトラ）だった[213]」。この例では、聞き手は「サンダル（ペディラ）」という言葉を予想していたのである。ただし、この種の冗談は、言われると同時にわかるものでなければならない。

文字の置き換えによって、話し手は文字通りの意味のことを言い表すのではなく、言葉にひねりを加えて、別の意味のことを言い表すことができる。たとえば、テオドロスがキタラ奏者のニコン[214]に向かって言った、「お前はトラキア出身の下女に等しい（トラーット・エイ）[215]」という言葉がそれに当たる。なぜなら、彼は「お困りのようですね（トラッテイ・セ）[216]」と言っているふりをして、［聞き手を］欺いているからである。というのも、実際には違うことを言っているからである。それゆえ、この言葉はわかる人にとっては快い。なぜなら、ニコンがトラキア人であることを理解していなければ、面白みがあるとは思わないからである。また、「お前は彼を滅ぼす（ペルサイ）つもりか[217]」という言葉もそうである。ただし、どちらの場合にも、事実に合致す

213　出典不明。
214　トラキア出身のキタラ奏者であること以外は不明。
215　底本には従わず、コープの校訂に従って読む。「トラーット（＝トラーッタ）」は「トラキア出身の下女」、「エイ」は「あなたは〜である」という意味。
216　「トラッテイ」は「困惑させる」、「セ」は「あなたを」の意味。
217　「滅ぼす（ペルサイ）」と「ペルシア人（ペルサイ）」をかけているという解釈が一般的だが、正確な意味は不明。

ることを言っているのでなければならない。

予想を裏切ること（三）同名異義語

このことは[218]、次のような面白みのある言い回しにも当てはまる。「アテナイ人たちにとって、海の支配（アルケー）は不幸の始まり（アルケー）ではなかった。なぜなら、彼らはそれによって利益を得たからである」。あるいは、イソクラテスの「支配（アルケー）は国の不幸の始まり（アルケー）だった[219]」という言い回しもそうである。というのも、いずれの例においても、言うとは思っていなかったことが言われており、かつそれが真実であることが聞き手にはわかるからである。もちろん、もしこれが「支配は支配である」と言っているのだとすれば、そこには何の知性も感じられない。しかし、彼はそう言っているのではなく、［二番目のアルケーを］別の意味で言っているのである。また、［一つ目の例の］「アルケーではなかった」という言葉が否定しているのは、最初に述べた［支配という意味での］アルケーではなく、別の意味でのアルケーである。

これらのどの例においても、同名異義語を用いるにせよ、比喩を用いるにせよ、うまく行くのは事実に合致する言葉をもってくる場合である。たとえば、「アナスケトス[220]には耐えられない」と言うとき、話し手は「アナスケトスという人名と」同名異義の「耐えられる（アナスケトス）」という語を否定しているが、実際にその男が不快な人物であるなら、その言葉は事実に合致していることになる。

また、「あなたはよそ者（クセノス）以上によそよそしく（クセノス）してはならない」と言ったり、あるいは「必要以上によそよそしくしてはならない」と言ったりするのもそうである。これは、「よそ者だからといって、常によそよそしくする必要はない」と言う場合と同じである。なぜなら、ここでも「二番目の「クセノス」は」別の意味で用いられているからである。[221]

また、アナクサンドリデスの「死にふさわしいことをしでかす前に死ぬのは美し

218　聞き手の予想を裏切るということ。

219　イソクラテス第五弁論『フィリッポス』第六一節。

220　不詳の人物。

221　「クセノス」という語の意味も含めて、この段落の例文の意味についてはさまざまな解釈がある。

い」という名言も、これらと同様の例である。なぜなら、これは「死ぬにふさわしい(アクシオス)者ではないときに死ぬのは価値がある(アクシオス)」、もしくは「死にふさわしい者ではないときに死ぬのは価値がある」、もしくは「死にふさわしいことを何も行なわずに「死ぬのは価値がある」」と言うのと同じことだからである。ところで、これらはどれも表現の種類の点では同じである。[222]しかし、より少ない語数で、かつ対置的に表現すれば、それだけいっそう受けのよいものとなる。その理由は、対置されているがゆえにより容易に学習することができ、[223]語数が少ないがゆえにより速やかに学習することができるという点にある。

しかし、語られることが真実でありながら、それでいてわかりきったことではないようにするためには、その言葉がある特定の人物に関係しているか、もしくは適切に述べられているという条件も常に満たさなければならない。なぜなら、真実であるという性質とわかりきったことではないという性質は、分離することがありうるからである。たとえば、「人は何一つ過ちを犯さずに死ぬべきである」というのは、なるほど真実ではあるが、面白みに欠ける。また、「価値のある男は価値のある女と結婚すべきである」というのも、なるほど真実ではあるが、やはり面白みに欠ける。しかし、両方の性質が同時に備わっていれば、面白みが生まれる。「先に述べた」「死ぬにふさわしい者ではないときに死ぬのは価値がある」というのがまさにそれである。表現がこのような要素を数多く含んでいればいるほど、それだけいっそう面白みのあるものに見える。たとえば、使っている言葉が比喩であり、それも特定の種類の比喩であり、かつ対置と均等化が施されており、かつ躍動感があるという場合がそうである。

比喩と直喩

先に述べたように、[224]直喩も評判のよいものはある意味で比喩である。というのも、直喩は常に二つの項から成り立つが、この点は類比関係に基づく比喩と同じだからである。たとえば、「盾はアレスの盃である」と言ったり、「弓は弦のない竪琴である」

b30

1413a

222　前段落にある三つの言い換えは同名異義語を利用した表現であるという点では同じであるということ。

223　第二巻第二三章一四〇〇b二五〜二八を参照。

224　本巻第四章一四〇七a一〇〜一四。

と言ったりするのがそれに当たる。このような比喩はもちろん単純ではないが、「弓」を単に「竪琴」と言ったり、「盾」を単に「盃」と言ったりすれば、単純なかたちの比喩になる。直喩もこのような仕方で作ることができる。たとえば、笛吹きを猿にたとえたり、[225]近眼の人を消えかけのランプにたとえたりするのがそうである。後者の例は、「まぶたも灯芯も」どちらも細くなるという意味である。

とはいえ、よい直喩が作られるのは、そこに「類比関係に基づく」比喩がある場合である。なぜなら、その場合には、盾をアレスの盃にたとえたり、廃墟を家の切れ端にたとえたりすることができるからである。また、ニケラトスを「プラテュスに嚙まれたフィロクテテスのようだ[226]」と言うこともできる。これは、吟唱競技でプラテュスに敗れたニケラトスが、髪を伸ばし、むさ苦しい格好をしたままでいるのを見て、トラシュマコスがそれをたとえて言った言葉である。

詩人は特にこのような場面で、うまくやらなければ野次が飛び、うまくやれば好評を博すことになる。私がうまくやると言っているのは、事柄にぴったりの表現を用いる場合のことである。たとえば、「彼の脚はまるでセロリのようにゆがんでいる」と言ったり、「まるでサンドバッグと格闘するフィラモン[227]のように」と言ったりするのがそれに当たる。この種のものはすべて直喩である。しかし、直喩が比喩であるということは、すでに何度も述べたところである。

比喩と諺

諺も比喩であるが、それはある種を別の種に適用するタイプの比喩である。たとえば、ある人がよいものと信じて持ち帰ったものがあとで害をもたらす場合、世の人々は「ウサギを持ち帰ったカルパトス人[228]」と言う。なぜなら、両者ともいま述べたような害を被っているからである。

225 演奏するときの姿勢が猿に似ているという意味。

226 ニケラトスはアテナイの将軍ニキアスの息子で、プラテュスは吟唱詩人。フィロクテテスはギリシャ神話の登場人物。トロイア遠征の途中で毒蛇に咬まれ、傷から悪臭を発するようになったため、レムノス島に置き去りにされた。

227 前四世紀のアテナイの拳闘家。

228 カルパトスはロドス島とクレタ島のほぼ中間に位置する島。あるカルパトス人が島に持ち込んだウサギが大量に繁殖して作物を食い荒らしたことに由来する諺。

比喩と誇張

さて、面白みのある言い回しはどこから得られるか、またそれらに面白みがある理由については、およそ以上に述べた通りである。

しかし、誇張も評判のよいものは比喩［による誇張］である。たとえば、目元に痣ができた人について、「君たちは彼のことを桑の実が詰まったかごだと思っただろうね」と述べるのがそれに当たる。というのも、目元の痣はたしかに赤紫のような色ではあるが、それを桑の実が詰まったかごと表現したのでは量が多すぎるからである。また、「まるでかくかくのように」[229]という表現は、表現の形式だけが異なる誇張である。たとえば、「まるでサンドバッグと格闘するフィラモンのように」という表現は、「君は彼をサンドバッグと戦うフィラモンと思ったことだろう」と言えば誇張であり、「彼の脚はまるでセロリのようにゆがんでいる」という表現は、「彼の脚はあまりにゆがんでいるから、君はそれを脚ではなくセロリと思ったことだろう」と言えば誇張である。

ところで、誇張は若者がよく用いる。なぜなら、誇張は過激さの表れだからである。[230]そして、過激さの表れであるがゆえに、人は怒っているときに特によく誇張を用いる。

たとえば、次の例がそうである。「たとえ彼が私に砂の数や塵の数ほど多くのものを与えたとしても……。アトレウスの子アガメムノンの娘を娶るつもりはない。たとえその女が黄金のアフロディテと美を競い、アテナと功績を競うほどの者であったとしても」[231]。それゆえ、誇張は老人が用いるにはふさわしくないのである。[232]

1413b

229　「まるで〜のように」の原語は「ホースペル」。少し前の一四一三a一一〜一二で直喩の例に用いられている語。直喩に用いる典型的な語は、このほかに、「〜のように（ホース）」と「〜のようである（エオイケナイ）」と「〜に似ている（ホモイオス）」の三つがある。本巻第四章を参照。

230　若者の過激さについては第二巻第一二章一三八九b二〜五を参照。

231　ホメロス『イリアス』第九歌三八五行および三八八行〜三九〇行。怒ったアキレウスがアガメムノンの申し出を断る場面。

232　この文は数行前の「誇張は過激さの表れだからである」の直後に置くとつながりがよいため、底本はそれらの中間にある文章をアリストテレスによる挿入とみなしている。また、「アッティカの弁論家」に言及した一四一三b一の文は削除されている。

第一二章　表現（一二）　各種の弁論に適した表現

文書用の表現と討論用の表現

しかし、われわれが見落としてはならないのは、弁論のそれぞれの種類にはそれぞれ別の表現が適しているという点である。というのも、文書用の表現と討論用の表現[233]は同じではなく、民会弁論に適した表現と法廷弁論に適した表現も同じではないからである。話し手は、文書用の表現と討論用の表現のどちらも知っておかなければならない。なぜなら、討論用の表現を知っているとは、正確なギリシャ語の使用を心得ているということであり、文書用の表現を知っているとは、何かを人々に伝えたいときに、やむなく沈黙してしまうことがないということだからである。後者のやむなく沈黙するというのは、ものを書く心得のない人が陥る事態である。

文書用の表現と討論用の表現の違い

文書用の表現は正確さの点でもっともすぐれており、討論用の表現は口演にもっとも適している。後者には二つの種類がある。すなわち、一つは［話し手の］性格を表すものであり、もう一つは感情を表すものである。それゆえ、役者たちもそのような［討論用の表現を用いた］劇を追い求め、［劇を書く］詩人たちもそのような表現が得意な役者を追い求めるのである。もっとも、［演劇用ではなく］読み物としての作品を書いている詩人たちも人気がある。たとえば、カイレモンがそうであり（彼の文章は弁論作家と同じくらい正確である）、またディテュランボス詩人のなかではリキュムニオスがそうである。

［それぞれの表現に基づく］言論を比較してみると、文書用の言論は、討論の場では貧相な印象を与える。他方、弁論家たちの言論［すなわち討論用の言論］は、手に取って読むと素人くさく感じる。その原因は、後者は討論の場にこそふさわしいということにある。それゆえ、口演用の言論も、口演の機会が奪われれば本領を発揮すること b10

233　あるいは、「文書用の文体」と「討論用の文体」。

ができず、そのため間が抜けた感じがするのである。たとえば、接続語の省略や、同じことを何度も言うことは、文書用の表現においては避けるのが当然である。しかし、討論用の表現においてはそうではなく、弁論家たちも現にそれらを使用している。なぜなら、それらは口演に適しているからである。

同一内容の繰り返し

もっとも、同じことを［何度も］述べるときには、［表現に］変化をつけなければならない。これは、口演がスムーズに進むように、いわば地ならしをするようなものである。たとえば、「これが諸君から盗んだ男である。これが欺いた男である。これが結局のところ裏切りを画策した男である」と述べるのがそれに当たる[234]。また、役者のフィレモン[235]が、アナクサンドリデスの『老人の狂気』のなかで、「ラダマンテュスとパラメデス」と語るべきときに行なっていたこともその例であり、『敬神的な人々』の序幕において、「私」と語るべきときに行なっていたこともそうである[236]。というのも、このような［変化をつけた］語り方をしなければ、諺に言う「角材を運ぶ男[237]」になるからである。

接続語の省略

これと同じことは、接続語の省略、たとえば「私は行った、私は会った、私は懇願した」というような表現にも当てはまる。というのも、この場合にも「変化をつけて」 b30
口演しなければならず、同一のことを同じ趣と同じ調子で語らないようにしなければならないからである。

さらに、接続語の省略はある独特の性質をもっている。すなわち、接続語を省略すると、同じ時間内に多くのことが語られたように見えるのである。というのも、接続語は多くのものをつないで一つにするものであるから、それを取り除けば、今度は逆に、一つのものが多くのものになるのは明らかだからである。それゆえ、この手法には拡大の効果がある。たとえば、「私は行った、私は話した、私は歎願した（こう言 1414a

234 「不正を犯した」という同一の表現を繰り返す代わりに、傍点部のような表現を用いるということ。

235 役者であること以外は不明。同名の喜劇詩人とは別人。

236 どちらの作品も現存しないため、ここで言われていることの詳細は不明。

237 おそらく「一本調子の人」という意味で、角材を運ぶ男の歩調に由来する諺と考えられる。

えば、多くのことが行なわれたように見える）[238]、彼は私の言葉をすべて無視した」というのがそうである。

ホメロスも次の詩句でその効果を生み出そうとしている。「ニレウス[239]、再びシュメ島から……、アグライエの子ニレウスが……、もっとも美しいニレウスが……」[240]。というのも、ある人物について多くのことが語られるとすれば、その人物は何度も言及されなければならないからである。そして、このことから、ある人物が何度も言及されている場合にも、その人物について多くのことが語られているように見えることになる。その結果、ホメロスはニレウスについてはこの一箇所でしか言及していないが、「聞き手の」誤謬推論[241]によってニレウスの意義を拡大し、これ以降のどの箇所でも彼について語っていないにもかかわらず、彼の記憶がいつまでも残るような効果を上げているのである。

弁論の種類と正確さの関係

ところで、民会弁論の表現は陰影をつけた絵[242]にそっくりである。というのも、「民会に参加する」群衆の数が多ければ多いほど、それだけいっそう遠くから壇上を眺めることになるからである。それゆえ、どちらにおいても正確さ［を心がけること］は余計であり、そのようなことをすればかえってできが悪く見える。

これに対し、法廷弁論［の表現］はより正確である。裁判員が一人の場合には、なおさらそのことが当てはまる。なぜなら、そこでは弁論の技巧を用いる余地がほとんどないからである。というのも、そのような人は、本題に関係する話と関係しない話[243]

238　「私はそこへ行って、事情を話して彼に歎願した」と述べる場合とは違って、このように述べれば「私」が多くのこと（＝行く、話す、歎願するという三つの行為）を行なっているように見えるということ。

239　トロイア戦争におけるギリシャ軍の武将。

240　ホメロス『イリアス』第二歌六七一行～六七三行の出だしの部分の引用。

241　これは『詭弁論駁論』第五章一六七b二～八に見られる「帰結に由来する誤謬」に当たる。「雨が降ると（原因）、地面が濡れる（帰結）」という事実に基づいて、「地面が濡れている。それゆえ雨が降った」と推論するのがこの誤謬の典型的な例である。

242　近くから見ると何が描かれているのかわからないが、遠くから見るとある形をした立体的な像が見える絵。プラトン『テアイテトス』二〇八Ｅに言及がある。

243　判断力があるすぐれた裁判員を念頭に置いている。

を容易に見抜くことができ、また［裁判員の間で］討議しないので、混じり気のない判断を下すことができるからである。それゆえ、これらすべての種類の弁論において、同じ弁論家が好評を博すとは限らない。しかし、口演が重要な役割を果たすような場[244]では、弁論に含まれる正確さの度合いは非常に低くなる。そのような場では、［よい］声が、特に大きな声が必要とされる。

文書用の表現がもっとも適しているのは演示弁論である。なぜなら、演示弁論の役割は読み上げられることにあるからである。二番目に適しているのは法廷弁論である。[245]

表現に関する無用な分類

ところで、表現の分類をさらに進めて、表現は快く、かつ堂々としたものでなければならないとするのは[246]余計なことである。というのも、「節度があること」や「自由人らしいこと」やその他の何らかの性格の徳ではなく、なぜ「堂々としていること」が求められるのか、その理由がわからないからである。

他方、快さについては、表現の優秀さがすでに正しく定義されているとするなら、先に述べた特質[247]が表現を快いものにするということは明らかである。なぜなら、表現はわかりやすいものでなければならず、また通俗的ではなく、［弁論に］ふさわしいものでなければならないが、もしそれが快さをもたらすためではないとすれば、いったい何のためなのだろうか。実際、冗長な表現はわかりにくく、簡潔すぎる表現もわかりにくい。むしろ、両者の中間が適しているということは明らかである。また、先に述べたさまざまな要素も快さをもたらす。すなわち、聞き慣れた語と一風変わった表現がうまく混ざり合っていること、リズムがあること、ふさわしさから生まれる説得力があることがそうである。

244　裁判員が多数で、しかも判断力に乏しい者たちである場合。

245　文書用の表現（文体）は正確さの点でもっともすぐれているため、この表現が適している順序に応じて正確さの度合いの順序も決まる。それゆえ、弁論の正確さの度合いがもっとも高いのは演示弁論であり、次が法廷弁論（特に裁判員が一人の場合）、最後が民会弁論（＝助言弁論）である。

246　テオデクテスの教説を念頭に置いている。クインティリアヌス『弁論家の教育』第四巻第二章第六三節を参照。

247　すなわち、わかりやすいことと（弁論に）ふさわしいこと。本巻第二章冒頭の定義を参照。

表現論の結び

さて、表現については、すべての種類の弁論に共通することも、また各種の弁論に特有のことも述べ終えた。[248] 残る仕事は、弁論の配列について述べることである。

第一三章　弁論の配列（一）総論

弁論の二つの部分

弁論には二つの部分がある。なぜなら、弁論において必要不可欠なことは、主題を述べることと、それを論証することだからである。それゆえ、主題を述べておいて論証しないということも、先に主題を述べずに論証するということもありえない。なぜなら、論証する人は何かを論証するのであり、先に主題を述べる人はそれを論証するために先に述べるからである。

これら二つの部分のうち、一方は「主題提示」であり、もう一方は「説得」である。これはちょうど、[問答の部分を]「問い」と「論証」に分けるようなものである。

現行の区分の批判

これに対し、今日広く行なわれている区分は馬鹿げている。たとえば、「叙述[249]」は法廷弁論にのみ何らかのかたちで属するにすぎない。実際、彼らの言うような意味での「叙述」が、あるいは「論敵への応答[250]」が、どうして演示弁論や民会弁論に属することができようか。あるいはまた、「結び[251]」がどうして演示弁論[252]に属することができようか。他方、「序論」や「比較による応答[253]」や「要約」は、意見の対立がある場合に限れば、なるほど民会弁論にも見られる。なぜなら、そこでも糾弾や弁明を行なうことはよくあるからである。しかし、それは助言の一部として行なっているわけでは

1414b

248　共通の事柄は本巻第二章〜第一一章、特有の事柄は本章で述べられた。
249　「叙述」の原語は「ディエーゲーシス」。（事件が起こった）経緯の説明のこと。
250　「論敵」と訳した「アンティディコス」の本来の意味は「訴訟相手」。
251　「結び」の原語は「エピロゴス」。エピローグ（epilogue）の語源。
252　底本には従わず、epideiktikón と読む。
253　「比較による応答」の原語は「アンティパラボレー」。本巻第一九章一四一九b三四〜一四二〇a三に説明がある。

ない。さらに、「結び」に至っては、法廷弁論にさえ常に属するとは限らない。たとえば、弁論が短い場合や、話の内容を覚えておくのが容易な場合がそうである。というのも、「結び」で行なうのは、［要約によって］弁論から長さを取り除くことだからである。

以上のことからすれば、弁論の必要不可欠な部分は「主題提示」と「説得」だけであることになる。それゆえ、これらだけが弁論に本来属する部分であり、最大限認めるとしても、「序論」「主題提示」「説得」「結び」の四つまでである。なぜなら、「論敵への応答」は「説得」に含まれるからである。また、「比較による応答」は、自分の主張の意義を拡大することにほかならない。したがって、これも「説得」の一部である。というのも、これをする人は何かを論証するからである。これに対し、「序論」では論証は行なわない。同じく「結び」でも論証は行なわず、ここで行なうのは聞き手に［要点を］思い出させることである。

それゆえ、このようなものまで区分するなら、まさにテオドロス一派が設けた区分のように、「叙述」とは別に「補足叙述」と「予備叙述」があり、「論駁」とは別に「補足論駁」があるという話になるだろう。[254] しかし、何かに名前をつけるのであれば、それがいかなる種であり、ほかの種とどこが違うのかを言わなければならない。そうでなければ、有名無実の馬鹿げた区分を設けることになる。たとえば、リキュムニオスが弁論の手引書のなかで、「あと押し」や「脱線」や「枝分かれ」という名前をつけて区分しているのがそうである。

第一四章　弁論の配列（二）序論の部

序論とは何か

「序論」は弁論の出発点であり、詩で言えば序詩、笛の演奏で言えば前奏に相当する。というのも、これらはすべて出発点であり、後続の部分のためのいわば地ならしをする部分だからである。

笛の演奏における前奏は、演示弁論の序論に似ている。なぜなら、笛吹きは何であ

254　プラトン『ファイドロス』二六六D〜二六七Aを参照。

れ自分が上手に吹くことができる楽節を先に演奏し、それを楽曲の始まりにつなげるが、演示弁論もこれと同じような仕方で書かなければならないからである。つまり、話し手は何であれ自分が述べたいことを最初に述べ、そのあと本題を切り出し、それにつなげるようにしなければならない。これは現に誰もが行なっていることであり、イソクラテスの『ヘレネ礼賛』の序論[255]がその典型的な例に当たる。というのも、［そこで言及されている］論争家たちは、［主題の］ヘレネとは何の共通点もないからである。しかし、たとえ横道にそれるとしても、弁論が全体として単調にならないようにするのは［演示弁論に］ふさわしいことである。

演示弁論の序論

演示弁論の序論は、賞賛もしくは非難の言葉から作られる。たとえば、ゴルギアスが『オリュンピア祭典演説』のなかで、「ギリシャ人よ、諸君は多くの者たちから賛美されてしかるべきだ」と述べているのがそうである。なぜなら、彼はこのように述べることによって、民族祭典を開催した人々を賞賛しているからである。これに対し、イソクラテスは次のように述べて同じその人々を非難している。「彼らは贈物を与えて身体の優秀さを讃える一方で、すぐれた思慮をもつ人たちのためには何の賞も設けなかった」[256]。

また、助言の言葉から作られることもある。たとえば、「われわれはよき人々に敬意を払わなければならない。だからこそ、私自身もアリステイデスを賞賛するのだ」というのがそれに当たる。あるいは、「評判は高くないが、かといって悪人というわけではなく、むしろプリアモスの息子アレクサンドロスのような、よい人でありながらそれが世間に知られていない人々に敬意を払わなければならない」というのもそうである。なぜなら、このようなことを述べる人は助言を与えているからである。

さらに、法廷弁論の序論を利用して作られることもある。つまり、聞き手の情に訴える表現を用いて、弁論の内容が常識に反することであったり、難解であったり、世間で言い古されていることであったりする場合に、大目に見てもらうようにするのである。たとえば、コイリロス[257]が次のように述べているのがそうである。「しかし、す

255　イソクラテス第一〇弁論『ヘレネ礼賛』第一節〜第一五節。
256　同前、第四弁論『民族祭典演説』第一節。

べて［の題材］が分配し尽くされたいまとなっては」[258]。

したがって、演示弁論の序論は以上のものから、すなわち、賞賛、非難、推奨、制止、聞き手の情に訴える表現から作られることになる。ただし、序論の役割を果たすこれらのものは、本論と無関係であるか、もしくは深く関係しているかのいずれかでなければならない。

法廷弁論の序論（一）内容を予告する

他方、法廷弁論の序論については、劇の序詩や叙事詩の前口上と同じ働きをするということを押さえておかなければならない。なぜなら、ディテュランボス詩の序詩、たとえば「汝のゆえに、そして汝の贈物、それから戦利品のゆえに[259]」という序詩は演示弁論の序論に似ているのに対し、法廷弁論の序論や叙事詩の前口上では、これから話すことの予告を行なうからである。その狙いは、あらかじめ聞き手に話の主題を知らせて、思考が宙ぶらりんになるのを防ぐことにある。というのも、はっきり定まっていないものは心を迷わすからである。

したがって、話の取っ掛かりをいわば手に握らせる者は、聞き手が話について行くことを可能にする。そのため、次のように言われるのである。

「女神よ、怒りを歌いたまえ[260]」

「ムーサよ、かの者のことを私に語りたまえ[261]」

「どうか私に、別の物語を語らせてください。かの大きな戦争が、いかにしてアシアの地からエウロペへやってきたかを[262]」

また、悲劇詩人たちも、エウリピデスのように開口一番とまでは行かなくても、少なくとも序詩のどこかで主題を明らかにしている。たとえば、ソフォクレスが「私の

257　前五世紀のサモス島の叙事詩人。
258　先行する詩人たちがすでに叙事詩の題材をすべて取り上げてしまっているという意味。
259　ミレトス出身のディテュランボス詩人ティモテオスに帰される言葉。
260　ホメロス『イリアス』冒頭。
261　同前、『オデュッセイア』冒頭。
262　ペルシア戦争を題材にしたコイリロスの叙事詩の断片。

父はポリュボスであった」[263]と語っているのがそうである。これと同様のことは喜劇にも当てはまる。

以上のことが、つまり弁論の目的を明らかにすることが、序論にもっとも必要な、そして序論に特有の役割である。それゆえ、問題にする事柄が明らかであり、かつその規模が大きくない場合には、序論を用いる必要はないのである。

法廷弁論の序論　(二)　聞き手を味方につける

［法廷弁論で］用いられるその他の種類の序論は、治療薬[264]の働きをするものである。これは［法廷弁論に限らず］すべての種類の弁論に共通して用いられる。この種の序論には、話し手に言及するもの、聞き手に言及するもの、主題に言及するもの、論争相手に言及するものがある。

話し手自身や論敵に言及するのは、中傷による偏見を解消したり、中傷を行なったりする場合である。ただし、これらは同じような仕方で行なわれるわけではない。なぜなら、弁明する側は中傷に関することを最初に取り上げるが、糾弾する側は結びで取り上げるからである。その理由は何ら不明瞭ではない。というのも、弁明する側は、自分のことを述べるにあたって、まず障害物を取り除く必要があり、したがって最初に中傷による偏見を解消しなければならないのに対し、中傷する側は、聞き手がより容易に思い出すことができるように、結びにおいて中傷しなければならないからである。他方、［序論における］聞き手への呼びかけは、まずもって好意の獲得を狙いとするが、場合によっては耳を傾けてもらうことも狙いとする。場合によってでしかないのは、耳を傾けてもらうことが常に［話し手の］ためになるとは限らないからである。実際、それが理由で、多くの話し手は［序論で］笑いを取ろうとするのである。

ところで、話を受け入れやすくするためには、話し手が望みさえすれば、ありとあらゆる手段に訴えることができる。これには、自分自身を立派な人物に見せることも含まれる。なぜなら、人は立派な人物の言うことには特によく注意を払うからである。また、人は重要なことや、自分に関係があることや、驚嘆すべきことや、快いことに

263　ソフォクレス『オイディプス王』七七四行。ただし、これは序詩の一部ではなく、オイディプスの長広舌の冒頭付近にある言葉である。
264　集中力のなさなど、聞き手の欠点に対する治療薬という意味。

耳を傾ける傾向がある。それゆえ、話し手は、弁論がこのような事柄を扱っているという印象を聞き手に与えなければならない。これに対し、耳を傾けてもらいたくない場合には、弁論が扱っているのは些細なことであるとか、聞き手には関係のないことであるとか、苦々しいことであるという印象を与えるようにしなければならない。しかし、忘れてはならないのは、先に述べたようなことはどれも弁論「の本題」とは関係がないということである。実際、このようなことは、程度が低く、本題とは関係のない話に耳を傾ける聞き手に対してのみ語られる。なぜなら、もし聞き手がそのような者でないなら、序論はまったく必要ないからである。その場合には、身体における頭に相当するものを弁論にもたせるために、弁論全体の主要部分を「最初に」述べるだけでよいからである。[265]

そのうえ、耳を傾けてもらうための呼びかけは、その必要がある場合には、弁論のすべての部分で共通に行なわれる。[266] なぜなら、聞き手は弁論の冒頭よりも、むしろそれ以外のいたるところで気を緩めるからである。それゆえ、冒頭「だけ」にそれを配置するのは馬鹿げている。なぜなら、冒頭はすべての人々が特に注意を払って聞いているからである。したがって、話し手はチャンスがあればいつでも、「どうか注意して聞いていただきたい。これは私の問題であるだけでなく、諸君の問題でもあるのだから」と言ったり、「私は諸君がこれまで耳にしたことがないような恐ろしい話をしよう」と言ったり、あるいは「これまで耳にしたことがないような驚くべき話をしよう」と言ったりしなければならない。プロディコスは、[267]「聴衆が眠気を催したときには五〇ドラクマ講義[268]の一部を挟む」と言ったが、これはまさにいま述べたことを意味しているのである

しかし、このようなことを語る相手が、本来の意味での聞き手ではないということは明らかである。というのも、話し手は誰でも、中傷するか、もしくは中傷による偏見を取り除くからである。たとえば、「王様、申し上げますが、急いで参上したわけではございません」[269]とか、「何に対して前置きしているのかね」[270]というのがそれに当

265　序論を省いて、主題提示から始めるということ。
266　それゆえ序論に特有の事柄ではないということ。
267　ケオス島出身のソフィスト（前四六五年頃〜前三九五年頃）。
268　ドラクマは貨幣の単位で、一ドラクマは当時の労働者の日当に当たる額。プラトン『クラテュロス』冒頭で、ソクラテスがこの講義に言及している。

たる。また、自分が不利な立場にあるか、もしくは不利な立場にあるように見える者もこれと同じことをする。なぜなら、何であれ本題以外のことに言葉を費やすほうが都合がよいからである。それゆえ、［過ちを犯した］奴隷は質問には答えず、前置きしながら遠回しにものを言うのである。

ところで、聞き手に好意を抱かせたり、その他のそのような感情を抱かせたりする方法はすでに述べた。[271] また、「ファイアケス人のところに行っても、友愛や憐れみが得られますように[272]」という言葉は当を得たものであるから、われわれは友愛と憐れみの二つに狙いをつけるべきである。他方、演示弁論の序論では、聞き手自身、もしくはその家族、もしくはその仕事、もしくはその種の何かが一緒に賞賛されていると聞き手に思わせなければならない。というのも、ソクラテスは追悼演説のなかで、「アテナイ人の前でアテナイ人を賞賛するのは難しくないが、ラケダイモン人の前でアテナイ人を賞賛するのは難しい[273]」と述べているが、この言葉は真実だからである。

民会弁論の序論

民会弁論の序論は、法廷弁論の序論を利用して作られる。しかし、弁論の性質からして、序論の必要性は一番低い。なぜなら、民会弁論では聞き手がすでに知っていることを扱うので、話題にする事柄に序論は必要ないからである。ただし、自分のことや反対者のことで何か言わなければならない場合や、聞き手が事柄の意義をこちらが望んでいる通りには受け取らず、過大評価したり、過小評価したりしている場合は別である。それゆえ、［序論を用いて］中傷したり、中傷による偏見を取り除いたりしなければならない場合や、事柄の意義を拡大したり、縮小したりしなければならない場合もある。

269　ソフォクレス『アンティゴネ』二二三行。見張り役が不快な知らせを王のクレオンに伝える場面。長台詞の冒頭部分で、心証を悪くするのを避けるためにこのように言っている。

270　エウリピデス『タウリケのイフィゲネイア』一一六二行。この具体例が前文の説明とどのように関係するのかはっきりしない。

271　第二巻第二章〜第一一章。

272　ホメロス『オデュッセイア』第六歌三二七行。

273　この言葉の一部は第一巻第九章一三六七b八〜九でも取り上げられている。

結び

序論が必要となる理由は以上の通りである。もしくは、序論がないと手抜きに見えるという理由から、飾りのために必要となることもある。たとえば、エリス人に対するゴルギアスの賛辞がそのようなものに当たる。なぜなら、事前に準備を整えることも、前もって場を盛り上げることもせずに、唐突に「エリスよ、幸いなる国よ」と切り出しているからである。

第一五章　弁論の配列（三）中傷

中傷のトポス

（一）中傷[274]に関するトポスの一つは、好ましくない疑惑を取り除くための論法を利用するものである。なぜなら、誰かがその疑惑を口に出そうが出すまいが、そこに「実質的な」違いはないため、その論法は中傷全般に適用することができるからである。[275]

（二）別のトポスは、論争相手が問題にしているまさにその点に異議を唱えるものである。すなわち、「それは事実ではない」とか、「［事実だとしても］有害ではない」とか、「君に対しては有害ではない」とか、「［君が主張するほど］大きな害ではない」とか、「不正ではない」とか、「大きな不正ではない」とか、「恥ずべきことではない」とか、「それほど恥ずべきことではない」と述べるのがそれに当たる。なぜなら、論争相手はこのようなことを問題にするからである。たとえば、イフィクラテスがナウシクラテス[276]に答えて、次のように述べたのがそうである。「私は君が言っていることをたしかに行ない、害を与えはしたが、しかし不正は犯していない」。あるいは、実際に不正を犯した場合には、次のように述べることで、その不正を相殺することができる。すなわち、「その行為は害を与えるものではあるが、しかし美

274　前章一四一五a二七～二九で述べられたように、序論で中傷を行なうことがあるため、序論をテーマとする前章に続けて、本章で中傷が取り上げられている。

275　疑惑を抱いているだけの場合と疑惑を口に出して中傷する場合には実質的な違いはないから、前者に対処するための論法は後者に対処するためにも利用できるということ。

276　イソクラテスの弟子。

しい行為である」と述べたり、「その行為は苦痛を与えるものではあるが、しかし有益な行為である」と述べたり、何かそのたぐいのことを述べたりするのである。

（三）別のトポスは、「過失だった」とか、「運が悪かった」とか、「避けようがなかった」と述べるものである。たとえば、ソフォクレスが次のように述べたのがそれに当たる。「私の手足が震えているのは、私を中傷する者が主張しているように、人々から年寄りと思われるようにするためではない。これはやむを得ないことなのだ。なぜなら、みずから進んで八〇歳まで年を重ねたわけではないのだから」。

また、行為の理由を説明することによって、［行為の悪さを］相殺することもできる。すなわち、「私は害を与えることを望んでいたのではなく、かくかくのことを望んでいたのだ。私は君が中傷しているような行為をしたわけではなく、たまたま害を与える結果になっただけだ」と説明し、そのうえで、「もし私がそうなることを意図して行なったのだとしたら、君が私を憎むのは正当なことであろう」と述べるのである。

（四）別のトポスは、中傷する者自身か、もしくはその人に身近な者の誰かが、いま現在、もしくはこれまでに［同様の中傷に］巻き込まれた事実があれば、その点を指摘するものである。

（五）別のトポスは、ほかにも［同様の中傷に］巻き込まれている人々がいるが、その者たちは当の中傷に該当しないと一般に認められている場合に、その点を指摘するものである。たとえば、「身ぎれいにしているから、私が姦夫だというのか。それなら、誰それも姦夫であることになる」と述べるのがそれに当たる。

（六）別のトポスは、ほかの人々が自分の論争相手とは別の人から、もしくは当の相手本人から同じような中傷を受けているか、あるいは中傷はされないまでも同じような疑惑をもたれているが、しかし実際には無実であることが判明している場合に、その点を指摘するものである。

（七）別のトポスは、中傷する者に対して中傷し返すものである。というのも、中傷する人自身が信用に値しないのに、その人の言葉が信用に値するものとされるのは不合理だからである。

（八）別のトポスは、当面の問題についてすでに判定が下されている場合に、その点を指摘するものである。たとえば、財産交換[277]をめぐる裁判で、エウリピデスがヒュギアイノン[278]に向かって言ったことがそれに当たる。すなわち、エウリピデスの「舌は誓ったが、心は誓っていない[279]」という詩句は、人々に偽誓を勧めるものであるから不敬であるとして糾弾したところ、彼は次のように答えたのである。「その件についてはすでにディオニュシア祭の競演のときに判定が下されたというのに、君はそれを法廷に持ち込むことで不正を犯している。なぜなら、その詩句のことはあの場で釈明したからだ。それに、もし君がその件で糾弾したいというのであれば、私には再び釈明する用意がある」。

（九）別のトポスは、きわめて悪質な行為であるとして中傷という行為そのものを糾弾するもので、その理由として、本題とは関係のないことについて判断させるという点や、事実に信を置いていないという点を指摘するものである。

（一〇）他方、状況証拠を挙げることは、「中傷する側と中傷による偏見を解消する側の」両者に共通するトポスである。たとえば、『テウクロス』のなかで、オデュッセウスがテウクロスに「お前はプリアモスと通じている。なぜなら、「お前の母の」ヘシオネはプリアモスの姉妹なのだから」と言っているのがそうであり、それに対してテウクロスが「私の父テラモンはプリアモスの敵だった」と答えたり、「私はスパイが潜んでいることを敵に教えなかった」と答えたりしているのがそうである。

（一一）別のトポスは中傷する側が用いるもので、些細なことを長々と賞賛してから重大なことを簡潔に非難するか、もしくは先に相手のよい点をたくさん挙げておいて、それから本題に直接関係することを一つ非難するものである。このようなことをする人々は、中傷のエキスパートであり、かつもっとも不正な人間である。なぜなら、彼らは善を悪に混ぜ合わせることによって、善を利用して相手に害を与えようとするからである。

（一二）このほかに、［中傷する側と中傷による偏見を解消する側の］両者に共通するトポスがある。すなわち、同じ一つの行為でもそれを行なう動機は数多くありうるので、中傷する側は動機を悪いほうに解釈して行為者を劣悪な人物に仕立てなければならず、中傷による偏見を解消する側はよいほうに解釈しなければならない。たとえば、ディオメデスがオデュッセウスを選んだことについて、[280] 一方の者は「それはオデュッセウ

b10

277　「財産交換」の原語は「アンティドシス」。アテナイにおいて、公共奉仕を課された市民は、自分より富裕な市民に代わってもらうか、もしくはその者と全財産を交換することを要求することができた。

278　不詳の人物。

279　エウリピデス『ヒッポリュトス』六一二行。

スが一番すぐれていると考えたからだ」と述べ、他方の者は「そうではない。むしろ、オデュッセウスは無能だから、彼とだけは［手柄を］競い合う心配がないからだ」と述べなければならない。

結び

中傷については、以上で十分に述べられたとしよう。

第一六章　弁論の配列（四）叙述の部

演示弁論の叙述

次に「叙述」であるが、まず演示弁論について言えば、叙述は立て続けに行なわれるのではなく、部分に分けて行なわれる。なぜなら、演示弁論の話し手は、弁論の材料となるすべての行為について説明しなければならないからである。というのも、［演示］弁論は二つの要素から成り立つが、その一方は技術に関係しないのに対し

（話し手は［弁論の話題となる］行為の原因ではないからである）、もう一方は技術に基づくからである。しかるに、後者の仕事は、ある行為が信じがたいものであるときに、それが事実なされたということを証明する点にある。あるいは、当の行為がいかなるものかを証明したり、どれほど重要かを証明したり、以上のすべてを証明したりする点にある。そして、これが理由で、場合によってはすべてを立て続けに叙述してはならないのである。なぜなら、そのようなかたちで証明が行なわれると、記憶するのが困難だからである。したがって、話し手は［話題となる人物が］勇敢な人であることをある事柄に基づいて証明し、次に知恵のある人であること、あるいは正しい人であることを別の事柄に基づいて証明するというようにしなければならない。このような構成の弁論は比較的単純である。それに対し、先のような構成の弁論は込み入っており、平明さに欠ける。

もっとも、よく知られている行為であれば、単にそれを思い出させるだけでよい。b20

それゆえ、そのような行為については、多くの話し手は叙述をまったく必要としない。

280　第二巻第二三章一三九九b二八～三〇を参照。

たとえば、アキレウスを賞賛したいと思う場合がそれに当たる。なぜなら、彼が行なったことはすべての人々が知っているからである。この場合に必要なことは、当の行為を利用することだけである。これに対し、クリティアスを賞賛したいと思うなら、彼が行なったことについての叙述が必要となる。なぜなら、それを知っている人は多くないからである。

法廷弁論の叙述（二）糾弾する場合

〈……〉[281]。ところが今日、馬鹿馬鹿しいことに、叙述は速やかに終わるものでなければならないと言われている。しかし、この点については、パン生地を固くこねようか、それとも柔らかくこねようかと尋ねたパン職人に対して、ある人が「何だって、よい具合にこねることはできないのか」と答えたという話と同じことが言える。つまり、序論の部と説得の部を長くしてはならないのと同様に、叙述の部も長くしてはならないのである。なぜなら、ここでもまた、「よい具合に」は「速やかに」ということでもなければ「手短に」ということでもなく、「適切に」ということだからである。しかるに、適切に話すとは、事実を明らかにするのに十分なだけ話すということにほか

b30 (1416)

ならない。言い換えれば、［被告が］ある行為に及んだということや、害を加えたということや、不正を犯したということや、その行為は話し手がそう受け取ってほしいと思っている程度に重大であるということを、聞き手に信じさせるのに十分なだけ話すということである。あるいは、反対に被告の立場で話す場合には、これと反対のことを信じさせるようにしなければならない。

また、話し手は叙述のなかに、自分の徳を示すのに役立つ話を挟まなければならない。たとえば、「私は常々、彼に正しい道を説いて、子供を見捨てるなと忠告したものだ」[282]と述べるのがそれに当たる。あるいは、相手の悪徳を示すのに役立つ話を挟まなければならない。たとえば、「ところが、彼は私に、どこにいたって子供は作れると答えたのだ」と述べるのがそれに当たる。この言葉は、ヘロドトスによれば、謀反を起こしたエジプト人たちが［王に］答えて言ったものである。[283] あるいは、話し手は

1417a

281　法廷弁論における叙述に唐突に話題が変わるため、この部分に何らかの語句が欠落していると推測されている。
282　この文は次のヘロドトスからの引用に対応させるためにアリストテレスが作った例文と考えられる。

叙述のなかに、裁判員たちを喜ばせるような話を挟まなければならない。

法廷弁論の叙述（二）弁明する場合

これに比べて、弁明する側の叙述は短い。なぜなら、弁明する者にとっての争点は、問題の行為に及んだかどうか、あるいはその行為は有害であるかどうか、あるいは不正であるかどうか、あるいは相手が主張するほど重大であるかどうかということだけであり、同意されている事項には時間を費やすべきではないからである。ただし、そうすることが［弁明に］寄与する場合は別である。たとえば、当の行為に及んだことは認めるが、不正であることは認めない場合がそれに当たる。

さらに、問題の行為は、いま行なわれているかのように述べれば同情や憤りを呼び起こすというのでない限り、過去のこととして［手短に］述べなければならない。アルキノオスへの物語[284]がその典型的な例に当たる。なぜなら、この物語はペネロペに対しては［およそ］六〇行で語られているからである[285]。また、ファユロス[286]が一連の叙事詩を語るときに用いた方法もその例であり、『オイネウス[287]』の序詩もそうである。

法廷弁論の叙述（三）叙述と性格

また、叙述は［話し手の］性格を表すものでなければならない。しかるに、叙述がそのようなものになるのは、何が性格を表すかをわれわれが知っている場合である。その一つは、選択を明らかにすることにほかならない。つまり、性格がいかなるものであるかは、選択がいかなるものであるかによって決まるのである。そして、選択がいかなるものであるかは、目的によって決まる。[288] それゆえ、数学の言論は性格[289]をもたない。なぜなら、それは選択をもたないからである（というのも、目的をもたないか

283　エジプト王プサンメティコスが離反者たちに国にとどまるよう勧めたときに、そのなかの一人が股間を指しながら「これがあればどこへ行っても妻と子供に困らない」と答えたという話を指す。ヘロドトス『歴史』第二巻第三〇章を参照。
284　ホメロス『オデュッセイア』第九歌～第一二歌において、オデュッセウスがアルキノオスに聞かせた長話。アルキノオスはスケリア島の王で、王女ナウシカアの父。
285　ペネロペはオデュッセウスの妻。「［およそ］六〇行」は第一三歌二六四行～二八四行および三一〇行～三四三行を指す。
286　不詳の人物。
287　エウリピデスの失われた悲劇。

らである）。これに対し、ソクラテス対話篇[290]は性格をもっている。

ほかにも性格を表すものとして、それぞれの性格に伴う特徴がある。たとえば、話を終えないまま歩き出すというのがそうである。なぜなら、そのような行動は、性格がずうずうしく、粗野であることを表すからである。

また、叙述に性格を表すためには、今日の話し手のように、自分の行為を［利害の］考慮に基づくものとして説明するのではなく、むしろ決意に基づくものとして説明しなければならない。たとえば、次のように述べるのがそうである。「私は望んでそれを行なったのです。それをすることに決めたからです。もちろん、私には何の得にもなりません。ですが、それでもそうするほうがよかったのです」。というのも、前者のような説明をするのは思慮深い人の特徴であるが、後者のような説明をするのはよい人の特徴だからである。なぜなら、思慮深い人の特徴は有益なものを追求する点にあり、よい人の特徴は美しいものを追求する点にあるからである。

自分の話が聞き手にとって信じがたいものである場合には、ソフォクレスがそうしているように、理由を付け足さなければならない。『アンティゴネ』の一節がその典型的な例である。というのも、アンティゴネは夫や子供以上に兄弟を大事にする理由として、夫や子供なら失っても新たに手に入れることができるのに対し、「母も父も冥府にいる以上、もう兄弟は一人も生まれることがないのです」[291]と言っているからである。

しかし、理由をもたない場合には、次のように述べなければならない。「私の話が信じがたいということは自分でも気づいています。ですが、それが私の性分なのです。得にならないことを進んで行なう人もいるということは、なかなか信じてもらえないものです」。

288　性格と選択の関係および選択と目的の関係については、第一巻第八章一三六六a一四〜一五と第二巻第二一章一三九五b一三〜一四でもこれと同様のことが言われている。

289　道徳的性格のこと。直後にある「選択」と「目的」も同じ。

290　「ソクラテス対話篇」の原語は「ソークラティコイ・ロゴイ」。ソクラテスを主な登場人物とする対話篇の総称。総計二〇〇篇ほどの作品が書かれたと言われるが、現存するのはプラトンとクセノフォンの対話篇のみである。

291　ソフォクレス『アンティゴネ』九一一行〜九一二行。

法廷弁論の叙述（四）叙述と感情

さらに、話し手は感情を表すものも利用すべきであり、叙述の際には、感情に伴うよく知られた仕草にも、話し手自身もしくは論争相手だけに見られる特有の仕草にも言及しなければならない。たとえば、「彼は私をにらみつけて立ち去ったのだ」と述べるのがそうである。また、アイスキネス[292]がクラテュロス[293]について、「シーッと言って、拳を激しく震わせて」と述べたのもそれに当たる。このように述べることには説得力がある。なぜなら、知っているものが知らないものの目印になるからである[294]。このような例はホメロスからもっとも多く取り上げることができる。たとえば、「こう言うと、老婆は両手で顔を覆った」[295]というのがそうである。なぜなら、人は泣きそうになると目頭を押さえるからである。

法廷弁論の叙述（五）その他の注意事項

また、話し手は自分がいかなる人であるかを［弁論の冒頭で］ただちに示し、聴衆が自分をそのような人として見るようにしなければならない。そして、論敵についても同じことをしなければならない。ただし、気づかれないように行なうべきである。

それが難しくないことは、使者の例を見ればわかる。というのも、使者が話す内容をまだ何も知らなくても、［相手の様子から］ある程度の察しはつくからである。
b10
もっとも、叙述は弁論の多くの箇所で行なうべきものであり、場合によっては冒頭で行なわなくてもよいこともある。[296]

民会弁論の叙述

民会弁論は叙述の出番がもっとも少ない。なぜなら、将来のことについて叙述する者はいないからである。民会弁論で叙述が行なわれるとすれば、それは過去の出来事についてなされるが、その狙いは、［聴衆が］それらを思い出すことによって、今後

292　ソクラテスの弟子（前四二五年頃～前三五〇年頃）。
293　前五世紀のアテナイの哲学者。プラトンが同名の対話篇を書いている。
294　仕草を目印にして感情を知ることができるということ。
295　ホメロス『オデュッセイア』第一九歌三六一行。
296　この最後の文は、叙述は弁論に必要不可欠な独立した部分ではないという主張につながっている。本巻第一三章一四一四b七～九を参照。

のことをよりよく審議できるようにすることにある。あるいは、中傷したり、賞賛したりするために、過去の出来事を叙述する場合もある。しかし、その場合には、話し手は助言者としての役割を果たしているわけではない。

また、自分の話が聞き手にとって信じがたいものである場合には、理由をすぐに述べると約束するとともに、聞き手の期待に沿うように筋道を立てて説明しなければならない。たとえば、カルキノスの『オイディプス』に登場するイオカステ[297]が、彼女の息子を捜す者たちが質問するたびに約束しているのがそれに当たる。また、ソフォクレスの悲劇に登場するハイモンがしていることもそうである[298]。

第一七章　弁論の配列（五）説得の部

法廷弁論の説得

説得の部では、論証を行なわなければならない。しかるに、争点は四つあるから、争点に応じて論証を与える必要がある。たとえば、当の行為がなされたかどうかが裁判の争点であるなら、何よりもその点について論証を与え、害を加えたかどうかが争点であるなら、その点について論証を与えなければならない。また、被害は［原告が主張するほど］大きいかどうかが争点の場合にも、あるいは正当な行為であったかどうかが争点の場合にも、同じようにしなければならない。

当の行為がなされたかどうかが争点になる場合、忘れてはならないのは、それが争点の場合に限り、必然的に［原告と被告の］どちらか一方は悪党[299]であるという点である。なぜなら、正当性が争点の場合には無知を言い訳にすることができるかもしれないが、この場合にはそれができないからである。したがって、話し手はこれが争点である場合にはその点を利用しなければならないが、それ以外のことが争点の場合には

297　ギリシャ神話の英雄であるオイディプスの母。
298　ハイモンはソフォクレス『アンティゴネ』の登場人物で、テバイ王クレオンの息子。参照箇所は明らかでないが、六八三行～七二三行の台詞に関連すると考えられている。
299　当の行為はなされたかなされなかったかのどちらか一方でしかありえないのだから、これが争点になる場合は原告と被告のどちらか一方が嘘をついているということ。
300　相手が悪党（嘘つき）であるという点。

そうではない。

演示弁論の説得

演示弁論［の説得の部］においては、話し手は主として、美しさと有益さの観点から行為の意義を拡大することになる。なぜなら、当の行為がなされたという事実それ自体は、［論証抜きで］信じてもらわなければならないからである。[301]実際、そのような事実について話し手が論証を与えることはめったになく、それをするのは、話が信じがたい場合か、もしくは別の人が行為の原因である場合に限られる。

民会弁論の説得

民会弁論［の説得の部］において争点となりうるのは、あることが実現するかどうかということや、相手の提案することが実現するとしても、その提案していることが正しいことかどうか、あるいは有益なことかどうか、あるいは［相手が主張するほど］重要なことかどうかという点である。

また、話し手は本題に関係しない事柄についても、相手が何か虚偽を述べていないかどうか、よく見ておかなければならない。なぜなら、そのような事柄について虚偽を述べているなら、それはそれ以外の事柄についても虚偽を述べているということの証拠になるからである。

例証と説得推論

ところで、例証は民会弁論にもっとも適しているが、説得推論はむしろ法廷弁論に適している。なぜなら、民会弁論は将来の事柄に関わるため、過去の事柄に基づいて類例を挙げるよりほかにないが、法廷弁論は問題の事実があるかないかに関わるものであり、それについては論証と必然性がより大きな役割を果たすからである。というのも、すでに起こったことは必然性をもつからである。[302]

301　演示弁論の主題となるのは、それがなされたことをすでに聞き手が知っている行為である（たとえばアキレウスの偉業など）。話し手の主たる仕事は、それがなされたということではなく、それがいかに美しい（立派な）行為であるかを論証することにある。第一巻第九章一三六八 a 二六〜二九を参照。

302　この段落と同様のことが第一巻第九章一三六八 a 二九〜三三で言われている。

1418a

説得推論の使用に関する注意事項

（一）しかし、説得推論はそれだけを立て続けに述べるのではなく、［ほかの話に］織り交ぜるようにしなければならない。そうでなければ、それらは互いに互いの効果を損なうことになる。なぜなら、［説得推論は多ければ多いほどよいというわけではなく、］その量には限度があるからである。この点については、「ホメロスも」「友よ、君は分別のある人が語るであろう分だけ語ったのだから」[303]と言っている。つまり、彼はどの、ようなことを語るかではなく、どれだけのことを語るかに言及しているのである。

（二）また、いかなる事柄についても［それを証明するための］説得推論を探すということはしてはならない。もしそのようなことをすれば、話し手は一部の哲学者がしているのと同じことをする羽目になる。つまり、推論の前提となる事柄よりもいっそうよく知られており、いっそう容易に信じられる事柄を推論によって導き出すというのがそれである。[304]

（三）また、感情を喚起しようとする場合には、説得推論を用いてはならない。なぜなら、そのようなことをすれば、感情を排除するか、もしくは無駄に説得推論を語る結果になるからである。というのも、同時に生じる［二つの］運動[305]は、互いに互いを排除するため、どちらも消滅するか、もしくは力が弱まることになるからである。

（四）また、弁論に［話し手の］性格を反映させようとする場合にも、それと同時に何らかの説得推論を探すということはしてはならない。なぜなら、論証には［話し手の］性格も選択も含まれないからである。

格言

これに対し、格言は叙述の部でも説得の部でも用いなければならない。なぜなら、格言には［話し手の］性格が表れるからである。たとえば、「私は彼に［お金を］渡した。人を信じてはならないということを知ってはいたが」と述べるのがそうである。他方、［格言を用いて］感情を喚起するためには、たとえば次のように述べるべきであ

303　ホメロス『オデュッセイア』第四歌二〇四行。

304　推論の前提と結論の間には、「前提のほうが結論よりもいっそうよく知られている」という関係が成り立っていなければならない。『分析論後書』七一b二〇～二二を参照。

305　感情を喚起することと説得推論を語ることのそれぞれが聞き手の心に引き起こすある種の動きのこと。

る。「私は不正を被ったが、後悔はしていない。なぜなら、彼には利益が残ったが、私には正義が残ったのだから」。

三種類の弁論の比較

民会弁論［における説得］は法廷弁論［における説得］よりも難しいが、それは当然である。なぜなら、前者は未来に関わり、後者は過去に関わるが、過去のことは、ク
306 レタ島のエピメニデスが言ったように、［未来が専門の］予言者にさえすでに知られているからである（実際、彼は未来のことについては予言せず、過去のことではあるが、不明瞭なところがある事柄についてのみ予言していたのである）。加えて、法廷弁論の場合には、法が議論の前提となる。しかるに、出発点があれば、論証を見つけ出すのはそれほど難しいことではないのである。

また、民会弁論の場合、本題以外のことに時間をかける機会が多くない。たとえば、論敵を攻撃したり、自分［の人となり］について語ったり、感情を喚起したりすることがそうである。それどころか、話し手がみずから脱線するのでない限り、その機会はすべての種類の弁論のなかで一番少ない。それゆえ、話題が見つからないときには、

a20 (1418)

アテナイの弁論家たち、とりわけイソクラテスが使っているのと同じ手を使わなければならない。すなわち、彼は助言を与えるときでさえ、そこに糾弾を持ち込むのである。たとえば、『民族祭典演説』でラケダイモン人を糾弾し[307]、『同盟軍』でカレスを糾弾しているのがそうである[308]。

他方、演示弁論においては、エピソードとしての賞賛[309]を弁論に盛り込まなければならない。たとえば、イソクラテスのしていることがそうである。というのも、彼はいつも［この目的で］誰かを取り上げるからである[310]。また、ゴルギアスは「私が弁論の

306　クレタ島の伝説的な予言者。
307　イソクラテス第四弁論『民族祭典演説』第一二二節〜第一二八節。
308　イソクラテス第八弁論『同盟軍』（通称『平和演説』）第二七節および第六一節。
309　演示弁論はもともと賞賛を行なうものだが、主題となる人物や物事に対する賞賛とは別に、それ以外の人物や物事に対する賞賛もエピソードとして取り入れるということ。
310　たとえば、第一〇弁論『ヘレネ礼賛』第二二節〜第三七節におけるテセウスのエピソードや、第一二弁論『パンアテナイア祭演説』第七四節〜第八三節におけるアガメムノンのエピソードなど。

話題に事欠くことは決してない」とよく言っていたが、これも同じことを意味している。彼はアキレウスの話をしながらペレウスを賞賛し、次にアイアコスを、次に神[311]「のゼウス」を賞賛しているからである。同様に、勇敢さを話題にするときにも、「勇敢さはかくかくしかじかのことを成し遂げる」と言って賞賛したかと思えば、今度は「勇敢さにはかくかくの性質がある」と言って賞賛しているのである。

説得推論に関する補足

ところで、論証の用意があるときには、話し手は弁論に性格を反映させるとともに、論証を用いて語らなければならないが、説得推論の用意がなければ、弁論に性格を反映させるだけでよい。実際、立派な人にふさわしいのは、弁論が正確であると思われることよりも、むしろよい人と思われることなのである。

また、説得推論のなかでは、証明を目的とするものよりも、論駁を目的とするもののほうが受けがよい。[312]なぜなら、論駁を生み出す説得推論のほうが、推論によって結論を導き出しているということがいっそう明瞭だからである。というのも、相反するものが相反するということは、並べたときにいっそうよくわかるからである。

論敵への応答

「論敵への応答」は、それ自体としては［弁論の部分の］一種ではなく、説得の部に含まれる。助言弁論においても、法廷弁論においても、自分が最初に話す場合には、まず自分の側の説得を展開し、そのあとで［予想される］反対論に立ち向かい、それを反駁し、あらかじめ粉砕しておかなければならない。しかし、対立点が多岐にわたる場合には、反対論を先に取り上げなければならない。たとえば、カリストラトスがメッセニアの民会で行なったことがそれに当たる。すなわち、彼は論敵の側が言いそうなことを予想し、それをあらかじめ崩してから、そのうえで自分の側の主張を述べたのである。

これに対し、自分があとに話す場合には、最初に論敵の議論に対する反論を試み、反駁したり、対抗推論を述べたりしなければならない。論敵の議論が好評だった場合は特にそうである。なぜなら、誰かが前もって中傷を受けていれば、われわれの心は

311　ペレウスはアキレウスの父で、アイアコスはペレウスの父で、ゼウスはアイアコスの父。

312　同じことが第二巻第二三章一四〇〇b二五～二六で言われている。

b10

その者を受け入れようとしないが、弁論もこれと同じで、相手側がよい弁論をしたと思われていれば、こちら側の弁論は受け入れてもらえないからである。それゆえ、話し手は聞き手の心に、自分がこれから行なう弁論を受け入れる余地を作り出さなければならない。しかるに、これが成功するのは、相手の議論を崩す場合である。したがって、相手の議論のすべてか、もしくはもっとも重要なものか、もしくは評判のよいものか、もしくは反駁しやすいものに対して戦いを挑み、そうすることによって、自分の主張を信用に値するものにしなければならない。たとえば、次の詩句がそうである。「まず最初に、私は女神たちの味方につきましょう。なぜなら、私はヘラ様が、云々」[313]。つまり、ここでヘカベは、まず［相手の］もっとも馬鹿げた議論に矛先を向けたのである。

説得の部については、以上に述べた通りである。

性格に関する補足

ところで、性格に関係することは、自分自身について述べれば、妬みを招いたり、話が長くなったり、矛盾に陥ったりすることがあり、他方で他人について述べれば、悪口になったり、無作法になったりすることがある。したがって、それを述べるときには、誰か別の人の口を借りる必要がある。これは、イソクラテスが『フィリッポス』や『アンティドシス』のなかで行なっていることである。[314] また、アルキロコスもそのような手法を用いて人を非難している。たとえば、彼は次のイアンボス詩のなかで、ある娘について［非難の言葉を］述べるときに、娘の父親の口を借りている。「世のなかには、予期しえないことは一つもなく、誓って不可能であると断言できることも一つもないのだ」。また、別のイアンボス詩では、大工のカロン[315]の口を借りている。その詩の出だしは、「私にはギュゲス[316]の富などまったく気にならない」というものである。また、ソフォクレスの悲劇に登場するハイモンは、父親に向かってアンティゴ

313　エウリピデス『トロイアの女たち』九六九行および九七一行。ヘレネの弁論に対するヘカベの反論の冒頭。
314　悪口の回避の例は第五弁論『フィリッポス』第一七節～第二三節、自己言及の回避の例は第一五弁論『アンティドシス』第一四一節～第一四九節を参照。
315　不詳の人物。
316　リュディアの王。

ネの弁護を行なうときに、ほかの人々がそう言っているという体《てい》で話している。[317]また、場合によっては、説得推論を変形させて、そこから格言を作らなければならない。[318]たとえば、「分別があるのなら、和解は万事順調なときに行なうべきである。そうすれば、もっとも多くを得ることができようから」[319]というのがそうである。他方、これを説得推論のかたちで表現すると、次のようになる。「和解は、それがもっとも有益で、もっとも多くを得る結果になるときに行なわなければならないとすれば、万事順調なときに和解をしなければならない」。

第一八章　弁論の配列（六）質問と応答

質問のタイミング

（一）次に「質問」[320]であるが、質問にもっとも適したタイミングは、「相手が」すでにある答えを出しているため、もう一つ質問すれば、[321]不合理な帰結が生まれるという場合である。たとえば、ペリクレスがランポン[322]に対し、救いの女神の秘儀に与る儀式について質問したのがそれに当たる。すなわち、ランポンが「秘儀に与っていない者はそれについて聞くことはできない」と言ったので、ペリクレスは「君自身はそれを知っているのか」と質問した。そして、ランポンが「知っているとも」と答えたので、ペリクレスは「秘儀に与っていない君が、どうして知ることができたのかね」と言っ

317　ソフォクレス『アンティゴネ』六八八行～七〇〇行。自分自身の意見ではなく、町の人々の意見としてクレオンに対する批判の言葉を述べている。

318　格言には話し手の性格が表れるので（本章一四一八a一七～一八）、弁論に性格を反映させるためにはこれもしなければならないということ。

319　第二巻第二一章一三九四a二九～三二では、「～すべきである」という言明が格言で、それに「～だから」という理由を付け足すと説得推論になると説明されている。それゆえ、この例文はその説明と整合しないように見える。

320　アテナイの裁判制度では、予備審問の場でも法廷においても係争相手に質問する機会が与えられた。法廷における質疑応答の具体例として、プラトン『ソクラテスの弁明』二四C～二八A、リュシアス第一二弁論『エラトステネス告発』第二五節、同第二二弁論『穀物商人告発』第五節を参照。

321　すでに出している答えと矛盾する答えを導くような質問をするということ。

322　アテナイの予言者。アリストファネス『鳥』五二一行で言及されている。

たのである。

(二) 質問に適したタイミングは、第二に、二つの命題のうちの一方は［真であることが］自明であり、もう一方は質問すれば相手が同意することが明らかな場合である。というのも、この場合、片方の命題について尋ねさえすれば、もう片方の自明な命題について重ねて質問する必要はなく、単に結論を述べるだけでよいからである。たとえば、ソクラテスのしたことがそれに当たる。すなわち、メレトス[323]が「ソクラテスは神々を信じていない」と主張したので、ソクラテスはメレトスに「ダイモンは神々の子供であるか、もしくは何か神的なものであるのではないか」と質問した。すると、メレトスが「その通りだ」と答えたので、ソクラテスは「神々の子供の存在を信じておきながら、神々の存在を信じない人がいるだろうか」と言ったのである[324]。

(三) 第三に、相手が矛盾したことを言っているか、もしくは常識外れのことを言っているということを証明しようとする場合である。

(四) 第四に、それを質問すれば、詭弁まがいの答え方によって切り抜けるよりほかにない場合である。というのも、相手が「そうであるとも言えるし、そうでないとも言える」とか、「あるものはそうであるが、あるものはそうではない」とか、「ある意味ではそうであるが、ある意味ではそうではない」というような答え方をすれば、聴衆は「答えになっていない」と言って野次を飛ばすからである。

これら以外の場合には、質問を試みてはならない。なぜなら、相手に言い返されると、質問した側が負けたように見えるからである。というのも、聴衆は［理解力が］低いので、[325]話し手は多くの質問を重ねることができないからである。そして、これが理由で、説得推論もできる限り圧縮しなければならないのである。

323　ソクラテスを告発した人物。

324　メレトスとソクラテスによる質疑応答については、プラトン『ソクラテスの弁明』二七C～Dを参照。第二巻第二三章一三九八a一五～一七では、ソクラテスのこの発言に基づく論法が取り上げられている。

325　聴衆（一般大衆）の知的能力の低さは本書ですでに何度か言及されている。第一巻第二章一三五七a一一～一二、第二巻第二二章一三九五b一～二、本巻第一章一四〇四a七～八、同第一四章一四一五b五～六を参照。

応答の仕方

（一）他方、応答の仕方であるが、多義的な質問に対しては、定義を与えて意味を区別し、簡略化せずに答えなければならない。これに対し、自己矛盾に陥らせるように見える質問に対しては、応答の出だしでただちに反駁を行ない[326]、相手が次の質問をしたり、推論によって結論を出したりするのを防がなければならない。というのも、〔質問者の〕議論の狙いをあらかじめ見てとるのは難しくないからである。しかし、この種の質問とそれに対する反駁については、『トポス論』[327]の論述からすでに明らかになっているものとしよう。

（二）また、ある結論が導かれたときに、相手がその結論を質問のかたちで述べる場合には、答える側は、なぜそのようなことになったのか、その理由を説明しなければならない。たとえば、ソフォクレス[328]の応答がこれに当たる。すなわち、ペイサンドロス[329]が、「ほかの先議委員たちと同じように、君も四〇〇人会の設置に賛成したのか」と尋ねると、ソフォクレスは「そうだ」と答えた。続けて、「どうしてだ、悪いことだとは思わなかったのか」と尋ねると、「思ったとも」と答えた。そこで、「そうすると、君はその悪いことを行なったことになるな」と尋ねたところ、「その通りだ。これよりましな選択肢がなかったものでね」と答えたのである。

それから、あるラコニア人が、監督官の職務に関する執務審査を受けたときに、次のように答えたのもそれに当たる。すなわち、「ほかの仲間が死刑に処されたのは正しいと思うか」と聞かれると、その男は「そう思う」と答え、「しかし、お前も彼らと同じようにその法案を可決したのではないか」と聞かれると、「その通りだ」と答えた。そこで、質問者が「それなら、お前も死刑に処されるのが正しくないか」と尋ねると、「そんなことはない。なぜなら、彼らは賄賂をもらってそうしたが、私は彼

326　「自己矛盾に陥らせるように見える質問」が何を意味するのか明らかでないが、「イエスとノーのどちらを選んでも不都合な結果になる質問」を指すとする解釈がある。その典型的な例は、「君はもう奥さんを殴るのをやめたのか」というものである（イエスと答えればかつて殴っていたことになり、ノーと答えれば以前もいまも殴っていることになる）。このような質問に対しては、イエスともノーとも言わずに、質問それ自体が不適切であることを最初に示さなければならない。

327　『トポス論』第八巻。

328　悲劇詩人ではなく、第一巻第一四章に既出の政治家。

329　前五世紀のアテナイの政治家。

らとは違って、自分の判断に従ってそうしたからだ」と答えたのである。
それゆえ、真実の大半が自分の側を支持する場合を除いて、結論が出たあとに質問を追加してはならず、結論を質問のかたちで述べてもならない。

ユーモアの利用

ところで、ユーモアについてであるが、これは討論において一定の効用があるように思われる。また、「論争相手の真剣さはユーモアによって、ユーモアは真剣さによって打ち砕かなければならない」とゴルギアスは言ったが、これもたしかにその通りである。

ユーモアにどれだけの種類があるかは『詩学』のなかですでに述べたが、[330] そのなかには、自由人にふさわしいものもあれば、ふさわしくないものもある。それゆえ、話し手は自分にふさわしいものを選ぶように注意しなければならない。［ユーモアのなかで］自由人にふさわしいのは、「おどけ」よりも「皮肉」である。なぜなら、皮肉を言う人は自分のために笑いを生み出しているが、おどける人は他人のためにそうしているからである。

第一九章　弁論の配列（七）結びの部

結びの四つの要素

弁論の結びは四つの要素から成り立つ。第一は、聞き手が自分に対してよい印象をもち、自分の論争相手に対して悪い印象をもつようにすることである。第二は、事柄 b10
の意義を拡大したり、縮小したりすることである。第三は、聞き手にある種の感情を抱かせることである。第四は、［弁論の要点を］思い出させることである。[331]

330　全一巻からなる現存の『詩学』にはユーモアの種類を述べた箇所はないため、現存しない『詩学』第二巻を指すと考えられている。

331　述べたことを要約して思い出させるという結び方は、プラトン『ファイドロス』二六七Dでも言及されている。

第一の要素

［説得の部で］自分の主張は真であり、相手の主張は偽であることを論証したあとには、自分を賞賛し、相手を非難して、最後の仕上げに入るのが自然な流れである。ここでは、次の二つのうちのどちらかを狙わなければならない。すなわち、自分が特定の人々にとって、もしくは［特定の人々という］限定抜きによい人間であるように思われることか、あるいは、相手が特定の人々にとって、もしくは［特定の人々という］限定抜きに悪い人間であるように思われることである。しかるに、自分や相手をこのような人間に仕立てるためのトポスはすでに述べた。[332]

第二の要素

次に、事柄の証明はすでに終わっているのだから、それに続けて、その事柄の意義を拡大したり、縮小したりするのが自然な流れである。なぜなら、ある行為がいかに重大であるかを述べるためには、その行為がなされたということが認められていなければならないからである。というのも、物体が大きくなる場合にも、前もって存在するものが大きくなるからである。しかるに、何に基づいて意義を拡大したり、縮小したりすればよいかについては、それに関連するトポスを先に示した。[333]

第三の要素

問題の行為がいかなる性質のもので、それがいかに重大なものであるかが明らかになったら、その次には、聞き手に感情を抱かせるのが自然な流れである。しかるに、感情とは、憐れみ、憤り、怒り、憎しみ、妬み、競争心、敵意のことである。これらについても、関連するトポスは先に述べた。[334]

第四の要素

残る仕事は、すでに述べたこと［の要点］を思い出させることである。ある人々は、見当違いもいいところだが、これは序論で行なうのがふさわしいと主張している。つ

332　第一巻第九章。
333　拡大の方法は多くの箇所で述べられているが、特に第一巻第九章一三六八a一〇～二六および第二巻第一九章一三九三a八～一八を参照。
334　第二巻第二章～第一一章。

まり、聞き手がよく理解できるように、［要点を］繰り返し述べることを彼らは勧めているのである。たしかに序論では、判定すべき対象を忘れないように、何が問題であるかを述べなければならない。しかし、それがいかなる論拠によって証明されたかを要約することは、むしろ結びで行なわなければならないのである。

ここで最初になすべきことは、自分が当初の約束を果たしたということを明らかにすることである。したがって、自分が何をいかなる理由で主張したかを［要約して］述べなければならない。しかるに、これは自分の主張と相手の主張を比較するというかたちでなされる。(一) その一つの方法は、同じ点について両者が述べたことを比較することである。(二) あるいは、相反する主張を対比するという方法もある。たとえば、「この問題についてこの男はこれこれのことを言ったが、私はかくかくの理由からしかじかのことを言った」と述べるのがそうである。(三) あるいは、皮肉を言うという方法もある。たとえば、「この男はかくかくのことを言い、私はしかじかのことを言った。しかし、彼がかくかくのことを証明するだけで、しかじかのことは証明しなかったとすれば、いったい彼は何をしたことになるのか」と述べるのがそうである。(四) あるいは、質問を利用するという方法もある。たとえば、「私が何をまだ証明していないというのか」と述べたり、「この男は何を証明したのか」と述べたりするのがそうである。

要約は、このように比較を通じて行なうか、もしくは自然な順序に従って行なうべきである。すなわち、まず自分の主張を話した順序に従って要約し、次に、もしそうしたければ、それとは別に相手の主張を要約するのである。

弁論の最後にふさわしい表現は、接続語の省略である。それをするのは、最後の言葉を本論の一部ではなく、締め括りの言葉にするためである。たとえば、次のものがそれに当たる。「私は話した。諸君は聞いた。諸君はいまや〔真相を〕つかんでいる。さあ、判断したまえ[335]」。

1420b

335　リュシアス第一二弁論『エラトステネス告発』の最後の言葉、「諸君は聞いた、見た、苦しんだ。諸君はいまや真相をつかんでいる。さあ、判決を下したまえ」に基づく締め括りの例。

解説

相澤 康隆

一 概要と構成

(一) 概要

本書のタイトル「テクネー・レートリケー」に含まれる「レートリケー」は、英語のレトリック(rhetoric)の語源に当たる言葉だが、レトリックすなわち修辞学に直接関係するのは第三巻の前半部分に限られる。本書全体で論じているのは、修辞学も含めた弁論ないし演説の技術、すなわち弁論術である。

弁論の種類には、推奨や制止を行なう助言弁論、糾弾や弁明を行なう法廷弁論、賞賛や非難を行なう演示弁論の三つがある。これらのどれを行なうにせよ、話し手の目的は聴衆を説得して支持を得ることである。それゆえ、アリストテレスは弁論術を「説得力のある事柄を見出す能力」(第一巻第一章一三五五b一〇～一一および第二章一三五五b二六～二七）と定義する。

こうして説得力は本書の中心概念となるが、説得力があるとは、それを聞く人々にとって真実らしく思われるということにほかならない（第一巻第二章一三五六b二六～一三五七a一）。そのため、「真実らしい考え（エンドクサ）」やそれに関連する「ありそうなこと（エイコス）」という概念も、弁論術の主要な考察対象のなかに含まれることになる。

しかし、このことは、「弁論術においては真実そのものよりも真実らしいもののほうが重要である」ということを意味するわけではない。真実らしいことやありそうなことという概念が弁論術において重要な役割を果たすのは、弁論の聞き手の判断対象の多くが、必然的に真であるということがありえない事柄だからである。この特徴は三種類の弁論すべてに共通するが、未来の事柄について論じる助言弁論の場合は特に顕著である。たとえば、「まもなく敵国が攻めてくる」という主張は、それが述べられる時点では真でも偽でもない。聞き手が判断するのは、それがありそうなことかどうかであり、話し手が真実味のあることを言っているかどうかである。他方、話し手が目指すのは、自分が真実味のあることを言っていると聞き手に思ってもらうことである。

それでは、聴衆の賛同が得られるような、説得力のある話をするにはどうすればよいのだろうか。「われわれが何かを特に強く信じるのは、それが論証されたと思うとき」である（第一巻第一章一三五五a五～六）。したがって、弁論においては、自分の主張や意見を論証することが何よりも重要なこととなる。論証は推論（＝演繹）と帰納のどちらか一方を通じてなされるが、弁論術には弁論術に特有の推論があり、また特有の帰納がある。すなわち、前者は「説得推論（エンテューメーマ）」、後者は「例証（パラデイグマ）」である（第二巻第二章一三五六b五～一〇）。

論証の二つの方法のうち、アリストテレスが重視しているのは説得推論のほうである。本書を通読したときにもっとも目につく特徴の一つは、善や美や不正といった倫理的概念についての、また人々の感情や性格についての命題の列挙であろう。これらの命題の多くは、説得推論を組み立てるための材料に当たる。これらの命題に基づいて説得推論を作り、例証とともにそれを弁論に組み込むならば、論証の力に支えられた説得力のある話を展開することができる。これこそが、行き当たりばったりではない、技術に基づく弁論の基本である。

本書の主要部分は、アリストテレスの「修業時代」とも呼ばれる第一次アテナイ滞在時代（前三六七年〜前三四七年）に書かれたと推測されている。その時代以降の出来事に言及した箇所もあることから、主要部分を書き上げたのちにも加筆修正が行なわれ、最終稿が完成したのは第二次アテナイ滞在時代と考えられている（本書で言及されているもっとも遅い歴史上の出来事は、前三三六年の「共通の平和」である。第二巻第二三章一三九九b一二を参照）。

この加筆修正の件に関して特に注意しなければならないのは、他著作との前後関係である。本書でアリストテレスは、『分析論』や『政治学』や『詩学』などの他著作を参照するようたびたび指示しているが、その部分はのちに書き加えられた可能性がある。したがって、そのような参照指示があるからといって、本書の全体がこれらの著作よりもあとに書かれたということには必ずしもならない。

（二）構成

全三巻からなる本書は、大きく二つの部分に分かれる。第一巻と第二巻が第一部、第三巻が第二部である。第一部と第二部は、もとはそれぞれ独立した著作で、第一部だけが『弁論術』と呼ばれていた可能性がある（『詩学』第一九章におけるアリストテレス自身の言及の仕方と、ディオゲネス・ラエルティオス『ギリシャ哲学者列伝』第五巻第二四章の著作目録を参照）。しかし、両者が本来別々の著作であったにせよ、どちらもアリストテレスの真作であるという点は疑われていない。

第一部は、アリストテレスの言葉で言えば、「思考に関係するもの」（第二巻第二六章一四〇三a三六）を扱っている。思考に関係するものとは、何を語るべきか、つまり話し手が語る内容のことである。これに対し、第二部は「表現」と「配列」をテーマとしている。表現とは弁論に用いる言語表現のことであり、要するに「いかに語るべきか」（第三巻第一章一四〇三b一七）という問題である。配列とは、序論の部や叙述の部など、弁論の各部分の配列のことで、これは「どこで語るべきか」と言い換えてよいだろう。そうすると、全三巻の構成は次のように整理することができる。

〈全三巻の構成〉

第一部

第一巻
第二巻 ＞ 思考に関係するもの（何を語るべきか）

第二部
第三巻第一章〜第一二章 ―― 表現（いかに語るべきか）
第三巻第一三章〜第一九章 ―― 配列（どこで語るべきか）

次に、各部の構成であるが、第二部は比較的シンプルであり、特に説明する必要はない。これに対し、第一部には不明瞭な点がいくつかある。大枠だけで言えば、第一部は三種類の弁論（助言弁論、法廷弁論、演示弁論）と三種類の説得（性格による説得、感情による説得、論証による説得）という二つの三区分を軸にして、およそ以下のように構成されている。

〈第一部の構成〉

第一巻第一章〜第三章……………序論（弁論術の概要の説明、二つの三区分の導入）
第一巻第四章〜第八章……………助言弁論の分析
第一巻第九章……………………演示弁論の分析
第一巻第一〇章〜第一五章………法廷弁論の分析
第二巻第一章〜第一一章…………感情論（感情による説得の分析）
第二巻第一二章〜第一七章………性格論（感情論の補足）
第二巻第一八章〜第一九章………三種類の弁論に共通の論点
第二巻第二〇章〜第二六章………論証による説得の分析

第一部の構成に関しては、特に次の三点が問題となる。第一に、アリストテレスは第一巻第一章において、裁判員に感情を抱かせることに反対しているように見えるが、同巻第二章以降では、感情喚起による説得を正当な説得方法の一つとみなしていることである。この一見したところの不整合は、かつては執筆時期の違いという観点から説明されることが多かった。しかし、近年では、むしろ不整合は存在しないとする解釈のほうが優勢である。すなわち、第一巻第一章でアリストテレスが批判しているのは、先行研究に見られるいわば不当な感情喚起の方法であって、感情喚起そのものではないと解釈するのである。訳者もこちらの解釈が正しいと考える。

第二は、第二巻第一二章〜第一七章の性格論の位置づけである。三種類の説得を一つの軸にした第一部の構成から考えれば、第一章から第一一章で感情による説得を分析したのだから、それに続けて今度は性格による説得の分析を行なうことが期待される。ところが、性格による説得は第一巻第二章と第二巻第一章で簡潔に説明されるだけで、この性格論との関連性はほとんどない。この問題については、性格論のなかで性格に応じた感情が論じられていることを主たる根拠にして、先行する感情論の補足として位置づける解釈がある。訳者もさしあたりその解釈を支持することにしたい。

第三は、第二巻第一八章〜第一九章のテーマである「共通のもの（タ・コイナ）」とは何を指すのかという問題である。一つの有力な解釈は、これを「共通のトポス」、すなわち三種類の弁論に共通して用いることができる論法とみなすものである。しかし、共通のトポスは同巻第二三章で一括して取り上げられている。仮に、第二三章の共通のトポスとは種類や身分が異なる「トポス」を扱っていると解釈するとしても、それをこの位置で取り上げるのは奇妙である。本訳では、この「共通のもの」を「共通の論点」と解釈する。「共通のもの」は、三種類の弁論のそれぞれに固有の論点に言及した直後に取り上げられており、固有の論点から共通の論点に議論を展開するという流れは自然である。

以上の三点を除けば、第一部は、序論に当たる第一巻第一章から第三章のなかで述べられた計画にほぼ沿ったかたちの構成となっている。各章の内容については、訳者が作成した目次と小見出しも合わせて参照していただきたい。

二　キーワードの解説

次に、本書に登場する用語のうち、特に重要で、かつ説明を要するものについて解説しよう。取り上げるのは以下の一〇項目である。(一) 三種類の弁論、(二) 三種類の説得、(三) 論証と推論、(四) 説得推論、(五) しるし、(六) トポス、(七) 感情、(八) 拡大、(九) 韻律、(一〇) 比喩。

（一）三種類の弁論

三種類の弁論とは、助言弁論、法廷弁論、演示弁論のことである。助言弁論は政策について助言するために行なう弁論であり、主として民会を舞台とすることから、民会弁論とも呼ばれる。法廷弁論は、主に民衆裁判所で、原告となって誰かを糾弾したり、被告の立場で弁明したりするために行なう弁論である。演示弁論は、誰かを賞賛したり、非難したりするために行なう弁論を指す。典型的な例として、ペリクレスの葬送演説（トゥキュディデス『歴史』第二巻第三五章～第四六章）、ゴルギアスの『ヘレネ礼賛』、イソクラテスの『民族祭典演説』などがある。なお、演示弁論を一つのジャンルとみなし、弁論の種類を三つに分けたのはアリストテレスが最初である。

それぞれの弁論の本質は、「論点」および「何をするか」という二つの観点から説明されている。すなわち、第一に、助言弁論は「善と悪（＝益と害）」、法廷弁論は「正と不正」、演示弁論は「美と醜」を論点とする弁論である。「論点とする」とは、たとえば法廷弁論の場合、原告の主たる課題は被告の行為が不正に当たるということを証明することであり、被告の主たる課題は自分の行為が不正には当たらない（あるいは正しい行為である）ということを証明することであるという意味である。

第二に、助言弁論の話し手が行なうのは「推奨か制止」であり、法廷弁論の場合は「糾弾か弁明」であり、演示弁論の場合は「賞賛か非難」である。

これに対し、「どこで行なわれるか」という点は、三種類の弁論を区別する本質的な特徴には入らない。実際、民会のような公的な場ではなく、どこかの私的な場で助言することも、助言弁論の一つとみなされている（第一巻第三章一三五八b八～一〇）。また、助言弁論は未来、法廷弁論は過去、演示弁論は現在に関係すると述べられているが、これもそれぞれを区別するための本質的な特徴には含まれない。演示弁論においては、現在だけでなく、過去や未来の事柄にもしばしば言及するからである（第一巻第三章一三五八b一九～二〇）。

したがって、三種類の弁論の本質的特徴は次のようにまとめることができる。

〈三種類の弁論〉

名称	何をするか	論点
助言弁論	推奨または制止	善と悪（＝益と害）

法廷弁論	糾弾または弁明	正と不正
演示弁論	賞賛または非難	美と醜

㈡ 三種類の説得

三種類の説得とは、性格（エートス）による説得、感情（パトス）による説得、言論（ロゴス）それ自体による説得のことである。三種類の説得の区別はアリストテレスの弁論術の中核をなすものであり、「ロゴス、パトス、エートス」というフレーズは本書の代名詞と言ってよいほどよく知られている。

性格による説得とは、話し手が自分自身を信用に値する立派な人物であるように見せることによる説得であり、感情による説得とは、聞き手に何らかの感情を抱かせることによる説得である。言論それ自体による説得とは、説得推論や例証を使って論証することによる説得であり、これは「論証による説得」と言い換えることができる。

以上三種類の説得のそれぞれの名称、および内容の要点をまとめると次のようになる。

〈三種類の説得〉

名称	内容
性格による説得	話し手を立派な性格の人物に見せる。
感情による説得	聞き手の感情を喚起する。
論証による説得	説得推論または例証によって論証する。

これらの説得の内容を正しく理解するためには、以下の各点に注意しなければならない。

第一に、三種類の説得はすべて、言論を通じた説得である。それゆえ、たとえば人格者として高く評価されている人物が、その評判のおかげで聞き手の信用を勝ち得たとしても、性格による説得を行なったことにはならない。このことは、話し手の人間性に対する評判は重要でないということを意味するものではない。弁論術は言論の技術である以上、このようなかたちで信用を得ることは技術に基づく説得方法には含まれないのである。また、涙を流すなどの行為によって憐れみを誘うことも、同じ理由により、感情による説得には含まれない。

第二に、三種類の説得がすべて言論を通じた説得である以上、言論それ自体による説得を単に「言葉による説得」や「言論による説得」と理解するのは誤りである。言論それ自体による説得とは、言論を通じて論証（証明）を行なうことによる説得を意味する（この場合の論証とは、具体的には説得推論もしくは例証を使った論証のことである）。この点に関する誤解を避けるために、本訳の注と解説では、言論それ自体による説得を「論証による説得」と呼んでいる。

第三に、性格による説得のポイントは、言論を通じて「自分自身をある種の性格の人物に仕立てる」（第二巻第一章一三七七b二四）こと、すなわち「話し手が信用に値する人物に見える」（第一巻第二章一三五六a五～六）ようにすることにあるが、この「仕立てる」や「見える」という言葉には、「事実に反して」という含意はない。もちろん、実際には立派でない人物が、言論の力によって自分自身を立派な人物に見せかけることは可能だろう。しかし、アリストテレスが言おうとしているのは、「実際に立派な人物であっても、聞き手にそう思われなければその事実は説得の役に立たないから、自分がそのような人物であることを言論を通じて示さなければならない」ということである。

第四に、三種類の説得はその効果や力においてどれも同等というわけではなく、アリストテレスは論証による説得をもっとも効果的な説得方法と考えている。なぜなら、「われわれが何かを特に強く信じるのは、それが論証されたと思うとき」だからである（第一巻第一章一三五五a五～六。ただし、この箇所の「論証」は説得推論だけを指す）。本書で説得推論（と例証）の説明に多くのページが割かれているのはそのためである。なお、三種類の説得は、最初に登場する第一巻第二章では「エートス、パトス、ロゴス」の順に並べられているが、本書においてこの順番は固定していない。第二巻第一章の冒頭では、「ロゴス、エートス、パトス」の順に言及されている（第一巻第九章の冒頭も参照）。

　最後に、性格による説得と感情による説得は、論証による説得と区別されているとはいえ、論証の使用を排除するものではない。三種類の説得の区別は、説得の直接的原因に基づいた区別である。すなわち、話し手が論証を通じて自分自身を立派な人物に見せ、立派な人物に見えるがゆえに聞き手が話し手を信用する場合、これは性格による説得に当たる。同じく、話し手が論証を通じて聞き手に何らかの感情を抱かせ、感情を抱いたがゆえに聞き手が話し手を支持する結果になった場合、これは感情による説得に当たる。これに対し、論証による説得は、話し手を信用したからでも、何らかの感情を抱いたからでもなく、話し手の主張が論証されているというまさにその事実のゆえに説得が生まれる場合を指す（ただし、この最後の点については異論もあり、論証の使用は論証による説得に限定されると解釈する研究者もいる。こちらの解釈の主たる根拠については、第三巻第一七章一四一八a一二～一七を参照）。

（三）論証と推論

「論証」と訳した「アポデイクシス」は、アリストテレスの論理学系の著作（いわゆるオルガノン）においては、「真にして第一の事柄を前提とする推論」（『トポス論』第一巻第一章一〇〇a二七～二八）を意味する専門用語として用いられる。つまり、専門用語としての論証は推論（＝演繹）の一種である。これに対し、本書の「論証」は言論を通じた証明全般を包括する語であり、推論だけでなく、帰納も論証に含まれる。したがって、本書の「論証」を推論の一種とみなすのは誤りである。

弁論術における推論は説得推論と呼ばれ、帰納は例証と呼ばれるので、論証と説得推論と例証の関係は次のように整理することができる。

〈弁論術における論証〉

論証
- 説得推論＝推論の弁論術バージョン
- 例証＝帰納の弁論術バージョン

次に、「推論」すなわち「シュロギスモス」も注意が必要な用語である。シュロギスモスは、英語の「シロジズム（syllogism）」（＝三段論法）の語源に当たる言葉だが、本書のシュロギスモスは三段論法ではなく、推論（＝演繹）を意味する。推論とは、「あるいくつかのものが措定されたときに、それらの措定されたものを通じて、それらとは別のあるものが必然的に導かれる言論」のことである（『トポス論』一〇〇a二五～二七。『分析論前書』二四b一八～二〇と『詭弁論駁論』一六四b二七～一六五a二にもこれとほぼ同じ定義がある）。つまり、推論とは前提を真と認めた場合に結論も真と認めなければならない言論、要するに前提から結論が必然的に導かれる言論のことである（なお、『ニコマコス倫理学』第六巻第三章一一三九b二九で述べられている

「普遍的なものから出発する」という特徴は、推論の定義には含まれない）。たとえば、「AかBかCのいずれかが犯人である。Aは犯人ではない。Bも犯人ではない。それゆえ、Cが犯人である」というのがその例に当たる。

三段論法は演繹の一種であり、三つの命題（前提二つと結論一つ）と三つの項（大項、中項、小項）から成り立つ点に特徴がある。三段論法はすべて演繹であるが、演繹のすべてにいま述べた特徴が当てはまるとは限らない（たとえば、先に挙げた例のように、前提が三つ以上の演繹もある）。したがって、すべての演繹が三段論法であるわけではない。

本書の中心概念の一つである説得推論は推論の一種であって、三段論法の一種ではない。したがって、説得推論を省略三段論法と解するのは誤りである。

なお、推論（＝演繹）としばしば対比される「帰納（エパゴーゲー）」は、「個別的なものから普遍的なものに至る論じ方」と定義される（『トポス論』第一巻第一二章一〇五ａ一三～一四）。帰納と推論のもっとも重要な違いは、前提から結論が必然的に導かれるという特徴が帰納にはないという点である。それゆえ、帰納の弁論術バージョンである例証にもその特徴は当てはまらない。

（四）説得推論

「説得推論」の原語は「エンテューメーマ」である。エンテューメーマは「一種の推論」であり（第一巻第一章一三五五 a 八、第二巻第二二章一三九五 b 二一〜二三、第二巻第二四章一四〇〇 b 三七）、説得を目的とする推論であることから、本訳では従来から使われているこの訳語を踏襲した。

「一種の推論」と言うときにアリストテレスが念頭に置いている推論は、問答術が扱う推論である。問答術の推論は前提が真である必要がないという特徴をもつが、この点は弁論術の推論すなわち説得推論にも共通する。それでは、両者はどこが異なるのか。

説得推論は、二つの点で問答術の推論と異なる（第二巻第二二章一三九五 b 二二〜二六）。第一に、説得推論においては、聴衆の誰もが知っている自明の前提は省略しなければならない。アリストテレスは次のような例を挙げてこの点を説明している（第一巻第二章一三五七 a 一九〜二一）。

〈自明の前提を含む推論の例〉

前提一　オリュンピア競技会は栄冠をかけた競技会である。←自明の前提
前提二　ドリエウスはオリュンピア競技会の勝者である。
結論　ドリエウスは栄冠をかけた競技会の勝者である。

オリュンピア競技会とはいわゆる古代オリンピックのことで、栄冠をかけた競技会とは、金品ではなく名誉を得るための競技会という意味である。ドリエウスは、この競技会の一種目であるパンクラティオンで優勝した。

オリュンピア競技会が栄冠をかけた競技会であるということは、（当時のギリシャ人であれば）誰でも知っている。そのため、前提一を言わなくても、聴衆はみずからそれを補うことができる。このような場合には、話し手は前提二だけを使って結論を導くべきであり、前提一は省略しなければならない。

単に省略してもよいのではなく、省略しなければならないのは、冗長さを避ける必要があるからである（第二巻第二二章一三九五b二六）。問答の場合には、推論のステップを一つずつ確実に踏むことが大切であるのに対し、弁論の場合には、むしろ聴衆が退屈しないように配慮しなければならない。冗長さを避けるために自明のことを

言ってはならないという要請は、この配慮から生まれるものである。

第二に、説得推論においては、最初の前提から結論までの距離が長い推論、つまり前提の数が多い推論は避けなければならない。なぜなら、結論に至るまでの過程が長い推論は、弁論の聞き手である一般大衆にとって、「長さのゆえに不明瞭になり」（第二巻第二二章一三九五b二五～二六）、「追いかけるのが困難にならざるをえない」（第一巻第二章一三五七a一一）からである。

前提の数が多く、結論に至るまでの過程が長い推論にはいくつかのパターンがありうるが、アリストテレスが想定しているのは、主要な推論に用いられる前提が別の推論によって支えられている場合、簡単に言えば、二つ以上の推論を一つにまとめた場合である（第一巻第二章一三五七a七～九）。たとえば、次のような推論がそれに当たる（アリストテレスは具体例を挙げていない。次の例は第二巻第二三章一三九七a一〇～一一の記述に基づいて訳者が作ったものである）。

〈前提の数が多い推論の例〉

(a)悪徳は有害である。

(b)放縦は悪徳の一種である。
(c)放縦は有害である。
(d)有害なものの反対は有益である。
(e)放縦の反対は節度である。
(f)節度は有益である。

主要な推論

この例では、主要な推論の結論に当たる(f)「節度は有益である」は、直接的には(c)(d)(e)という三つの前提から導かれているが、前提(c)は、(a)と(b)によって支えられている。つまり、この例は(a)から(c)の三つの命題から成り立つ推論と、(c)から(f)の四つの命題から成り立つ推論を一つにまとめたものである。そして、これを一つの推論として見るならば、結論(f)には全部で五つの前提があることになる。

このような前提の数が多い推論は、弁論においては避けなければならない。では、どうすれば避けることができるのか。その方法は、聴衆がその通りであると思えるような、それ以外の支えを必要としない命題から始めることである。上の例で言えば、(c)の「放縦は有害である」が聴衆にとって明らかなことであれば、(a)と(b)は言う必要がない。もしそうであれば、(c)から始めて(f)で終えることができるので、結論に至るまでの過程が長い推論を避けることができる（もっとも、長いか長くないかは相対的な事柄であり、話す内容の難易度や聴衆の理解力のレベルに応じて変わる）。

説得推論に対するこの要請は、問答と弁論とでは、話しかける相手も仕方も異なるという事実に基づいている。アリストテレスの言う「問答」は知的エリート同士のある種のディベートであり、問い手が話しかける相手は弁論の聞き手である一般大衆とは異なる。また、より重要なこととして、問答は対話形式でなされ、答え手の了解をとりながら推論のステップを踏むことができるのに対し、弁論は基本的には話し手が一方的に話すものである。問答術の推論と弁論術の説得推論の二つ目の違いはこのことに起因する。

最後に、問答術の推論とは異なる説得推論の特徴を、説得推論に課される要件という観点から改めてまとめておこう。

〈説得推論の要件〉

（一）自明な前提を省略する。

（二）前提の数を少なくする。

（五）しるし

「しるし（セーメイオン）」は説得推論に用いられる前提の種類の一つである。前提と結論の関係の仕方に応じて、しるしには大きく分けて二つの種類がある。一つは、前提から結論を必然的に導くことができるもので、このタイプのしるしは「証拠（テクメーリオン）」と呼ばれる。もう一つは、前提から結論を必然的に導くことができないもので、こちらには特別な名称はない。なお、ここで言う「必然的（アナンカイア）」とは、前提と結論の関係を表す言葉であって、命題によって表される事態（たとえば、太陽が東から昇ること）が必然的に成り立つという意味ではない。

必然的なしるし、すなわち証拠を前提に用いた説得推論として、次の二つの例が挙げられている（第一巻第二章一三五七b一四〜一七）。

〈必然的なしるしを用いた説得推論〉

前提　彼女は熱がある。

結論　彼女は病気である。

前提　彼女は乳が出る。
結論　彼女は最近子供を産んだ。

他方、必然的でないしるしを前提に用いた説得推論の例は次の二つである。

〈必然的でないしるしを用いた説得推論〉
前提　ソクラテスは知者でかつ正しい人である。
結論　知者はすべて正しい人である。

前提　彼女は呼吸が激しい。
結論　彼女は熱がある。

必然的でないしるしを用いた説得推論について、アリストテレスは「前提が真であるとしても反駁されうる」と言い、その理由として、「妥当な推論ではないから」と述べているが（第一巻第二章一三五七b一三〜一四）、この主張には解釈上の大きな問題が二つある。

第一に、説得推論が一種の推論（＝演繹）であるなら、妥当でない推論は厳密には推論ではないので、必然的でないしるしを用いた説得推論は厳密には説得推論ではないことになる。第二に、アリストテレスは「（本来の）説得推論」と「見せかけの説得推論」を区別しているが、もし見せかけの説得推論の本質が妥当な推論ではないという点にあるとすれば、必然的でないしるしを用いた説得推論はすべて見せかけの説得推論のカテゴリーに入るはずである。ところが、必然的でないしるしを用いた説得推論は、ある場合には本来の説得推論に分類され（第二巻第二五章一四〇二b一二〜一三）、ある場合には見せかけの説得推論に分類されている（第二巻第二四章一四〇一b九〜一〇）。

この二点を詳細に論じる余裕はないので、結論だけを述べておこう。第一に、アリストテレスは妥当な推論になっているものを説得推論の基本としながらも、妥当ではないが推論のようなかたちをしたものも説得推論に含めている。第二に、ある説得推論が見せかけの説得推論であるためには、妥当な推論でないということだけでなく、相手を騙そうとする意図があることも不可欠の条件となる。したがって、必然的でないしるしを用いた説得推論は、その意図の有無に応じて、見せかけの説得推論に分類されることも、分類されないこともある（「見せかけ」と「意図」の結びつきについては、第一巻第一章一三五五b一五〜二一を参照）。

なお、説得推論の説明にある「シュロギスモス・ティス」という語句を「一種の推論」ではなく「推論らしきもの」と解釈することによって、この難問を解決しようとする者もいる。「ティス」には「一種の」という意味だけでなく、「〜らしきもの」という意味もあるからである。しかし、「ティス」のその用法はまれであるという理由と、説得推論は端的に「推論」と呼ばれる場合もある（第一巻第二章一三五七a一六）という理由から、訳者はこの解釈を支持しない。

(六) トポス

「トポス」という語は、本書では大きく分けて二つの意味で使用されている。一つは、三種類の弁論のすべてに共通する論法という意味である。アリストテレスはその典型例として、「なおさらそうである／なおさらそうでない」という論法を挙げている（第一巻第二章一三五八a一四）。これは、たとえば「人間でさえ知っているのだから、神々ならなおさら知っている」というような論じ方や、「神々でさえ知らないのだから、人間ならなおさら知らない」というような論じ方を指す。この意味でのトポスは「共通のトポス（コイノス・トポス）」と呼ばれ、第二巻第二三章で一括して論じられている。

もう一つは、三種類の弁論のそれぞれに特有の命題という意味である。この意味でのトポスをアリストテレスは「種別的命題（エイデー）」とも呼んでいる。また、研究者の間では、この種のトポスは共通のトポスと対比して「特有のトポス」と呼ばれる。

特有のトポスは、それぞれの弁論の論点と結びついている。たとえば、演示弁論の論点は美と醜であるから、それらに関するさまざまな命題が演示弁論に特有のトポスとなる。三種類の弁論はそれぞれ論点が異なるため、美しいものや醜いものに関する命題は基本的には演示弁論でのみ用いられる。同様に、益や害に関する命題は助言弁論でのみ用いられ、正や不正に関する命題は法廷弁論でのみ用いられる。それが、

「三種類の弁論のそれぞれに特有」ということの意味である。

これらの両方が同じくトポスという名で呼ばれるのは、どちらも説得推論の構成要素になるという共通点があるからだと推測できる（第一巻第二章一三五八a二六～二八および第三巻第一章一四〇三b一四～一五）。また、「場所」を原義とするトポスという語が選ばれたのは、共通の論法と特有の命題は説得推論がそれに基づいて作られるもの、すなわち説得推論のいわば「拠り所」であるからではないかと思われる。


〈トポスの二義〉
（一）三種類の弁論のすべてに共通する論法（＝共通のトポス）
（二）三種類の弁論のそれぞれに特有の命題（＝特有のトポス）

以上の要点に加えて、本書のトポス概念については次の三点に注意する必要がある。

第一に、共通のトポスと特有のトポス（種別的命題）の区別が最初に導入される第一巻第二章では、「共通／特有」の対比は「全学問分野に共通／各学問分野に特有」という対比を意味する。「三種類の弁論に共通／各種の弁論に特有」という対比はこれを応用したものと考えられるが、弁論の種類が区別されるのは第一巻第三章であるから、この新しい対比が用いられるようになるのもこの章以降である。

第二に、「性格に関するトポス」「感情に関するトポス」「性向に関するトポス」(第二巻第二二章一三九六b三三〜一三九七a一)という表現は、それぞれ「性格に特有の命題」「感情に特有の命題」「性向(徳)に特有の命題」を意味する。このうち、最後の性向(徳)に特有の命題は基本的には演示弁論において用いられるものなので、特有のトポスの一種とみなすことができる。しかし、前二者は先述のトポスの二義のどちらにも当てはまらない特殊な用例である。

第三に、第三巻第一五章に見られる「中傷のトポス」は、中傷に特有の命題と考えることも可能かもしれないが、具体例を見る限り、むしろある種の論法と解するほうが自然である。いずれにせよ、これも先述のトポスの二義のどちらにも当てはまらない特殊な用例である。もっとも、同章の「トポス」という語には「トロポス(方法)」という異読もある。こちらの読みを採用する場合、中傷のトポスなるものはそもそも存在しないことになる。

（七）感情

「感情」の原語の「パトス」は、「受ける」「被る」「身に起こる」等を原義とする動詞「パスケイン」に由来する名詞である。パトスは「状態」「変化」「性質」「受難」「感情」などの意味をもつ多義語だが、本書では多くの場合、われわれの言う「感情」にほぼ相当する意味で用いられている。

感情はアリストテレス倫理学の主要概念の一つであり、『ニコマコス倫理学』第二巻第五章一一〇五b二一～二三と『エウデモス倫理学』第二巻第二章一二二〇b一二～一四にもそれぞれ定義がある。本書の定義（第二巻第一章一三七八a二〇～二三）と比較しながら、まずは感情の本質的特徴と例について若干のコメントをしておこう。

〈『弁論術』における感情の定義〉

感情とは、人に変化を起こし、判断に違いをもたらす原因となるもので、かつ苦痛や快楽が伴うもののことである。たとえば、怒りや憐れみや恐れやその他のこの種のもの、そしてこれらの反対のものがそれに当たる。

〈『ニコマコス倫理学』における感情の定義〉

感情とは、欲望、怒り、恐れ、安心、妬み、喜び、友愛、憎しみ、憧れ、競争心、憐れみなどのことであり、総じて言えば、快楽や苦痛が伴うもののことである。

〈『エウデモス倫理学』における感情の定義〉

感情とは、怒り、恐れ、羞恥心、欲望などのことであり、総じて言えば、感覚可能な快楽や苦痛が、たいていの場合に、それ自体に伴うもののことである。

本書の感情の定義に見られる「人に変化を起こし、判断に違いをもたらす原因となるもの」という部分は、両倫理学書の定義には含まれていない。この部分は、聴衆が弁論について判断するという、弁論術に関係する特定の場面を念頭に置いた説明である。感情の本質的特徴は、三つの著作のすべてにおいて述べられている、「快楽や苦痛が伴う」という点である。実際、快苦と感情の結びつきは、本書第二巻第二章〜第一一章の個別の感情の定義のなかでも明示されている。

感情の例については、次の二点を指摘しておきたい。第一に、「怒り」と「恐れ」

は、先に挙げた三つの定義のすべてに含まれていることに加えて、『エウデモス倫理学』では一番目と二番目に、計一一種の感情を列挙している『ニコマコス倫理学』では二番目と三番目に挙げられている。このことは、アリストテレスが怒りと恐れを感情の代表例と考えていた可能性を示唆している。

第二に、両倫理学書の定義に見られる「欲望」は、本書では、定義のなかで言及されていないだけでなく、第二巻第二章〜第一一章の個別の感情の分析のなかでも取り上げられていない。そのことから、本書において欲望は感情（パトス）に含まれないと主張する研究者もいるが、それは誤りである。アリストテレスはすでに行なった感情の分析を振り返りながら、「感情とは怒りや欲望やその他のその種のもののことである」と明言している（第二巻第一二章一三八八b三三。同第一章一三七八a三〜六も参照）。欲望は、怒りとともに欲求の一種として位置づけられており（第一巻第一〇章一三六九a一〜四）、その点で、怒りを除いたその他の感情とは身分が異なることはたしかだが、感情のリストから除外されているわけではない。

次に、個別の感情の定義に目を向けよう。本書で個別に分析されている感情は、怒り、穏やかさ、友愛、憎しみ、恐れ、安心、恥ずかしさ、厚かましさ、感謝、無感謝、憐れみ、義憤、妬み、競争心の計一四種である。研究者たちが特に注目しているのは、定義のなかで、それぞれの感情がある種の主観的な状況認識と結びつけられている点である。たとえば、怒りと恐れはそれぞれ次のように定義されている（第二巻第二章一三七八ａ三一〜三三および第五章一三八二ａ二一〜二二）。

〈怒りの定義〉

怒りとは、自分自身かもしくは自分と親しい人が、その資格のない者から軽視されたように見えるので、それに対して目に見えるかたちで報復しようとする苦痛を伴った欲求であるとしよう。

〈恐れの定義〉

恐れとは、破滅や苦痛をもたらす不幸が差し迫っているという思いを抱くことから生まれる一種の苦痛ないし動揺であるとしよう。

怒りは、それを抱く人が「軽視された」と認識することから生まれ、恐れは、それを抱く人が「不幸が差し迫っている」と認識することから生まれる。傍点を付けた「ように見える」や「思いを抱く」という表現は、どちらの感情もある種の主観的な状況認識を前提とすることを示している。この点はその他の多くの感情にも当てはまる。

　感情と状況認識のこのような結びつきは、感情とは何かという問題を考えるうえで重要であり、実際にそのような問題設定のもとでアリストテレスの感情論を研究した文献は多い。しかし、ここではその問題には立ち入らず、むしろ本書のキーワードの一つである「感情による説得」との関係を考えてみたい。

　感情による説得の根幹は、聴衆がまだもっていない感情を抱かせたり、現にもっている感情を解消したりする点にある。そして、すでに述べたように、感情による説得が言論を通じた説得の一種である以上、感情の喚起も解消も、言論を通じて行なわなければならない。しかし、言論を通じてこれらを行なうとは何を意味するのだろうか。

　感情と状況認識が結びついている以上、感情を喚起したり、解消したりするとは、言論を通じて聴衆の状況認識を変えさせるということにほかならない。たとえば、実際には軽視されていないのに、軽視されたと思い込んで怒っている者たちに対しては、認識の誤りを明らかにすることによって怒りを鎮め、反対に、軽視されているにもかかわらず、そのことに気づいていない者たちに対しては、軽視の事実を証明することによって怒りの感情を呼び起こすのである。

もっとも、このような仕方で感情を喚起したり解消したりするためには、それぞれの感情について、「何が原因で生まれるか」「いかなる人に対して抱くか」「自分がいかなる状況にあるときに抱くか」という点を理解していなければならない。本書の感情論の大半がこれら三点の説明に当てられているのはそのためである。

〈感情の要点〉

(一) 感情には快楽や苦痛が伴う。

(二) 感情は主観的な状況認識と結びついている。

(三) 感情を喚起したり、解消したりするとは、言論を通じて聴衆の状況認識を変えさせるということである。

れる。

（八）拡大

「拡大（アウクセーシス）」とは、事柄の意義や価値を大きく見せる弁論の手法のことである。ラテン語の修辞学用語では「アンプリフィカティオ（amplificātiō）」と呼ばれる。

本書のなかで拡大の主たる対象とされているのは、各弁論に特有の論点に関係する事柄である（第一巻第三章一三五九a一六～二一および第二巻第一九章一三九三a一三～一六）。すなわち、助言弁論の場合にはよいことや悪いこと、法廷弁論の場合には正しいことや不正なこと、演示弁論の場合には美しいことや醜いことが拡大の対象となる。たとえば、助言弁論においては、自分の提案する政策が単に「善をもたらす」ということだけでなく、「大きな善をもたらす」ということも明らかにすれば、話し手の主張はより支持を得やすくなるだろう。他方、論敵の提案する政策に反対するときには、それが単に「悪をもたらす」ということだけでなく、「大きな悪をもたらす」ということも証明すれば、より強力な反論となるだろう。法廷弁論と演示弁論の場合にもこれとほぼ同じことが当てはまる。

以上が主要な用例であるが、これ以外の用例としては、たとえば契約や自供や宣誓が拡大の対象とされている（第一巻第一五章）。契約を拡大するとは、単に契約したという事実を述べるだけでなく、契約というものがいかに重要であるかを論ずることを意味する。自供や宣誓の拡大もこれと同じである。

それでは、拡大するためには、つまり事柄の意義を大きく見せるためには、話し手は具体的に何をすればよいのだろうか。拡大は共通の論点の一つである「大きい（より大きい）」という概念に関係しているので、拡大のための言論を組み立てるときに特に役に立つのは、「より大きな善」を論じた第一巻第七章と、「より大きな不正行為」を論じた第一巻第一四章で取り上げられているさまざまな命題である。

それに加えて、演示弁論を扱った第一巻第九章には、拡大に役立つ具体的なフレーズが紹介されている。たとえば、敵地に乗り込んで仲間を救出することは美しい行為であるが、この行為について語る際に、「彼は一人で敵地に乗り込み、仲間を救出した」と述べれば、その行為はいっそう意義の大きいものとなる。また、誰かが偉業を達成したときに、単に「達成した」と述べるだけでなく、「最初に達成した」と言えば、当の偉業はいっそう高い価値をもつことになる。アリストテレスは、「拡大は演示弁論にもっとも適している」と述べている（第一巻第九章一三六八a二六〜二七）。

演示弁論を論ずるこの章で拡大という概念が最初に導入され、また具体的な方法が挙げられているのは、おそらくそれが理由であると考えられる。
拡大の概念に関して注意すべきことが一つある。それは、本書のほぼすべての用例において、「誇張」というニュアンスは含まれていないことである。たとえば、「一人で」という表現を例にとるなら、実際には数人で達成したのに、誇張して一人で達成したと述べるのは拡大ではない。誇張という概念自体は本書に登場するが（第三巻第一一章一四一三a一九）、原語は「ヒュペルボレー」であり、これを拡大と混同してはならない。

〈拡大の要点〉

（一）事柄の意義や価値を大きく見せる手法のこと。

（二）特に演示弁論に適している。

（三）「誇張」というニュアンスは含まない。

（九）韻律

本書の第三巻第八章は弁論（あるいは散文）のリズムを主題とするが、この章は韻文のリズム、すなわち「韻律（メトロン）」の知識を前提にしている。そこで、本書の理解に必要な範囲で韻律の基本事項を説明しておこう。

ギリシャ語における「韻律」とは、長音節と短音節の規則的な配列のことである。長音節には、音節に長母音が含まれる場合、音節に二重母音が含まれる場合、短母音のあとに二つ以上の子音が連続している場合の三パターンがある。これ以外の音節はすべて短音節となる。

韻律の最小単位は、「詩脚（プース）」と呼ばれる特定の配列の音節群である。本書では、「イアンボス」「トロカイオス」「ダクテュロス」「パイアン」の計四種の詩脚が取り上げられている。短音節を「˘」、長音節を「¯」という記号で表すと、それぞれの詩脚の配列パターンは以下の通りである。

〈詩脚の種類〉

イアンボス　˘ ¯

トロカイオス　–◡
ダクテュロス　–◡◡
パイアン　◡◡◡–（もしくは–◡◡◡）

詩の一行すなわち「詩行」は、詩脚に基づく基本単位の反復によって構成される。韻律用語の「トリメトロス（三脚韻）」「テトラメトロス（四脚韻）」「ペンタメトロス（五脚韻）」「ヘクサメトロス（六脚韻）」といった言葉は、この反復の回数を表した名称である。

本書で言及される「テトラメトロス」と「ヘクサメトロス」は、それぞれ「トロカイオス・テトラメトロス」と「ダクテュリコス・ヘクサメトロス」を指す。トロカイオス・テトラメトロスとは、トロカイオスの詩脚（長・短）の二脚一組（すなわち長・短・長・短）を基本単位とし、それを四回繰り返して詩の一行とする詩型である。ダクテュリコス・ヘクサメトロスとは、ダクテュロスの詩脚をそのまま基本単位とし、それを六回繰り返して詩の一行とする詩型である（ただし、ダクテュロスは「スポンデイオス」と呼ばれる「長・長」の詩脚に置き換えられることもある）。それぞれの詩行を記号で表すと以下のようになる。

〈詩行の例〉

トロカイオス・テトラメトロス　– ◡ – ◡ | – ◡ – ◡ | – ◡ – ◡ | – ◡ – ◡

ダクテュリコス・ヘクサメトロス　– ◡ ◡ | – ◡ ◡ | – ◡ ◡ | – ◡ ◡ | – ◡ ◡ | – ◡ ◡

詩の全体は、基本的にはこのような特定の詩行を繰り返すことによって作られるが、それについての説明は割愛する。

なお、ギリシャ語の韻律は音節の長短によって成り立つものであるから、いわゆる「脚韻」や「頭韻」は、修辞上の技術としては存在するが（第三巻第九章一四一〇a二四〜二五）、韻律そのものとは無関係である。

（一〇）比喩

本書第三巻（特に第二章、第三章、第一〇章、第一一章）で展開される比喩論は、『詩学』第二一章の論述を前提にしている。その箇所で「比喩」は次のように定義されている。「比喩とは、別の物事を表す語をある物事に適用することであり、それには、（a）類から種への適用、（b）種から類への適用、（c）種から種への適用、（d）類比関係に基づく適用がある」（『詩学』第二一章一四五七b六〜九）。なお、「適用する」の言い換えとして、「代用する」という表現が用いられることもある（同一四五七b一二〜一三）。

比喩の原語の「メタフォラ」は、英語の「メタファー（metaphor）」すなわち「隠喩」の語源に当たる言葉だが、定義にある四種類のメタフォラのなかで、隠喩に該当するのは（c）と（d）だけである。（a）は種概念を表す語の代わりに類概念を表す語を使うもの、（b）は類概念を表す語の代わりに種概念を表す語を使うもので、この両者は英語では「シネクドキ（synecdoche）」、日本語では「提喩《ていゆ》」と呼ばれる。たとえば、「花見に行く」は、「花」の一種である「桜」の代わりにその類である「花」を使った（a）のタイプの提喩である。他方、「ご飯を食べに行く」は、「食べ物」という類の代わりにその一種である「ご飯」を使った（b）のタイプの提喩である。アリストテレス自身は、（a）の例として「ここに私の船が立ち止まっている」（「停泊している」を「立ち止まっている」で代用）、（b）の例として「オデュッセウスは一万の立派な行為をした」（「多数の」を「一万の」で代用）を挙げている（同一四五七b九～一三）。

隠喩は一般に提喩と区別されるので、本訳では「メタフォラ」を「隠喩」ではなく「比喩」と訳した。隠喩と提喩の区別も含めて四種類のメタフォラを整理すると次のようになる。

〈アリストテレスのメタフォラ概念〉

- 比喩（メタフォラ）
  - 提喩
    - 種を類で代用
    - 類を種で代用
  - 隠喩
    - ある種を別の種で代用
    - 類比関係に基づく代用

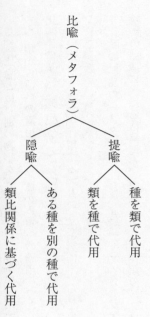

定義にある（c）のタイプ、すなわち種を種で代用するものとは、正確に言えば、同じ類に属するある種を表す語を別の種を表す語で代用するものである。アリストテレスは具体例として、「汲み取る」を「切り取る」、あるいは反対に「切り取る」を「汲み取る」と表現することを挙げている（同一四五七b一三～一六）。「切り取る」と「汲み取る」は、どちらも「取る」という同じ類に属する種である。

本書で特に重視されているのは、四種類の比喩のうちの（d）のタイプ、すなわち類比関係に基づく比喩である。類比関係とは、AとBの関係がCとDの関係と同様である場合を言う（同一四五七b一六～一九）。つまり、AB関係とCD関係の間に存する類似（同様）という関係が類比関係である。

類比関係に基づく比喩とは、この関係が成り立っているときに、Bの代わりにDを言ったり、Dの代わりにBを言ったりすることを指す。その典型的なパターンは、「AのD」や「CのB」と表現することである。

類比関係は四つの項から成り立つが、本書の具体例には、「ディオニュソスの盃とアレスの盾」（第三巻第四章一四〇七a一五～一七）などのいくつかの例を除いて、四項のすべては明示されていない。類比関係の例としてもっともわかりやすいのは、「人生（A）と老年（B）の関係は一日（C）と夕暮れ（D）の関係と同様である」という『詩学』の具体例である（『詩学』第二一章一四五七b二二～二三）。この具体例に即して言えば、「Bの代わりにDを言う」の一つのパターンは、「老年」を「人生の夕暮れ」と表現することであり、「Dの代わりにBを言う」の一つのパターンは、「夕暮れ」を「一日の老年」と表現することである。

〈類比関係に基づく比喩〉

類比関係…………「AとBの関係はCとDの関係と同様」という関係。

比喩の作り方……「B」を「AのD」、「D」を「CのB」と表現する。

具体例…………「老年」を「人生の夕暮れ」、「夕暮れ」を「一日の老年」と表現する。

三　参考文献

『弁論術』のテキストと注釈、および翻訳のうち、訳者が頻繁に参照した主要な文献を紹介する。

（一）テキスト

Kassel, R. 1976. *Aristotelis ars rhetorica*. Berlin.（底本）

Ross, W. D. 1959. *Aristotelis ars rhetorica*. Oxford.

現在、『弁論術』のテキストとして一般に使用される校訂本は、ロス（Ross）版かカッセル（Kassel）版である。両者の違いは、句読点や括弧のつけ方はカウントせず、語句や文のレベルに限っても、一〇〇箇所を優に超える。そのため、本書を翻訳する場合、どちらを底本に選ぶかは些細な問題ではない。ラップ（Rapp）が指摘するように、ロスが行なっている写本の修正には不必要なものが多い。そのほかの面でも、訳者の見解では全体的にカッセル版のほうがすぐれている。

カッセルの校訂本が出版されて以来、欧米の翻訳書や研究書ではそちらを底本とすることが多くなったが、日本では引き続きロスの校訂本が使われてきた。本訳は、カッセル版を底本とした日本で最初の翻訳書である。

（二）注釈

Cope, E. M. 1877. *The Rhetoric of Aristotle, with a Commentary*. 3 vols. Cambridge.
Grimaldi, W. M. A. 1980. *Aristotle, Rhetoric I: A Commentary*. New York.
——. 1988. *Aristotle, Rhetoric II: A Commentary*. New York.
Rapp, C. 2002. *Aristoteles, Rhetorik. Übersetzung, Einleitung und Kommentar*. 2 Bde. Berlin.

ここに挙げた三種類の注釈書のうち、コープ（Cope）のものは、単語の意味と用例に関する詳細な説明が特徴的である。古い本だが、現在でもたびたび参照されている。グリマルディ（Grimaldi）の注釈書は、本書を原文で読むために不可欠のもっとも基本的な文献である。難解な文のそれぞれについて、文法と語法の丁寧な説明がある。ただし、『弁論術』全三巻のうち、扱っているのは第一巻と第二巻のみである。このなかで一番新しいラップ（Rapp）の注釈書は、主要概念の分析や哲学的問題の考察に多くのページを割いている点に特徴がある。上巻はテキストの翻訳と全般的な解説、下巻は『弁論術』全三巻の網羅的な注釈から成り立つ。注釈も訳文も非常に水準が高く、訳者にとって最終的にもっとも役に立ったのはこの本である。上下巻合わせて一五〇〇ページに上る大著だが、その分量に見合うだけの価値がある。

（三）翻訳

Bartlett, R. C. 2019. *Aristotle's Art of Rhetoric*. Chicago.
Chiron, P. 2007. *Aristote, Rhétorique*. Paris.
Freese, J. H. 1926. *Aristotle, The 'Art' of Rhetoric*. Cambridge.
Kennedy, G. A. 1991. *Aristotle, On Rhetoric: A Theory of Civic Discourse*. Oxford.
Reeve, C. D. C. 2018. *Aristotle, Rhetoric*. Indianapolis.
Roberts, W. R. 2004. *Aristotle, Rhetoric*. New York.
Waterfield, R. 2018. *Aristotle, The Art of Rhetoric*. Oxford.
戸塚七郎（一九九二年）『弁論術』岩波文庫
堀尾耕一（二〇一七年）『弁論術』（『アリストテレス全集18』所収）岩波書店

邦訳のうち、訳者が参考にしたのは戸塚訳と堀尾訳の二つである。前者は訳文が読みやすく、自然な日本語訳を作るうえで学ぶべきところが多かった。堀尾訳は特に注と解説が有益である。一九九〇年代に出版された戸塚訳は、当時の研究状況からすれば無理もないことだが、注も含めてほぼ全面的にグリマルディの注釈書に依拠している。これに対し、堀尾氏はその後の研究の進展を踏まえつつ、グリマルディの解釈に含まれるいくつかの重要な難点を指摘し、代案を提示している。代案のなかには賛成できないものもあるが、本書の構成や主要概念について考察する際に、堀尾氏の解釈は大いに参考になった。

とはいえ、本訳は、底本の違いに由来する部分を除いても、多くの点で既訳とは異なっている。訳語の違いは数え切れないほどあるが、なかには章や段落のような大きな単位で解釈が異なる箇所もある（第二巻第七章、第二巻第九章前半、第三巻第一章一四〇四a一二〜一九など）。また、訳者の注と解説は、著作の成立事情や後世への影響よりも、本書の内容そのものを理解することに主眼を置いているため、その点でも従来の訳書とは大きな違いがある。関心のある方はぜひ読み比べていただきたい。

四　結び

本書の第一巻第一章において、アリストテレスは従来の弁論の手引書を厳しく批判し、真の弁論術とはいかなるものかを説いている。その点から考えても、また『弁論術』というタイトルから考えても、この本を弁論の手引書の一種とみなすのは正しい。アリストテレスの著作のなかで、本書が一般読者に比較的よく読まれているのも、一つには実用性に対する期待が、たとえば人を説得したり、人前で上手に話したりするための方法が学べるかもしれないという期待があるからだと思われる。

しかし、本書には哲学書としての側面もある。たとえば、第一巻の論証の理論、第二巻の感情論、第三巻の比喩論は、哲学的に重要な問題を扱った論考として、近年、研究者の間で注目されている。また、本書に見られる、善、幸福、快楽、正義、不正、公正といった倫理的概念に関する考察や、推論や帰納、「ありそうなこと」や「しるし」など、論理学関連の諸概念の分析は、アリストテレスの哲学体系を理解するうえでも重要な意味をもつと考えられている。

もっとも、本書が哲学的に重要な著作とみなされるようになったのは、二〇世紀の終わり頃からである。哲学業界の尺度からすれば、二〇世紀の終わり頃はつい最近と言ってよい。その意味では、哲学としての『弁論術』の研究はまだ始まったばかりであり、本書の哲学的側面にはまだまだ未開拓な部分が多い。この新訳では、特に解説において、本書がいかに深みのある著作であるかを示唆したつもりである。訳者の仕事が今後の研究の進展に少しでも貢献することを願っている。

アリストテレス年譜

アリストテレス誕生以前

紀元前四六九年、ソクラテス、アテナイに生まれる。前四三一年、アテナイとスパルタの間でペロポネソス戦争勃発。前四二七年、プラトンがアテナイに生まれる。前四〇四年、アテナイがスパルタに降伏し、ペロポネソス戦争はアテナイの敗北で終結。敗戦後のアテナイでは、クリティアスを中心とする親スパルタ派三〇人の独裁政権が樹立される（翌年の前四〇三年に崩壊）。前三九九年、政治家アニュトスを後ろ盾とする詩人メレトスにより、ソクラテスが不敬神の罪で告発される。裁判が行なわれ、死刑判決が下される。ひと月後の三月に刑死。前三八七年、プラトンがアテナイ郊外に学園アカデメイア創設。

前三八四年　プラトン四三歳

アリストテレス、北部ギリシャのカルキディケ地方スタゲイラ（今日のテッサロニキ付近の町）に生まれる。父はニコマコス、母はファイスティスで、両親ともイオニア系ギリシャ人の医者の家系。父ニコマコス自身も医者であり、マケドニア王アミュンタス三世の侍医となった。父母はともにアリストテレスが若い頃死去。

前三六七年　プラトン六〇歳　アリストテレス一七歳

後見人の勧めでアリストテレスはアテナイのプラトンの学園アカデメイアに入学、プラトンの弟子となる。この年からアカデメイアを離れる前三四七年頃までは、アリストテレスの「修業時代」と呼ばれる。プラトンはこの年、弟子ディオンによりシケリア島シュラクサイに招聘《しょうへい》されていたため、アカデメイアにはいなかった。シュラクサイでは政争が起こり、ディオンが国外追放となった。プラトンも一年あまりシュラクサイ王ディオニュシオス二世により監禁される。その後解放され帰国し、『ソフィスト』『政治家』『ティマイオス』『フィレボス』『法律』などの後期対話篇を執筆。

前三五九年　プラトン六八歳　アリストテレス二五歳

マケドニア王フィリッポス二世即位。

前三五六年　プラトン七一歳　アリストテレス二八歳

マケドニア王家に王子アレクサンドロス（のちの大王、アレクサンドロス三世）生まれる。

前三四八年　プラトン七九歳　アリストテレス三六歳

マケドニアのフィリッポス二世、ギリシャ北部のオリュントスを攻略する。この一件でアテナイには反マケドニアの気運が高まった。

前三四七年　プラトン八〇歳　アリストテレス三七歳

プラトン死去。アリストテレスは学友クセノクラテスとともに小アジアのアッソスの支配者ヘルミアスに招かれ、厚遇を受けて研究を行なう。この年からアテナイで学園リュケイオンを創設するまでの十数年間の時期は、アリストテレスの「遍歴時代」と呼ばれる。アカデメイアでは第二代学頭選出の際アリストテレスとクセノクラテスも候補となったが、プラトンの甥スペウシッポスが学頭となって引き継ぐ。学園アカデメイアは後五二九年まで存続した。

前三四五年　アリストテレス三九歳

ヘルミアス、ペルシア軍の捕虜となる。マケドニアとの同盟の密約について白状するよう拷問され、やがて処刑される（アリストテレスは敬愛する友人で恩人のヘルミアスの死を悼み、彼を讃える詩を作るが、そのなかの表現が不敬神に当たるとして、二一年後の前三二三年にアテナイで告発されることになる）。アリストテレスは翌年、友人テオフラストスの故郷レスボス島ミュティレネに移り、研究を続行するとともに、ヘルミアスの姪で養女だったピュティアスと結婚する。ピュティアスはアリストテレスよりかなり前に亡くなり、アリストテレスはその後ヘルピュリスという奴隷身分の女性と暮らす。ピュティアスの産んだ娘のほか、ニコマコスという名の男児がアリストテレスにはいたが、ディオゲネス・ラエルティオス『ギリシャ哲学者列伝』「アリストテレス」の項目のなかに伝えられる彼の遺言状の言葉を信ずるなら、母親はヘルピュリスのほうである。この息子ニコマコスは夭折したと伝えられる。アリストテレスはのちにミュティレネから一度故郷スタゲイラに戻る。

前三四三年　アリストテレス四一歳

アリストテレスはフィリッポス二世の要請によりマケドニアに移り、一三歳の王子アレクサンドロスの家庭教師になる。アリストテレスのマケドニア滞在はフィリッポス二世暗殺、アレクサンドロスの王位継承まで続く。

前三四一年　アリストテレス四三歳

この年、ヘレニズム期を代表する学派の一つであるエピクロス学派を開いた古代快楽主義者エピクロスが、サモス島に生まれる。

前三三九年　アリストテレス四五歳

アカデメイア第二代学頭スペウシッポス死去。第三代学頭選出の際もアリストテレスは候補に挙がったが、学友のクセノクラテスが就任。

前三三八年　アリストテレス四六歳
カイロネイアの戦いでフィリッポス二世のマケドニアがギリシャ連合軍を破る。

前三三六年　アリストテレス四八歳
フィリッポス二世が暗殺され、二〇歳のアレクサンドロスがマケドニア王となる。

前三三五年頃　アリストテレス四九歳
アリストテレスはアテナイに戻り、学園リュケイオンを創設する。これ以後をアリストテレスの「学頭時代」と呼ぶ。この頃、のちにヘレニズム期の哲学の学派の一つとなるストア派の始祖ゼノン（「ストアのゼノン」ないし「キティオンのゼノン」）がキュプロス島キティオンに生まれる。

前三三四年　アリストテレス五〇歳
アレクサンドロス大王の東方遠征開始。

前三三一年　アリストテレス五三歳
アレクサンドロス大王、エジプトを占領。エジプトでは、のちに文化の一大中心地となるアレクサンドリア市の建設が始まる。

前三三〇年　アリストテレス五四歳
アケメネス朝ペルシア帝国滅亡。

前三二七年　アリストテレス五七歳
アレクサンドロス大王に同行してペルシアに赴いていた歴史家でアリストテレスの甥カリステネスが、アレクサンドロス大王により大逆罪とされ、拷問を受けた末に死ぬ。

前三二三年　アリストテレス六一歳

アレクサンドロス大王、遠征先のバビロンで病を得て三三歳の若さで急逝。激烈な後継者戦争が勃発する。アテナイでは反マケドニア運動が起こり、アリストテレスは不敬神で告発される。

前三二二年　アリストテレス六二歳

前年末かこの年の初めに、アリストテレスはリュケイオンを第二代学頭テオフラストスに委ね、母の生まれ故郷ボイオティアのカルキスに移るが、まもなく病気で没する。この年マケドニアのアンティパトロスがアテナイに占領体制を敷き、アテナイ民主制は終わりを迎える。

前三一八年

アテナイ最後の有力将軍で政治家のフォキオンが市民に不敬神で訴えられ、裁判の結果、有罪となり刑死する。

前二八八年

リュケイオン第二代学頭テオフラストス死去（一説では前二八五年）。ストラトンが第三代学頭となる。

前四〇年～前二〇年頃

リュケイオンの学頭、ロドス島出身のアンドロニコスにより、アリストテレス全集（Corpus Aristotelicum）が編集され、公刊される。この著作集に、『形而上学』『自然学』『ニコマコス倫理学』『政治学』『弁論術』『詩学』など、今日著名なアリストテレスのリュケイオンにおける講義録的主要著作はすべて入る。この著作集公刊以前には、リュケイオンの外部のローマなどでは、アリストテレスは対話篇形式の今日散逸している別の作品群によってのみ知られていた。

訳者あとがき

古典新訳文庫のアリストテレス『政治学』の訳者あとがきのなかで、訳者の三浦洋さんは、「『形而上学《けいじじょうがく》』に次ぐ長編の『政治学』を訳し始めた際、大著の隅々を味わえる喜びとともに、向こう岸の見えない大海を渡るような茫漠とした思いにも包まれました」とお書きになっている。本書は『政治学』ほど長くはないが、それでも非力な私にとってはいかだで海を渡るようなもので、漕げども漕げども岸は見えず、茫漠とした思いに包まれるどころか、いっそ引き返したいという気持ちに襲われることさえあった。にもかかわらず、数々の難所を乗り越え、どうにか向こう岸に辿り着くことができたのは、アリストテレスへの愛のなせる業と言うよりほかにない（かつて教え子から、「先生はアリストテレスが好きすぎて、お子さんの名前をそこからとったんですよね」と言われたことがある。「好きすぎて」という言い方に何か引っかかるものがあり、当時はお茶を濁したが、たしかにその通りである）。

本書の新訳を思い立った理由は主に二つある。一つは、訳者の見る限り、本書はアリストテレスの著作のなかでも飛び抜けておもしろいので、新訳を通じて多くの読者にそのことを知ってもらいたいと思ったからである。まえがきでも述べたが、第二巻の感情論と性格論は特にお勧めである（もっとも、老人はよくしゃべるというような指摘は、昔はにやにやしながら読んだものだが、老年が迫ってきた近年ではあまり笑えなくなった）。

もう一つの動機は、本書をアリストテレス哲学の入門書として薦めたいというものである。アリストテレス自身が弁論術を問答術と倫理学から派生する「側枝《そくし》」と表現しているように、本書は一方では『トポス論』や『詭弁論駁論』などの論理学系の著作と、他方では『ニコマコス倫理学』や『エウデモス倫理学』などの倫理学系の著作と深く結びついている。また、国制や法の役割に関する考察は、『政治学』への橋渡しの役目を果たすだろう。さらに、散文の表現を扱う第三巻前半の表現論は、韻文の表現を主題とする『詩学』のいわば姉妹編である。

本書を通じてこれらの各分野の基本概念に対する理解を深め、かつアリストテレスの論述のスタイルに慣れることができれば、より難度が高い先述の著作にもスムーズに進むことができる。もちろん、彼の著作のなかには、本書と同程度の難度か、もしくはもっと易しい本もある。しかし、あるいは論理学へ、あるいは倫理学へというように、多方面の主要分野への橋渡しの役目を果たす著作は本書をおいてほかにない。その意味では、『弁論術』はアリストテレス自身が書いた最良のアリストテレス哲学入門である。

大学院入学を機に、英文学から哲学へ転向し、修士論文のテーマにするために最初に本格的に取り組んだ哲学書がこの『弁論術』だった。思い入れの深い著作を翻訳する機会を与えてくださった元編集長の中町俊伸さんに、心よりお礼申し上げる。

二〇二五年一月　ありすとてれさがいつか手に取ることを願って　相澤　康隆

1407a11-14, 1407b31, 1408a8, 1410b13-36, 1411a26-1412a25, 1412b11-1413a19
太っ腹（megaloprepeia）1362b13, 1366b2, 18
ヘクサメトロス（hexametros）1404a34
弁論作家（logographos）1408a34, 1413b13
放縦（akolasiā）1366b15, 1383b23, 1384a20
放縦な人（akolastos）1368b17, 1369a23, 1369b10, 1390b6
誇り高さ（megalopsȳchiā）1362b12, 1366b2, 17, 1389a33
誇り高い人（megalopsȳchos）1367b16, 1388b2, 1389a31, 1401b21-23

マ行

みみっちさ（mikroprepeia）1366b19
民衆煽動家（dēmagōgos）1393b9, 24
民主制（dēmokratiā）1360a25, 1365b29, 31, 1366a4
結び（epilogos）1414b1-12, 1415a29, 33, 1419b10

ヤ行

躍動感（energeia）1410b36, 1411b28-1412a9, 1412b32
優秀者支配制（aristkratiā）1365b30, 33, 36, 1366a5

ラ行

類 比 関 係（analogon, analogiā）1406b31, 1407a14, 1408a8, 1411a1, 1411b3, 1411b22, 1412a4, 1412b34

ソクラテス対話篇（Sōkratikoi logoi）1417a20

タ行
たとえ話（parabolē）1393a29, 1393b3, 1394a5
直喩（eikōn）1406b20-1407a13, 1410b16, 17, 1412a7, 1412b32, 1413a13
テトラメトロス（tetrametros）1404a31, 1409a1
同音反復（paromoiōsis）1410a24
同義語（synōnymiā, synōnyma）1404b39, 1405a1, 2
同名異義語（homōnymiā）1401a13, 1404b38, 1412b11, 12

ナ行
名指し言葉（onoma）1404b5, 7, 26, 27, 37
述べ言葉（rhēma）1404b6, 26

ハ行
配列（taxis）1403b2, 1414a29
配列する（tattein）1403b8
反駁（lysis）1397a5, 1402a30, 1402b23
反駁する（lȳein）1355a33, 1357b7, 1402a31, 1402b22-35, 1403a2-26, 1403b1, 1405b9, 1418b9, 13
卑屈（mīkropsȳchiā）1366b19, 1384a4, 1389b35
卑屈な人（mīkropsȳchos）1387b33, 1389b24
比喩（metaphora）1404b32, 34, 1405a3-1405b17, 1406b5-26,

誇張（hyperbolē）1413a19, 22, 29
諺（paroimiā）1363a6, 1371b15, 1372b32, 1373a3, 1376a3, 5, 1383b25, 1384a35, 1395a17, 1413a14

サ行

指小辞（hypokorismos）1405b28
自制心の欠如（akrasiā）1368b14, 1372b13, 1392b23
　自制心がない（akratēs）1372b12, 1389a5
自由（eleutheriā）1366a4
　自由人（eleutheros）1367a29, 32, 1419b6
　自由人にふさわしい（eleutherios）1361a16, 1367a27, 1419b8
主題提示（prothesis）1414a34, 1414b7, 8
種別的命題（eidē）1358a27, 30, 31, 33, 1403b14
情景が目に浮かぶ（pro ommatōn）1386a34, 1405b13, 1410b33, 1411a26-35, 1411b22, 24, 25
常用語（ta kȳria）1404b6, 31, 35, 39, 1410b12
叙述（diēgēsis）1354b18, 1414a36, 38, 1414b13, 1416b16-1417b13, 1418a17
序論（prooimion）1354b18, 1414b1, 8, 12, 1414b19-1415b38, 1419b29
真実らしい考え、見解（endoxa）1355a17, 1357a10, 13, 1402a34
僭主制（tyrannis）1366a2, 6

1377b11, 1391b32, 1392a4, 1393a15, 1401b5, 6, 1403a17-25, 1408a3, 1413b34, 1414a5, 1414b10, 1415b37, 1417b32, 1419b12, 20, 23
寡頭制（oligarchiā）1360a26, 1365b29, 33, 1366a5
完結文（periodos）1409a35, 1409b5-31, 1410b2
奇語（glōtta）1404b28, 1406a7, 1406b2, 1410b12
帰 納（epagōgē）1356b1-14, 1357a15, 1357b26, 1393a26, 27, 1394a12, 13, 1398a32
気前のよさ（eleutheriotēs）1366b2, 7, 15
　気前のよい人（eleutherios）1367b3, 1381a12
脚韻（homoioteleuton）1410b1
均等化（parisōsis）1410a23, 1412b31
寓話（logos）1393a30, 1393b8, 12, 1394a2, 4, 7
形容語句（epitheton）1405a10, 1405b21, 1406a11-31, 1407b31, 1408b11
けち（aneleutheriā）1366b16, 1383b26, 31
　けちな人（aneleutheros）1368b16, 1389b27
合成語（diplā onomata）1404b29, 1405b35, 1406a30, 36, 1406b1, 1408b10
幸 福（eudaimoniā）1360b6-19, 1362b10, 1366b22, 1387b31, 1391a4
　幸福である（eudaimonein）1361a12, 1394b2, 1401b27, 28
　幸福とみなす（eudaimonizein）1361b5

リュケイオン（Lykeion）1385a28
リュコフロン（ソフィスト）（Lykophrōn）1405b35, 1406a7
リュコフロン（僭主）（Lykophrōn）1410a17
リュコレオン（Lykoleōn）1411b6
レウコテア（Leukothea）1400b6
レオダマス（Leōdamas）1364a19, 1400a31
レプティネス（Leptinēs）1411a4
『老人の狂気』（Gerontomaniā）1413b25

〈その他の重要語句〉

ア行

ありそうなこと（eikos）1357a32, 34, 1357b21, 1359a8, 1367b30, 1376a18-22, 1392b25, 1393a7, 1400a7-12, 1402a8-27, 1402b14-35, 1403a1, 6
異議（enstasis）1397a5, 1402a31, 35, 1402b1-36, 1403a26, 31
王制（basileiā）1366a2

カ行

格言（gnōmē）1393a24, 1394a19-31, 1394b5-8, 1395a11, 1403a35, 1418a17, 1418b34
　格言の引用（gnōmologiā）1394a19
　格言を引用する（gnōmologein）1394a21, 1395a3, 1395b12
拡大、拡大する（auxēsis, auxein）1368a23, 27, 1376b7, 34,

マ行

マラトン（Marathōn）1396a13
マンティアス（Mantias）1398b1
ミュシア（Mȳsiā）1405a30
ミルティアデス（Miltiadēs）1411a10
メイクシデミデス（Meixidēmidēs）1398b25, 27
メガラ（Megara）1357b33
『メッセニア演説』（Messēniakos）1373b18, 1397a11
メデイア（Mēdeia）1400b11
『メデイア』（Mēdeia）1400b10
メラニッピデス（Melanippidēs）1409b27
メラノポス（Melanōpos）1374b25
メレアグロス（Meleagros）1365a12, 1379b15, 1399b27
『メレアグロス』（Meleagros）1399b25
メレトス（Melētos）1419a8
モイロクレス（Moiroklēs）1411a15

ラ行

ラケダイモン（Lakedaimōn）1367a29
ラダマンテュス（Radamanthys）1413b26
ランポン（Lampōn）1419a2
リキュムニオス（Likymnios）1405a7, 1413b13, 1414b17
リュキア（Lykia）1409a14
リュクルゴス（Lykūrgos）1398b17

ペパレトス島（Peparēthia）1398a32
ヘラ（Hērā）1418b22
ヘラクレイトス（Hērakleitos）1407b14
ヘラクレスの柱（Hērakleiai stēlai）1388a10
ペリアンドロス（Periandros）1375b31
ペリクレス（Periklēs）1365a31, 1390b31, 1407a1, 1411a1, 14, 1419a2
ヘルメス（Hermēs）1401a20, 21
ペレウス（Pēleus）1418a36
ヘレスポントス海峡（Hellēspontos）1410a11
ヘレネ（Helenē）1363a18, 1399a1, 1401b36, 1414b27, 28
ヘロディコス（Hērodikos）1361b5, 1400b19
ヘロドトス（Hērodotos）1409a27, 1417a7
ペロポネソス（Peloponnēsos）1409b12
ペンテウス（Pentheus）1400b24
ホメロス（Homēros）1363a19, 1370b11, 1375b30, 1398b12, 1411b31, 1414a2, 1417b4
ポリュエウクトス（Polyeuktos）1411a21
ポリュクラテス（Polykratēs）1401a34, 1401b15
ポリュネイケス（Polyneikēs）1373b10
ポリュボス（Polybos）1415a20
ポロス（Pōlos）1400b20

ファユロス（Phayllos）1417a15
ファラリス（Phalaris）1393b9, 11, 23
フィラモン（Philammōn）1413a12, 24, 25
フィリッポス（Philippos）1397b31
『フィリッポス』（Philippos）1418b27
フィレモン（Philēmōn）1413b25
フィロクテテス（Philoktētēs）1413a7
フィロクラテス（Philokratēs）1380b8
フィロメラ（Philomēla）1406b17
プラテュス（Pratys）1413a7, 9
プラトン（Platōn）1376a10, 1398b29, 1406b32
プリアモス（Priamos）1362b36, 1363a6, 1414b38, 1416b1, 3
ブリュソン（Brysōn）1405b9
プレクシッポス（Plēxippos）1379b15
プロタゴラス（Prōtagoras）1402a25, 1407b7
プロディコス（Prodikos）1415b15
ペイサンドロス（Peisandros）1419a17
ペイシストラトス（Peisistratos）1357b32
ペイトラオス（Peitholaos）1410a17, 1411a13
ペイライエウス（Peiraieus）1401a27, 1411a14, 15
ヘカベ（Hekabē）1400b23
ヘクトル（Hektōr）1380b27, 1396b17, 1397b22
ヘシオネ（Hēsionē）1416b2
ペネロペ（Pēnelopē）1417a14

ニカノル（Nikanōr）1397b8
ニケラトス（Nikēratos）1413a6, 8
ニコン（Nikōn）1412a34
ニレウス（Nīreus）1414a2, 3

ハ行

ハイモン（Haimōn）1417b19, 1418b32
パトロクロス（Patroklos）1359a4, 1397b22
『バビュロニア人』（Babylōnioi）1405b30
パラメデス（Palamēdēs）1413b26
ハリュス河（Halys）1407a38
ハルモディオス（Harmodios）1368a18, 1397b28, 1398a18, 21, 1401b11
パン（Pān）1401a16
パンフィロス（Panphilos）1400a4
ビアス（Bias）1389b23
ヒエロン（Hierōn）1391a10
ピッタコス（Pittakos）1389a16, 1402b11
ヒッパルコス（Hipparchos）1401b12
ヒッピアス（Hippias）1356b33
ヒッポロコス（Hippolochos）1368a17
ヒュギアイノン（Hygiainōn）1416a29
ピンダロス（Pindaros）1401a17
『ファイドロス』（Phaidros）1408b20

28, 1400a2, 1401a35
テオドロス（弁論家）（Theodōros）1400b16, 1412a25, 1414b13
テオドロス（役者）（Theodōros）1404b22, 1412a33
テゲア（Tegea）1365a27
テセウス（Thēseus）1363a18, 1397b20, 1399a2
テッタリスコス（Thettaliskos）1398b4
テネドス（Tenedos）1401b18
デマデス（Dēmadēs）1401b32
テミストクレス（Themistoklēs）1376a1
デモクラテス（Dēmokratēs）1407a7
デモクリトス（Dēmokritos）1409b26
デモステネス（Dēmosthenēs）1397b7, 1401b33, 1407a5
テラモン（Telamōn）1416b3
デルフォイ（Delphoi）1398b32
テレフォス（Tēlephos）1405a28
ドラコン（Drakōn）1400b21
トラシュブロス（Thrasybūlos）1400a32, 1400b19, 1401a34
トラシュマコス（Thrasymachos）1400b19, 1404a14, 1409a2, 1413a8
ドリエウス（Dōrieus）1357a19

ナ行

ナウシクラテス（Nausikratēs）1416a10

ソクラテス（Sōkratēs）1356b29, 33, 1357b12, 1367b8, 1382a5, 1390b31, 1398a24, 1398b31, 1399a8, 1419a8
ソフォクレス（詩人）（Sophoklēs）1373b9, 1374b36, 1375a33, 1400b17, 1415a20, 1416a15, 1417a28, 1417b19, 1418b31, 1419a26
ソフォクレス（政治家）（Sophoklēs）1374b36, 1419a26
ソロン（Solōn）1375b32, 34, 1398b16

タ行

ダレイオス（Dareios）1393a33
テアゲネス（Theagenēs）1357b33
ディオニュシオス（僭主）（Dionysios）1357b31, 34, 1385a10, 1390b29, 1401b13
ディオニュシオス（詩人）（Dionysios）1405a32
ディオニュソス（Dionysos）1407a16
ディオペイテス（Diopeithēs）1386a14
ディオメデス（Diomēdēs）1396b15, 1399b28, 1416b12
ディオメドン（Diomedōn）1397a26
ディオン（Diōn）1373a20
『テウクロス』（Teukros）1398a4, 1416b1
テウメッソス（Teumēssos）1408a3
テオダマス（Theodamas）1406b30
『テオデクテイア』（Theodekteia）1410b2
テオデクテス（Theodektēs）1397b3, 1398b5, 1399a8, 1399b1,

ゲロン（Gelōn）1373a22
コイリロス（Choirilos）1415a4
『国家』（Polīteiā）1406b32
コノン（Konōn）1399a4, 1400b18
コラクス（Korax）1402a17
ゴルギアス（Gorgias）1404a26, 1405b37, 1406b8, 15, 1408b20, 1414b31, 1416a1, 1418a34, 1419b3

サ行

サッフォー（Sapphō）1367a8, 1398b12, 1398b27
サモス島（Samos）1384b32, 1393b23
サラミス島（Salamis）1375b30, 1396a12, 1411a32
シケリア島（Sikeliā）1411a25
シシュフォス（Sisyphos）1412a5
シデロ（Sidērō）1400b17
シモニデス（Simōnidēs）1363a15, 1367b19, 1391a8, 1405b24
スキロン（Skirōn）1406a8
スティルボン（Stilbōn）1398b3
ステシコロス（Stēsichoros）1393b9, 10, 1395a1, 1412a22
ストラバクス（Strabax）1399b2
スペウシッポス（Speusippos）1411a21
ゼウス（Zeus）1387a35
セストス（Sēstos）1411a13
ゼノン（Zēnōn）1372b5

カリデモス（Charidēmos）1399b2
カリュドン（Kalydōn）1409b10, 12
カルキノス（Karkinos）1400b9, 1417b18
カレス（Charēs）1376a10, 1411a6, 1418a31
カロン（Charōn）1418b30
キモン（Kimōn）1390b31
キュクノス（Kyknos）1396b17
ギュゲス（Gygēs）1418b31
キュディアス（Kydias）1384b32
ギリシャ（Hellas）1399b27, 1411a5, 27, 33
キロン（Chilōn）1398b13
クセノファネス（Xenophanēs）1377a19, 22, 1399b6, 1400b5
クセルクセス（Xerxēs）1393b1, 1406a8
グラウコン（Glaukōn）1403b26
クラテュロス（Kratylos）1417b1
クリティアス（Kritias）1375b32, 1416b28
クレオフォン（政治家）（Kleophōn）1375b32
クレオフォン（悲劇詩人）（Kleophōn）1408a15
クレオン（テバイ王）（Kreōn）1375a34
クレオン（民衆煽動家）（Kleōn）1378a35, 1407a26, 1408b26
クロイソス（Kroisos）1407a38
『敬神的な人々』（Eusebeis）1413b27
ケフィソドトス（Kēphisodotos）1407a9, 1411a5, 23, 28

エピダウロス（Epidauros）1411a11
エピメニデス（Epimenidēs）1418a23
エルゴフィロス（Ergophilos）1380b12
エンペドクレス（Empedoklēs）1373b14, 1407a35
『オイディプス』（Oidipūs）1417b18
オイネウス（Oineus）1397b19
『オイネウス』（Oineus）1417a15
『オデュッセイア』（Odysseia）1406b12
オデュッセウス（Odysseus）1363a17, 1380b23, 1399b29, 1400a27, 1416b1, 12, 13
オリュンピア競技会（Olympia）1357a20, 21
『オリュンピア祭典演説』（Olympikos logos）1414b31
『オレステス』（Orestēs）1401a35

カ行

カイレモン（Chairēmōn）1400b24, 1413b13
カウノス的な恋（Kaunios erōs）1402b3
カブリアス（Chabrias）1364a21, 1411b6
カリアス（Kallias）1356b30, 1382a5, 1405a20
カリオペ（Kalliopē）1405a33
カリステネス（Kallisthenēs）1380b12
カリストラトス（Kallistratos）1364a19, 1374b26, 1418b10
カリッポス（弁論家）（Kallippos）1399a16, 1400a4
カリッポス（ディオンの殺害者）（Kallippos）1373a19

イオカステ（Iokastē）1417b18
イストミア競技会（Isthmia）1406a21, 22
イスメニアス（Ismēnias）1398b2, 4
イソクラテス（Isokratēs）1368a20, 1392b11, 1399a2, 4, 1399b10, 1408b15, 1411a30, 1412b5, 1414b27, 33, 1418a30, 33, 1418b27
イドリエウス（Idrieus）1406b27, 29
イフィクラテス（Iphikratēs）1365a28, 1367b18, 1394a23, 1397b27, 1398a5, 8, 17, 1399a33, 1405a20, 1411a10, 1416a10
イリオン（Īlion）1363a16, 1396b13
エウアゴラス（Euagoras）1399a4, 6
エウクセノス（Euxenos）1406b30
エウクテモン（Euktēmōn）1374b36
エウテュデモス（Euthydēmos）1401a27
エウテュヌス（Euthynūs）1392b12
エウブロス（Eubūlos）1376a9
エウボイア（Euboia）1411a9
エウリピデス（Eurīpidēs）1384b16, 1400b22, 1404b25, 1405a29, 1415a19, 1416a28
エウロペ（Eurōpē）1415a17
エジプト（Aigyptos）1393a32, 33
エニュアリオス（Enyalios）1395a15
エピカルモス（Epicharmos）1365a16, 1410b3

アルキビアデス（Alkibiadēs）1390b29
アルキュタス（Archytas）1412a12
アルキロコス（Archilochos）1398b11, 1418b28
『アルクメオン』（Alkmeōn）1397b3
アルケビオス（Archebios）1376a10
アルケラオス（Archelaos）1398a25
アルゴス（Argos）1365a27, 1375a5
アルフェシボイア（Alphesiboia）1397b5
アレイオス・パゴス（Areios pagos）1354a23, 1398b26
アレクサンドロス（Alexandros）1363a18, 1397b21, 22, 23, 1399a3, 1401b35, 1414b38
『アレクサンドロス』（Alexandros）1398a22, 1401b20
アレス（Arēs）1407a17, 1412b35, 1413a6
『憐れみ』（Eleoi）1404a15
アンティゴネ（Antigonē）1373b9, 1418b32
『アンティゴネ』（Antigonē）1375a34, 1417a29
アンティステネス（Antisthenēs）1407a9
アンティフォン（Antiphōn）1379b15, 1385a9, 1399b25
アンティマコス（Antimachos）1408a1
アンドロクレス（Androklēs）1400a9
アンドロティオン（Androtiōn）1406b27
アンフィアラオス（Amphiaraos）1389a16
イアソン（フェライの僭主）（Iasōn）1373a26
イアソン（ギリシャ神話の英雄）（Iasōn）1400b13

1416b27, 1418a35
アグライエ（Aglaiē）1414a3
アゲシポリス（Agēsipolis）1398b32
アシア（Asia）1415a17
アッティカ、アッティカの（Attikē, Attikos）1395a18, 1398a1, 1411a25
アテナ（Athēnā, Athēnaiē）1363a18, 1413a34
アトス岬（Athōs）1410a11
アナクサゴラス（Anaxagoras）1398b15
アナクサンドリデス（Anaxandridēs）1411a18, 1412b16
アナスケトス（Anaschetos）1412b12
アフロディテ（Aphroditē）1400b23, 1413a33
アマシス（Amasis）1386a19
アリスティッポス（Aristippos）1398b29
アリステイデス（Aristeidēs）1398a10, 1414b36
アリストゲイトン（Aristogeitōn）1368a18, 1398a18, 21, 1401b11
アリストファネス（Aristophanēs）1405b30
アリストフォン（Aristophōn）1398a5
アルカイオス（Alkaios）1367a9
アルキダマス（Alkidamas）1373b18, 1398b10, 1406a1, 9, 18, 1406b11
アルキダモス（Archidamos）1406b30
アルキノオス（Alkinoos）1417a13

索引

固有名詞（人名、地名、作品名）のほか、本書と関連が深い語句の一部を取り上げる。数字とアルファベットはベッカー版に由来する参照番号であり、本書ではページの下部にこの番号を付した。ギリシャ語原文の該当箇所を示すものであるため、翻訳書の場合は多少のずれが生じるが、検索の際の目安として利用していただきたい。

〈固有名詞〉

ア行

アイアコス（Aiakos）1418a36
アイアス（Aiās）1387a34, 1399b28, 1400a27, 28
アイギナ（Aigina）1411a14
アイシオン（Aisiōn）1411a25
アイスキネス（Aischinēs）1417b1
アイソポス（Aisōpos）1393b9, 23
アイネシデモス（Ainesidēmos）1373a22
アウトクレス（Autoklēs）1398b26
アガトン（Agathōn）1392b7, 1402a9
アガメムノン（Agamemnōn）1413a32
アキレウス（Achilleus）1359a3, 1363a19, 1378b32, 1380b28, 1396a25, 1396b12, 15, 16, 1397b22, 1401b18, 1406b24,

kobunsha classics
光文社古典新訳文庫

弁論術《べんろんじゅつ》

著者　アリストテレス
訳者　相澤《あいざわ》 康隆《やすたか》

2025年3月20日　初版第1刷発行

発行者　三宅貴久
印刷　萩原印刷
製本　ナショナル製本

発行所　株式会社光文社
〒112-8011東京都文京区音羽1-16-6
電話　03（5395）8162（編集部）
03（5395）8116（書籍販売部）
03（5395）8125（制作部）
www.kobunsha.com

ISBN978-4-334-10584-6 Printed in Japan

いま、息をしている言葉で、もういちど古典を

長い年月をかけて世界中で読み継がれてきたのが古典です。奥の深い味わいある作品ばかりがそろっており、この「古典の森」に分け入ることは人生のもっとも大きな喜びであることに異論のある人はいないはずです。しかしながら、こんなに豊饒で魅力に満ちた古典を、なぜわたしたちはこれほどまで疎んじてきたのでしょうか。

ひとつには古臭い教養主義からの逃走だったのかもしれません。真面目に文学や思想を論じることは、ある種の権威化であるという思いから、その呪縛から逃れるために、教養そのものを否定しすぎてしまったのではないでしょうか。

いま、時代は大きな転換期を迎えています。まれに見るスピードで歴史が動いていくのを多くの人々が実感していると思います。

こんな時わたしたちを支え、導いてくれるものが古典なのです。「いま、息をしている言葉で」――光文社の古典新訳文庫は、さまよえる現代人の心の奥底まで届くような言葉で、古典を現代に蘇らせることを意図して創刊されました。気取らず、自由に、心の赴くままに、気軽に手に取って楽しめる古典作品を、新訳という光のもとに読者に届けていくこと。それがこの文庫の使命だとわたしたちは考えています。

このシリーズについてのご意見、ご感想、ご要望をハガキ、手紙、メール等で翻訳編集部までお寄せください。今後の企画の参考にさせていただきます。
メール　info@kotensinyaku.jp

kobunsha
classics